Die Stimme von Bern

Wißner

Bibliografische Information Der Deutschen Bibliothek
Die Deutsche Bibliothek verzeichnet diese Publikation in der Deutschen Nationalbibliografie; detaillierte bibliografische Daten sind im Internet über http://dnb.ddb.de abrufbar.
ISBN 3-89639-423-1

Erik Eggers

Die Stimme von Bern

Das Leben von Herbert Zimmermann, Reporterlegende bei der WM 1954

Mit einem Vorwort von Manni Breuckmann

Wißner

Dankesliste

Den vielen Menschen, ohne die dieses Buch nicht möglich gewesen wäre, möchte ich an dieser Stelle sehr herzlich für ihre großzügige Unterstützung danken. Allen voran verbunden bin ich Christoph Bertling und Till Butenschön, die das erste Manuskript geduldig von den inhaltlichen, stilistischen und orthographischen Unebenheiten befreiten. Dr. Horst Seifart und Gerd Krämer kramten auch noch in der Endphase in dem Fass ihrer unendlichen Erinnerungen. Sehr dankbar für die stets sehr freundliche und tatkräftige Mithilfe bei Recherche bin ich ebenfalls den Nichten und Neffen Zimmermanns, Dr. Gudrun Hardt, Dr. Helga Reindel, Dr. Herbert Ströbele und MdB Hans-Christian Ströbele (auch für die Fotos, die sie für dieses Projekt zur Verfügung stellten).

Weiterhin möchte ich mich herzlich bedanken bei: Claus Beissner, Ellen Bertke, Frank Biermann, Manni Breuckmann, Kurt Brumme, Karl-Heinz Cammann, Reinaldo Coddou, Friedrich Dethlefs, Ansgar Diller, Andreas Eisenreich, Kurt Emmerich, Heike Faller, Herbert Fischer-Solms, Burchard Forth, Paul Fürhoff, Peter Gödeke, Thorsten Gurth, Steffen Haffner, Werner Hansch, Karl-Heinz Heimann, Arthur Heinrich, Oliver Heisch, Wolfgang Hempel, Markwart Herzog, Bettina Hinterthür, Knuth Hornbogen, Jens Jensen, Fritz Klein, Volker Kluge, Hans-Dieter Krebs, Michael Kröger, Manfred Lehnen, Karl Lennartz, Mike Liem, Christian Löer, Ulrich Loke, Günter Maletzko, Inge Marßolek, Helmut Müller, Tatjana Mrowka, Heinz-Florian Oertel, Manfred Oldenburg, Lorenz Peiffer, Barbara Ränsch-Trill, Christoph Rass, Max H. Rehbein, Jürgen Roland, Peter von Rüden, Michael Schaffrath, Uli Schäfer, Peter Schmitz, Johann-G. Schlüper, Volker Stahl, Sönje Storm, Harry Valérien, Uli Weidenbach, Günter Wegmann, Petra Witting-Noethen, Günter Wollstein, Michael Wulzinger, den Mitarbeitern und Mitarbeiterinnen der Zentralbibliothek an der Deutschen Sporthochschule in Köln, des Carl- und Liselott-Diem-Archivs in Köln, den Mitarbeitern des Rotteck-Gymnasiums in Freiburg, des Schallarchivs des WDR, den Mitarbeitern des Bayerischen Rundfunks in München, des Staatsarchivs Hamburg und des Pressearchivs der Universität Münster.

Liebe Fußballfreunde an den Empfangsgeräten in der Heimat!

Was glauben Sie wohl, wie oft ich schon gefragt worden bin, ob dieser legendäre Herbert Zimmermann zu meinen großen Vorbildern zähle. Jawoll, pflege ich da zu sagen, die fünfzig Millionen, die seiner Endspielreportage lauschten, sind eine erstrebenswerte Zahl, und die Erfolge Zimmermanns beim weiblichen Teil der Bevölkerung finde ich auch vorbildhaft.

Aber die Art, wie er die Mutter aller Endspiele rübergebrachte, hat mir nicht den Weg gewiesen. Zu knorrig, zu pathetisch, zu sehr Schlachtengemälde, zu wenig Spiel-Bild. Zimmermann hatte nichts Leichtes, keinen Humor, geschweige denn Ironie, alles Dinge, die ich nach den ersten Jahren der Unsicherheit versucht habe, mir anzueignen.

Die Begeisterung allerdings, den Überschwang, die ekstatischen Ausbrüche, die kann ich sehr gut nachvollziehen, die hatte ich auch schon, und die gehören einfach dazu. Sie hätten mich mal am Mikrofon rumtoben hören müssen, als 1997 nacheinander die Schalker und die Dortmunder Europapokalsieger wurden. Und was war das für eine verzweifelte Rumbrüllerei, als ein Zahnarzt im Jahre 2001 dem FC Schalke 04 die Deutsche Meisterschaft stahl!

Das hatte Zimmermann auch drauf, das kam ganz tief aus dem Herzen, und daran habe ich überhaupt nichts zu kritisieren. Es war eben eine Fußball-Sensation! Der Underdog Deutschland, ein paar Jahre zuvor noch vom internationalen Spielbetrieb ausgeschlossen, schlägt den Fußballriesen Ungarn im WM-Finale. Da soll der Reporter reportieren wie bei der Verleihung des Aachener Karlspreises? Ich bitte Sie!

Die nationalistischen Untertöne, die Wir-sind-wieder-wer-Rhetorik hat es in Zimmermanns Reportage nicht gegeben, dafür waren nach dem Finale Figuren wie der DFB-Präsident Peco Bauwens und die Kommentatoren diverser Zeitungen zuständig.

Trotzdem: Die Reportage wirkt auf mich zu zackig, zu wagnerianisch; und komme keiner, der mir erzählt, das müsse doch aus der Zeit heraus gesehen und bewertet werden. Diese Zeit hatte immerhin mit dem lustig-wurstigen Wiener Reporter Heribert Meisel einen Gegenentwurf zum preußischen Stil der Übertragung. Aber der stand eben nicht in der Tradition des staatstragenden deutschen Rundfunks, der vor 1945 noch ein ganz besonderes Exemplar von Staat mitgetragen hatte.

Da gab es erschreckende personelle Kontinuitäten wie die des NS-Fackelzug-Reporters Rudolf Wernicke, der nach dem Krieg mit der gleichen Klang-Ästhetik über Sportereignisse berichten durfte. Dank der Gnade der späten Geburt liegt dieser Schatten nicht über der Karriere des Berner Finalreporters, aber auch bei ihm grummelt von Ferne der Sound von Stuka, Führergeburtstag und Fliegeralarm.

Das alles ficht den Fußball-Reporter im dritten Jahrtausend nicht mehr an. Wir vom Radio sind nicht mehr wichtig, Fußball ist eine Fernseh-Sportart, der anachronistische Radiomann hat sich in seine Festung zurückgezogen (Achtung Kriegsvokabular!), und die heißt: Bundesliga-Konferenz. Da nehmen sie uns noch wahr, und wenn's mal wieder dramatisch wird am letzten Spieltag, dann räumen wir Medienpreise ab.

Aber Reportage ist Wort, und Wort stört im „modernen" Radio den Musikfluss. Also haben sie uns – mit Ausnahme der Konferenz, aber da sind wir zu siebt! – auf Häppchen reduziert, die ausgiebige Beschreibung eines Fußballspiels ist nicht mehr so recht vorgesehen. Die Hörer springen bekanntlich verstört aus dem Fenster oder lenken ihr Fahrzeug in die Leitplanken, wenn ihnen mehr als zwei Minuten Wort am Stück serviert werden.

Wenn Sie wissen wollen, wie es früher war, als es noch das Radio-Wunderland gab, dann folgen Sie dem Autor Erik Eggers auf seine Expedition in vergangene Zeiten, als sogar in Fußballstadien Wunder geschahen. Es lohnt sich! Und damit zurück ins Funkhaus!

Manni Breuckmann

Inhalt

Die Übertragung läuft

I. Die Stimme von Bern

„Das Auge führt den Menschen in die Welt,
das Ohr führt die Welt in den Menschen ein."
Lorenz Oken, Naturphilosoph (1779-1851)

Am 4. Juli 1954 um 16.55 Uhr sind alle Deutschen ganz Ohr. Der Sommer ist heiß in diesem Jahr, so auch an diesem Sonntag. Fast überall drücken Schwüle und über 30 Grad. In der Schweiz stehen, angeführt von ihrem Kapitän Fritz Walter, elf Fußball-Helden gegen den hohen Favoriten aus Ungarn im Finale um die Fußball-Weltmeisterschaft. Da das Fernsehen noch keine Rolle spielt, sitzen rund 50 Millionen Deutsche, ob nun Fußballfans oder nicht, an ihren Radiogeräten und lauschen andächtig dem Geschehen aus dem fernen Stadion Wankdorf in Bern. Ihre Verbindung dorthin ist der Reporter Herbert Zimmermann, 36 Jahre alt, Sportfunkleiter vom Nordwestdeutschen Rundfunk (NWDR) in Hamburg. Zimmermann gelingt es schon mit den ersten Sätzen, die Atmosphäre aus dem Stadion famos zu verdichten. Seine Reportage trifft den Nerv. Sie packt die Menschen in seiner Heimat mit wenigen Sätzen, sie nimmt sie gefangen, sie fesselt sie und lässt sie in diesen denkwürdigen 90 Minuten alles andere vergessen. Es ist der letzte Straßenfeger in Deutschland, den eine Radiosendung produziert. In diesen 90 Minuten wird Zimmermann zur Stimme von Bern.

Die Deutschen trauern mit ihm über den schnellen 0:2-Rückstand, der ähnlich Schlimmes befürchten lässt wie bei der desaströsen 3:8-Niederlage in der Vorrunde gegen den gleichen, als unschlagbar geltenden Gegner. Millionen schöpfen Hoffnung nach dem 1:2-Anschluss durch Morlock, und nach dem Ausgleich durch Helmut Rahn in der 18. Minute reifen zarte Siegesträume. Fünf Minuten später rauschen den Deutschen die ersten Worte entgegen, die sich in ihr Gedächtnis einstanzen werden: „Turek, du bist ein Teufelskerl, Turek, du bist ein Fußballgott!", brüllt Zimmermann nach einer Sensationsparade des deutschen Torwächters gegen Mittelstürmer Hidegkuti. Jetzt spätestens hat auch der Reporter die Fassung verloren. Nun spielt diese Stimme mit ihren Hörern, sie fährt mit ihnen Karussell. Ihre Melodie intoniert ein Drama. Und ihr Tempo beschreibt die große Dynamik auf dem Rasen. Sechs Minuten vor Spielende ereignet sich eine tonale Explosion: „... aus dem Hintergrund müsste Rahn schießen", hebt Zimmermann intuitiv vor der entscheidenden Szene an, und tatsächlich trifft Rahn, untermalt von den orgiastischen „Tor!"-Schreien des entfesselten Reporters. Mit dem Abpfiff schließlich entsteht mit dem „Wunder von Bern" ein deutscher Mythos. Noch ein halbes Jahrhundert später gilt dieses 3:2 als der größte Erfolg in der deutschen Sportgeschichte. Und noch mehr: Manche Historiker sprechen heute von diesem Ereignis als der verspäteten Geburt der Bundesrepublik Deutschland. Weil sich alle Deutschen, ob nun in Essen oder in Leipzig wohnend, so sehr für den Gewinn dieser Weltmeisterschaft 1954 begeistern. Weil sie überhaupt das erste Mal nach 1945, als das Hitler-Reich in Trümmern lag, so etwas wie Nationalstolz äußern.

Seitdem haben die Deutschen, wenn sie an 1954 zurückdenken, jedenfalls zwangsläufig diese berühmtesten Gefühlsausbrüche der deutschen Rundfunkgeschichte im Ohr. Auch die Namen Fritz Walter, Helmut Rahn, Sepp Herberger oder das Wankdorfstadion besitzen diese seltene Kraft, dieses Gefühl unmittelbar in das Gedächtnis sehr vieler Deutscher zu katapultieren. Doch die eindringliche Stimme aus dem Radio fungiert, zumal so wenig Bilder von dieser Geburtstunde existieren, als der eigentliche Agent der Erinnerung. Der Schriftsteller Friedrich Christian Delius hat dieser Radio-Reportage 1994 mit seiner Erzählung „Der Sonntag, an dem ich Weltmeister wurde“ nicht von ungefähr eine grandiose Liebeserklärung gewidmet: „Ich vertraute mich der fremden Stimme an, die geschmeidig und erregt die Begeisterung von Silbe zu Silbe trug und sich schnell steigerte zu Wortmelodien wie *Riesensensation* und *Fußballwunder*. Ich war sofort gefangen von diesem Ton: Da sagte ein Erwachsener in wenigen Worten endlich alles, was ich fühlte und nicht fassen konnte, ich sog die Stimme ein, ließ mich von ihr führen, heben und abwärts schaukeln.“ Delius ist elf Jahre alt, als er, dicht am Radio kauernd, diese Reportage verfolgt. Die meisten seiner Altersgruppe würden die Sätze noch heute unterschreiben.

Diese Vertrautheit ist auch zurückzuführen auf das damals dominierende Medium, das Radio. Es ist kein Geheimnis, dass Musik, dass Töne und Klänge einen sehr direkten Einfluss auf das Wohlbefinden des Menschen nehmen. Bereits im Verhältnis zum Kleinkind vermittelt die Stimme der Mutter Wärme. Sich wiederholende Geräusche, Töne und Laute schaffen dem Kind wichtige Verlässlichkeit und Intimität, und die Ritualisierung dieser Akustik fördert die Verankerung des Kindes in der Welt. Bereits mit viereinhalb Monaten reagiert der Fötus auf akustische Reize. Mit dem Bewegungssinn zusammen, gehört das Hören zum ersten entwickelten Sinn im Bauch der Mutter. Zu diesem Zeitpunkt ist die Ausbildung des Ohres in anatomischer Hinsicht bereits abgeschlossen. Überhaupt gilt das Hören als verantwortlich für die Entwicklung des Gefühls, das Auge hingegen gilt als kaltes und „gefräßiges" Sinnesorgan. Deswegen ist etwa auch die musikalische und tonale Untermalung eines Kinofilms so überaus wichtig. Vor längerer Zeit ist vor einem Hamburger Gericht ein Aufsehen erregender Fall verhandelt worden. Zwei Gehörgeschädigte hatten einen ebenfalls fast tauben Mann mit besonderer Brutalität stundenlang zu Tode geprügelt. Daraufhin betont Gutachter die Möglichkeit, „dass sich die Gefühlswelt bei Gehörgeschädigten nicht so entwickelt wie bei anderen Menschen", weil das Auge nur „kalte" Eindrücke von der Welt vermittle. Das ist keine neue Erkenntnis: Schon Aristoteles will beobachtet haben, dass Blinde verständiger sind als Taube. Für den griechischen Gelehrten hat das Gehör einen direkten Einfluss auf die Bildung des sittlichen Charakters – anders als das Geschaute.

Sind diese wahrnehmungspsychologischen Erklärungen dafür verantwortlich, dass kein einzelnes visuelles Dokument, sondern Zimmermann das Gefühl für dieses Fußballereignis vermittelt? Die Huldigungen an seine Reportage jedenfalls sind nicht zu zählen. „In einem mitreißenden Spiel wird Herbert Zimmermann selbst zum Akteur eines der wichtigsten Ereignisse der Nachkriegsgeschichte", urteilt nicht nur der Rundfunkhistoriker Martin Maria Schwarz. „Die Reportage Herbert Zimmermanns vom Endspiel 1954 ist ein fester Bestandteil des akustischen Erinnerungsvermögens der Deutschen", schreiben der Kommunikationswissenschaftler Lothar Mikos und der Feuilletonist Harry Nutt, dieser „legendäre Kommentar" habe als „grandioses Beispiel hoher Reporterkunst Geschichte gemacht". Rudi Michel, als Hörfunkkollege mit Zimmermann in der Schweiz im Einsatz, ist heute fest überzeugt: „Helmut Rahn war der Auslöser des Jubels, Herbert Zimmermann ist der Auslöser des Taumels." Diese Reportage, meint Michel, habe zu den Emotionseruptionen in Deutschland genauso viel beigetragen wie das Tor Rahns. Die

Frage: „Was wäre gewesen, wenn die Leitung nicht gestimmt hätte?“, beantwortet Michel so: „Die Leute wären nicht so erfasst worden, Herbert Zimmermann war der Überbringer der Nachricht.“ Der Norddeutsche Rundfunk, für den Zimmermann damals gearbeitet hat, bringt in diesem Sommer, da sich das Ereignis zum fünfzigsten Mal jährt, ein ihm gewidmetes Hörbuch heraus und nennt ihn auf dem Cover den „wahren Helden von Bern“. Auch in den Augen des *Zeit*-Feuilletonisten Helmut Böttiger ist Zimmermann, als er vor der Fußball-WM 2002 in Japan und Südkorea die „Wortakrobaten und Rhythmuskünstler“ in einer Rangliste beurteilt, die eindeutige Nummer Eins: „Sein rheinischer Pathossound ist, trotz beträchtlicher Schwankungen, für immer mit dem deutschen Fußball verbunden. Sein ‚Toni, du bist ein Fußballgott‘, sein ‚Aus dem Hintergrund müsste Rahn schießen‘, sein ‚Aus Aus Aus Aus Das Spiel ist aus Deutschland ist Weltmeister‘, dies alles ist in die Mythologie eingegangen. Dem Sprecher von Bern 1954 gelang es auf charakteristische Weise, im deutschen Bemühen um Redlichkeit und Gedämpftheit nach dem Zweiten Weltkrieg einen gewissen Nationalstolz durchhören zu lassen.“

Allerdings lassen sich auch einige Zeitbeobachter finden, die mit dieser Stimme keine romantisch-verklärten Erinnerungen assoziieren. Mehr oder weniger verklausuliert, werfen diese Zimmermann nichts anderes als Propaganda nach dem Vorbild der Nationalsozialisten vor, sie werten seine Diktion als überkommen, als gestrig und als revanchistisch. Zwar bringt der „in seiner Radioreportage die mythischen Elemente des WM-Finales von 1954 auf den Punkt: der unerbittliche Widerstand gegen widrige Verhältnisse und einen übermächtigen Gegner“, wie Christian Eichler in seinem lehrreichen Lexikon der „Fußball-Mythen“ meint. Doch all das eben „in einem pathosgeladenen Wochenschauton verklärt zu einem Schlachtengemälde“. Noch einmal Eichler: „Viele Sätze von Radioreportern haben sich dem kollektiven Gedächtnis stärker eingeprägt als die Bilder vom gleichen Geschehen, so die Worte des früheren Panzerhauptmanns und Ritterkreuzträgers Herbert Zimmermann aus der Schlussphase des WM-Finales 1954." Sein Arbeitskollege von der *Frankfurter Allgemeine Zeitung*, Dirk Schümer, formuliert es noch drastischer. Für ist irgendwie noch Goebbels, der NS-Minister für Volksaufklärung und -propaganda, im Spiel: „Seinerzeit durfte Zimmermann einer ganzen Nation in minutenlangen Rufen ‚Tor, Tor, Tor!' das Herz rühren", schreibt er in seiner Polemik „Gott ist rund", „er schämte sich seiner Tränen nicht. Inzwischen wissen wir, wie viel dieser nationalistische Gefühlsausbruch den journalistischen Gesetzen des Reichspropagandaministeriums verdankte. 1954 war endlich der Moment gekommen, mit vollem Recht vom ‚Endsieg' zu schwärmen, den die Nation ein Jahrzehnt zuvor schmählich verpasst hatte." Für Mirko Weber von der „Stuttgarter Zeitung" schließlich modulierte Zimmermanns Organ „manchmal etwas Unheimliches aus der Partie. Seine unterdrückten Schreie, ein fast schon jenseitiges Gegurgel mitunter (‚Toorrrrr!'). Seine ständig wiederkehrenden Durchhalteparolen. Seine väterlichen Erinnerungen. Sein seltsamer Stolz. Sein Sonorgeschrei." In einem anderen Text wirft Weber dem Reporter eine „schwer erträgliche, falsche Heldenlyrik" vor. Um so irritierender, dass diese Reportage heutzutage eine derart große Präsenz besitzt. Zimmermanns mehrfacher „Tor"-Schrei dient in vielen Stadien, über die Beschallungsanlage reproduziert, als tonaler Höhepunkt des Jubels. Und selbst dann, wenn – wie im Wortmann-Film „Das Wunder von Bern" geschehen – seine Worte nur nachgesprochen werden, berühren sie viele Menschen.

Erstaunlicherweise aber kennen weder die Apologeten noch die vehementen Kritiker Zimmermanns dessen Biographie. Beide Gruppen beschreiben also eher ein Gefühl. Auch das ist das Resultat einer umfangreichen Mythenbildung, der die Protagonisten des „Wunders von Bern" in diesen Jahren unterliegen. Natürlich: Ein Mythos kann nur dann wirklich gewaltig wirken, wenn sein Objekt radikal vereinfacht wird. Oder, wie es der US-amerikanische Mediensoziologe Marshall McLuhan in den 1960er Jahren formuliert hat: „Der Mythos ist die Raffung oder Implosion irgendeines Vorganges." Doch ist die enorme Rezeption des „Wunders von Bern" und seiner Stimme, wie sie derzeit zu verfolgen ist, ein seltsam anmutender Vorgang. Denn lange Zeit haben das 3:2 und Zimmermann in dem so genannten kollektiven Gedächtnis der Deutschen, wie dieses Buch aufzeigen wird, kaum eine Rolle gespielt. Nach der Reportage, die heute so berühmt ist, hat „jahrzehntelang niemand gefragt", sagt Hans-Christian Ströbele, und er muss es wissen. Schließlich ist der Bundestagsabgeordnete der Grünen derjenige, der die Persönlichkeitsrechte Zimmermanns – und damit auch die an diesen 90 Minuten – wahrt und verwaltet, denn er ist sein Neffe. Derzeit aber findet Ströbele kaum Zeit, die ganzen Anfragen zu beantworten, so groß ist die Nachfrage. Es handelt sich also im Wortsinn um eine Renaissance, um eine Wiedergeburt.

Dass dabei selbst der Reporter der Mythenbildung unterliegt, ist nicht nur damit zu erklären, dass wenig über ihn zu lesen ist, und dass immer wieder die gleichen Reportagefetzen wiederholt werden, wenn der Blick nach 1954 wandert. Es hängt auch damit zusammen, dass Zimmermann – übrigens als einziger aller damals in der Schweiz im Einsatz befindlichen Reporter – bereits gestorben ist und keine Auskunft mehr über seine Finalverfassung geben kann. Dass sich noch niemand mit Zimmermann intensiver beschäftigt hat, liegt indes auch an den schwer zugänglichen Ton-Quellen, den Radioreportagen, deren Anhören zudem sehr zeitintensiv ist. Ebenso wenig existiert ein zusammenhängender Schrift-Nachlass Zimmermanns, allenfalls hier und da Text-Fragmente. Last but not least, ist schließlich erst in den letzten Jahrzehnten das Bewusstsein dafür gewachsen, dass auch das Medium als Botschaft wirken kann, wie uns ebenfalls Marshall McLuhan gezeigt hat. „Das Medium ist die Message", lautet sein bekanntes Wort, das 1954 noch keine Rolle spielte. „Das Medium ist die Massage", dieses ironisch abgewandelte Zitat könnte heute für das Phänomen 1954 gelten. Schließlich bedeutet dieser sensationelle Sieg in den Augen vieler Deutscher auch Balsam auf ihren geschundenen Geisteszustand: Zimmermanns Reportage war auch Seelenmassage.

Unfassbar viele Monographien und Zeitungstexte werden erscheinen zum „Wunder von Bern“, das Buch zum Wortmann-Epos ist erst der Anfang. Auch werden einige Radio- und TV-Dokumentationen den Mythos 1954 zu entschleiern versuchen – ihn aber womöglich nur noch verfestigen. Immer wird dabei die Reportage Herbert Zimmermanns, weil sie als *der* Agent der Erinnerung dient, einen überragenden Stellenwert besitzen. Aber auch aus anderen Gründen bricht diese Biographie mit einem journalistischen Gesetz, nämlich dem, möglichst nicht über Journalisten zu schreiben. Journalisten nämlich sind grundsätzlich unwichtig, sie sind allenfalls Begleiter eines Ereignisses, niemals Protagonisten. Aber der Fußballreporter Zimmermann steht eben nicht allein für das „Wunder von Bern“. Sondern auch für die gesamte Generation sehr junger Menschen, die nach dem Krieg, der ihnen die schönsten Jahre ihres Lebens raubt, nach Aufstiegsmöglichkeiten sucht. Insofern ist Zimmermann auch eine deutsche Karriere, zumal auch er sich mit den Kontinuitäten nach 1945 auseinandersetzen muss. Zusätzlich aber lässt sich an der Figur Zimmermann überaus trefflich ein interessantes Kapitel deutscher Mediengeschichte beschreiben. Dient diese Figur wie keine zweite als lebendiges Beispiel dafür, mit welcher Wucht das neue Medium Fernsehen über das vormalige Leitmedium Radio hinwegfegt. (Wäre dieser Vorgang bereits 1954 abgeschlossen gewesen, spräche heute übrigens keiner von Zimmermann.)

Anspruch auf ultimative Antworten auf die immergleichen Fragen will diese Lebensbeschreibung nicht erheben. Diese lauten: Welcher Schule folgt diese Stimme, welcher Tradition ist sie verpflichtet? Wie erklärt sich das klirrende Timbre dieser Stimme und dieses rhetorische Säbelrasseln? Warum spricht ausgerechnet Zimmermann und kein anderer dieses Finale? Wie kommt es zu dem berühmten „Fußball-Gott“? Ist dieser Zimmermann ein Chauvinist, gar ein Nazi gewesen? Ein Patriot? Einer, der sich nur vergessen hat? Ein reiner Fußball-Fanatiker? Wenn der Leser nach dieser Lektüre eine Ahnung davon bekommen hat, welcher Mensch wohl hinter dieser grandios-verstörenden Stimme steckt, dann hat sich dieses Buch gelohnt.

Nach dem Studium vieler Vollreportagen über 90 Minuten, die es in dieser Form kaum noch gibt, bleibt die Bewunderung für die Sprache Zimmermanns, die – speziell in den Jahren um 1954 – nur als famos zu bezeichnen ist. Ihr Tempo. Ihre Dynamik. Die Führung der Melodie. Der dabei intuitiv aktivierte Wortschatz. Das Spiel mit der Stimmlage. Die Schärfe bei der Artikulation. Die Fähigkeit, das Bild eines rasant vorüberziehenden Fußballspiels dem Hörer blitzschnell zu übermitteln. – All diese Fähigkeiten unterschätzt jeder, der noch nie vor einem Mikrophon und vor Publikum zur freien Sprache gezwungen worden ist. Es ist eine Kunst. Wenn in diesem Buch einige Passagen aus den Reportagen dieses Wort- und Stimmvirtuosen zitiert werden, dann mit der Gewissheit, dass dieser Text nicht einmal annähernd ein Äquivalent für diese Stimme sein kann, die damals für derart überschäumende Emotionen sorgt. Er kann nur Abklatsch davon sein, es sind eben nur Buchstaben, kalte. Auch hier gilt das berühmte Elvis Costello-Zitat: „Schreiben über Musik ist wie Tanzen über Architektur."

Herbert Zimmermann mit seinem Hund „Prinzchen", ca. 1925

II. Kindheit und Jugend (1917–1937)

Am 29. November 1917, exakt um 17.20 Uhr, wird Herbert Antoine Arthur Zimmermann in Alsdorf geboren, einem kleinen Ort unweit von Aachen, der damals noch zu Preußen gehört. Sein Vater dient als Soldat in der Armee von Kaiser Wilhelm II., bleibt jedoch von den Fronterlebnissen des „Großen Krieges", wie der Erste Weltkrieg seinerzeit heißt, verschont. Der kleine

Herbert ist das zweite Kind und der Stammhalter des Paares, das 1908 geheiratet hat. Schwester Gabriele ist Jahrgang 1913. Seine Mutter Meta, geborene Francken, entstammt einer Kaufmannsfamilie, die es unter der französischen Besatzung bis 1815 zu einem beträchtlichen Vermögen bringt und einen feudalen Landsitz errichten kann. Die Großeltern Zimmermanns verlieren dieses Vermögen jedoch zu Beginn der Kaiserzeit infolge von Zwistigkeiten unter Geschwistern und einem teuren Prozess. Die Zimmermanns, die wegen der Versetzung des Vaters von Rheinbach nach Alsdorf umziehen, sind eine gutbürgerliche Familie mit überdurchschnittlichem Bildungsgrad. Mutter Meta etwa arbeitet vor der Geburt ihrer Tochter als Französisch-Dolmetscherin und Lektorin. Auch im Krieg führen sie ein zwar bescheidenes Leben, aber verarmt sind die Verhältnisse nicht.

Natürlich sind auch die Zimmermanns betroffen, als der „Große Krieg" mit der deutschen Niederlage zu Ende geht, denn die linksrheinischen Gebiete werden nun von den Franzosen besetzt. Meta Zimmermann, die regelmäßig Tagebuch führt, fasst diese aufregenden Tage im Spätherbst 1918 später in einer Art kleinen Familiensaga zusammen: „Nie werde ich vergessen, wie nach dem verlorenen Krieg unsere abgekämpften, zermürbten Soldaten auf dem traurigen Rückzug von der nahen belgischen Grenze her unseren Ort durchzogen, mit allen möglichen requirierten Haustieren, die z.T. vor Erschöpfung an den Wegen liegen blieben. – Wir Frauen kochten in Waschkesseln Kaffee noch und noch und versorgten so gut es ging die durstenden und kalten Soldaten, die von den nachstoßenden Feinden zum Rhein gesetzt, so dankbar für ein bescheidenes Labsal und ein tröstendes Wort waren. Das ganze Trauerspiel ging in größter Hetze vor sich, denn bereits eine Stunde hinter unsern Soldaten zogen mit stolzen Mienen, aber doch nach allen Seiten sichernd, unsere Feinde ins Dorf ein, um das ganze linksrheinische Rheinland zu besetzen." Der Mutter kommen nun ihre Sprachenkenntnisse zu Gute. Sie arbeitet einige Zeit lang als Dolmetscherin für die französische Besatzungskommandantur. Das bringt nicht nur

Mit Mutter und großer Schwester, 1918

Erstkommunion, ca. 1927

dem kleinen Herbert Privilegien. Denn zuweilen beschenken ihn die Soldaten „mit Schokolade und andern guten Sachen, die für uns Deutsche zu dieser Zeit und schon während des Krieges unerschwinglich geworden waren." Die Familie darf auch für einige Wochen nach Holland fahren und Freunde besuchen. Dort herrscht in dieser Zeit kein solcher Hunger wie im Rheinland.

Kurz nach dem Krieg zieht die junge Familie nach Aachen, weil der Vater dort eine Stellung bei der Allianz-Versicherung erhält. „Mit Fleiß und Glück", schreibt Meta Zimmermann dazu, bringt es der Ehemann „zu Erfolg und verbesserte schnell seine Position, die ihn allerdings zu vielem Außendienst verpflichtete". Wahrscheinlich reist Zimmermanns Mutter häufiger mit, jedenfalls kommt der kleine Herbert in ein Säuglingsheim in Bonn, „da das Hotelleben für einen Säugling unangebracht war." Diese Abwesenheit währt jedoch nur kurz, da die Betreuung offenbar schlecht ist. Die Eltern holen „unseren armen Bub sehr krank und hinfällig mit Brechdurchfall aus dem mehr als mangelhaft geleiteten Säuglingsheim in großer Sorge heim." Nachdem der

Im Schwarzwald, ca. 1932

kleine Steppke wieder aufgepäppelt ist, entwickelt der, sobald er sicher laufen kann, eine große Vorliebe für Pferde. „Der schönste Kindertraum Bubi's waren Pferde", erinnert sich seine Mutter, „er liebte vor allem die alten Karrengäule und stand oft stundenlang bei unserm Lumpenhändler Nachbar, um eventuell ab und zu mal auf den Fuhrer mitgenommen zu werden, dann bettelte er oft den Vater um eine Zigarre an, um das Herz des Fuhrmanns, der sein bester Freund war, willfährig zu machen." Er zeigt auch später eine „wahre teilnehmende Liebe zu allen hilflosen Kreaturen, deren Leiden ihn direkt traurig stimmten; merkwürdig, las er den Pferden, wie er meinte, ihr Schicksal in den Augen. Gingen wir aus, mussten wir stets eine Leine mitnehmen, um Pferdchen zu spielen, sogar mitten in der Stadt."

Gleichzeitig hört der Kleine liebend gern Märchen, wie alle Kinder in seinem Alter. Immer wieder bettelt er die Oma an, die bei ihnen wohnt, doch wieder aus dem „blauen Buch" vorzulesen. Dabei kann er dessen Inhalt – es handelt sich um die Märchen der Gebrüder Grimm – bereits als Dreijähriger fast auswendig miterzählen. In diesem Alter will er unbedingt Fuhrmann werden, obwohl dies, wie seine Mutter findet, „eigentlich wenig zu seinem sonst so zärtlichen und anschmiegenden Wesen passte." 1920 verbringen er und seine Schwester das erste Mal die Herbstferien in einem Pfarrhaus in Witterschlick, einem Dörfchen in der Nähe von Bonn. Sie wohnen bei einem Kaplan, der seit langem ein Freund der Familie ist. Dieses Witterschlick, das seinerzeit noch sehr bäuerlich geprägt ist, wird Zimmermann später als seine zweite Heimat bezeichnen.

Hier enden die recht ausführlichen Aufzeichnungen der Mutter, soweit sie erhalten sind. So sind von seiner Schulzeit und dem Milieu, in dem er heranwächst, nur wenige Dinge bekannt. Vorhanden sind lediglich ein paar Bilder. Eines zeigt den zehnjährigen Herbert, festlich eingekleidet, bei der Erstkommunion. Auf zwei weiteren Abbildungen posiert er mit „Prinzchen", seinem geliebten Hund, einer lebhaften Promenadenmischung. Später wird aber in den Akten der Wehrmacht die sehr unstete Schulzeit Zimmermanns festgehalten. Zwischen Ostern 1924 und 1926 besucht er die Volksschule in Aachen, danach ein Jahr in Kassel, das vierte Schuljahr schließlich in Frankfurt am Main. Dennoch kein schlechter Schüler, besucht er zwischen 1928 und 1932 das Woehler Realgymnasium in Frankfurt, zeitweilig unterbrochen von einem Aufenthalt im Internat des Klosters Ettal. Zwischen 1932 und 1937 schließlich beendet er seine Schulzeit an der Rotteck-Oberrealschule in Freiburg im Breisgau, wo er in einem Internat untergebracht ist. Die Eltern wohnen in Dortmund. Der häufige Schulwechsel vorher ist bedingt durch die vielen Versetzungen des Vaters, der weiterhin als Versicherungskaufmann tätig ist und – circa am Ende der 30er Jahre – als Personalchef bei den später kriegswichtigen Junkers-Werken in Dessau arbeitet. Da aber der Vater auf seinen Dienstreisen nicht selten anderen Frauen nachstellt, kommt es zu schweren familiären Auseinandersetzungen. 1935 zieht Zimmermann, knapp 18 Jahre alt, zurück nach Dortmund und besucht dort für sechs Monate das Bismarck-Realgymnasium, kehrt aber dann wieder

Abitur am Rotteck-Gymnasium in Freiburg, 1937
(Zimmermann vorn rechts)

zurück nach Freiburg. Dort besteht er im Februar 1937 mit durchweg guten Noten das Abitur. Während der Oberstufe neigt Zimmermann den Sprachen und den Geisteswissenschaften zu. „Mehr literarisch als für Realwissenschaften interessiert", steht in der Beurteilung des Klassenlehrers. Außerdem: „(Körperliche) Haltung im ganzen gut. Charakter i. allg. gefestigt; im Umgang gewandt und gefällig. Vielseitig begabt, aber nicht gleichmäßig strebsam." Der Primaner Zimmermann ist klug und intelligent, doch von Zeit zu Zeit lässt er offenbar den nötigen Fleiß vermissen.

Es ist eine schwierige Jugend, über die der Erwachsene Zimmermann später nie erzählen wird. Womöglich liegt in dieser Vergangenheit auch der tiefere Grund dafür, dass er, obwohl mit zahlreichen Angebote konfrontiert, nie heiraten wird. Der Jugendliche Zimmermann jedenfalls leidet sehr unter den teilweise zerrütteten und spannungsreichen Verhältnissen, wie er seiner älteren Schwester gegenüber oft erklärt. Diese verehrt er genauso wie seine Mutter, mit beiden pflegt er sein ganzes Leben hindurch eine sehr enge Bindung. Den Vater hingegen macht er auch späterhin, als seine Eltern wieder zusammenwohnen, unterschwellig für die teilweise zerrütteten Familienverhältnisse verantwortlich. Das äußert sich noch in den 50er Jahren durch die vielen Besuche bei seinen Eltern, die mittlerweile in Witterschlick wohnen. Dort räumt der Vater, wenn Zimmermann von einer seiner zahlreichen Reisen vorbeischaut, das Ehebett und zieht um auf die Couch. Zimmermann schläft dann bei seiner Mutter im Ehebett, und die beiden, die sich immer sehr viel zu erzählen wissen, unterhalten sich dann oft die ganze Nacht hindurch.

Dass der Junge Herbert Zimmermann in den 20er Jahren eine geradezu fanatische Leidenschaft für den Sport entwickelt, kommt nicht von ungefähr. In dieser Zeit boomt dieses neue, moderne Gesellschaftsphänomen. Tausende von Zuschauern bevölkern große Stadien, die nun wie Pilze aus dem Boden schießen, Fußball, Leichtathletik, Radsport und Boxen begeistern erstmals Massen. Es ist die Zeit, in der erstmals auch Sportler in Zeitungen wie *Kicker* oder *Fußball* zu Helden stilisiert werden: Beim 1. FC Nürnberg, der in den 20er Jahren fünfmal Deutscher Meister wird, erhalten etwa der Torwart Heiner Stuhlfauth und auch der bullige Mittelläufer Hans Kalb den Status von gefeierten Stars, der zuvor nur Militärfiguren wie Hindenburg zugebilligt worden ist. In der Leichtathletik glänzen der Sprinter Houben und der 800-Meter-Läufer Peltzer mit Weltrekorden, im Boxen wird Schmeling als der kommende Star gefeiert. Viele Jugendliche wie Zimmermann saugen jede Zeit und jedes Tor in sich auf. Und viele spielen selbst begeistert die großen Fußballspiele nach, so wie Zimmermann mit seinen Freunden. Dem kleinen Jungen Herbert bleibt der Schritt zum Leistungssport verwehrt, denn seine Füße, vor allem der Spann, sind ein wenig fehlgebildet. Nach dem Krieg braucht er gar orthopädische Schuhe. Doch Zeit seines Lebens wird Zimmermann der Wettkampfgedanke begeistern, das Risiko, die Spannung am Sport, und er wird selber ein passabler Tennis- und Tischtennisspieler.

Was Jungen und Jugendliche wie Zimmermann vor allem fasziniert, sind die mythenreichen Berichte von den fernen Orten, die das Radio in dieser Zeit nach Deutschland funkt. Mit offenem Mund verfolgen sie am neuen Medium Radio die

Führerschein 1935

Olympischen Spiele 1928 in Amsterdam, bei denen die deutsche Fußball-Nationalmannschaft im Viertelfinale mit 1:4 gegen Uruguay ausscheidet. Sie hören begeistert Dr. Paul Laven zu, der 1929 während des Länderspiels in Turin von den „magnetischen Händen" des Heiner Stuhlfauth berichtet und ihn zum „Helden von Turin" hochjubelt. Und bei der Fußball-Weltmeisterschaft 1934 tanzen sie an den Radiogeräten, als Deutschland im Spiel um den 3. Platz den Favoriten Österreich, das doch ein „Wunderteam" haben soll, sensationell mit 3:2 bezwingt. Danach wird dieses Spiel übrigens nur das „Wunder von Neapel" genannt. Und auch Zimmermann ist fasziniert von den Stimmen, die 1936, bei den Olympischen Spielen in Garmisch-Partenkirchen und Berlin, von den großen Erfolgen der deutschen Athleten künden. Die bekanntesten Rundfunknamen neben Dr. Paul Laven heißen damals Arno Hellmis, vor allem aber Rolf Wernicke. Diese Stimmen bedeuten nicht nur für den Jugendlichen Herbert Zimmermann das Tor zur großen Welt, da sie von all den großen Sportereignissen künden, die in Europa stattfinden. Noch kann Zimmermann nicht ahnen, dass er es selbst einmal zum bekanntesten Rundfunksprecher Deutschlands bringen wird. Er weiß nur, dass er es unbedingt dorthin bringen will. Er möchte nach Berlin und wenigstens sein Glück probieren. Es wird ein Weg mit Hindernissen.

In Uniform, ca. 1943

III. Der Soldat Zimmermann (1937-1945)

Gut sieben Jahre später scheint dieser Weg zum Rundfunk völlig ausgeschlossen. Kurz vor Weihnachten 1944 bittet Zimmermann gewissermaßen um sein eigenes Todesurteil. „Mit dem 15. Dezember", heißt es in dem Formular des Heerespersonalamtes, das später in seine Personal-Akte abgeheftet wird, „wird versetzt: Hptm. Zimmermann (Herbert), an der Panzertruppenschule Bergen (Panzer-Regiment 11), an das Panzer Regiment 36 (zur Verwendung als Kompaniechef)". Dieser Akt der Kriegsbürokratie beschreibt einen Vorgang mit weitreichenden Folgen. Zwei Jahre lang hat Zimmermann Dienst an der so genannten Heimatfront getan. Er bekleidet einen privilegierten Posten, er ist Adjutant an der Panzertruppenschule in Wünsdorf bei Berlin, ab Januar 1944 schließlich in Bergen in der Lüneburger Heide. Dort sitzt er am Schreibtisch, steht in Lehrgangsräumen vor Schultafeln und bildet Panzerfahrer aus. Es ist eine recht ruhige, ungefährliche Aufgabe in diesen Zeiten, in denen woanders wütende Verteidigungsschlachten toben und zusammenbrechende Fronten gemeldet werden. Und Zimmermann ist sich durchaus bewusst, wie es im Kampfeinsatz zugeht, er ist schließlich selbst 16 Monate an der Ostfront gewesen.

Nun aber meldet er sich, wie das Papier ebenfalls ausweist, auf „eigenen Wunsch zu Frontverwendung". Er verlässt die sichere Panzertruppenschule und wird freiwillig Kompaniechef der II. Abteilung beim Panzer-Regiment 36, einem elitären Truppenteil der 14. Panzerdivision. Es ist ein überaus riskantes, lebensgefährliches Unterfangen. Denn diese 14. Panzerdivision ist Teil der 18. Armee, und die liegt zu diesem Zeitpunkt gemeinsam mit der 16. Armee völlig abgeschnitten von den anderen Truppenteilen der Heeresgruppe Nord in einer Landschaft im heutigen Lettland, die im Deutschen Reich nur als „Kurland" bezeichnet wird. In diesem Gebiet hat die Rote Armee im Sommer 1944 einen weiteren Großangriff gestartet, mit durchschlagendem Erfolg. 200 000 deutsche Soldaten sind eingeschlossen. Wie bedrohlich die Situation ist, lässt schon der bald geläufige Name für dieses Operationsgebiet erahnen: Es ist schon nur noch vom „Kurland-Kessel" die Rede. Zimmermann wird eingeschifft in das eisfreie Libau, einer strategisch wichtigen lettischen Hafenstadt mit rund 50 000 Einwohnern, die in diesen Wochen unbedingt gehalten werden muss, um die Truppen mit Kriegsgerät und Nahrung zu versorgen. Die Reise, die Zimmermann nun in das Baltikum antritt, ist eine freiwillige Fahrt in die Hölle.

Freiwilliger

Im Dezember 1944 ist Zimmermann bereits seit über sieben Jahren in der Wehrmacht. Nach dem sechsmonatigen Reichsarbeitsdienst (RAD), den er zwischen dem 2. April und dem 25. Oktober 1937 in der RAD-Abteilung 6 im württembergischen Großbottwar ableistet, ist er als Freiwilliger eingetreten. Zimmermann wird damals, kurz vor seinem 20. Geburtstag stehend, abkommandiert in das Panzer-Regiment 11, das als Teil der 1. leichten Division in Paderborn im damaligen Wehrkreis VI stationiert ist. Noch stehen die Zeichen nicht ausdrücklich auf Krieg. Zimmermanns militärische Karriere während seiner zweijährigen Dienstzeit verläuft dementsprechend unspektakulär: Am 1. Oktober 1938 wird er zum Gefreiten befördert, am 20. Mai 1939 zum Unteroffizier. Da er zunächst nicht beabsichtigt, Berufssoldat zu werden, steht er im August 1939 kurz vor seiner Entlassung zurück in das zivile Leben. Doch als die deutschen Truppen am 1. September 1939 Polen überfallen, bleibt er, ebenso wie alle anderen Dienstpflichtigen, eingezogen. Aktiv am „Blitzkrieg" gegen Polen ist er indes nicht beteiligt, obwohl sein Regiment am 10. September einen Brückenkopf über die Weichsel bildet. Zimmermann kommt lediglich zwischen dem 30. November 1939 und 4. Februar 1940 zu einem „Fronteinsatz ohne Kampfhandlung": Laut „Tessin", dem Standardwerk zur Geschichte der „Verbände und Truppen der deutschen Wehrmacht und Waffen SS im Zweiten Weltkrieg 1939-1945", liegt das Panzer-Regiment 11 nun am Niederrhein, in Erwartung des französischen Angriffs. Der aber bleibt aus.

Missglückter Start in die Offizierslaufbahn

In diesen ruhigen Monaten entschließt sich Zimmermann doch zu einer Offizierslaufbahn, und sein erster Antrag dazu wird akzeptiert: Vom 5. Februar 1940 an nimmt er teil an dem dreimonatigen „3. Offizier-Anwärter-Lehrgang der Panzertruppenschule" in Wünsdorf bei Berlin, an der er auch 1942 wieder tätig sein wird. In der abschließenden Beurteilung vom 3. Mai

1940 bekommt Zimmermann, der am 1. April zum Feldwebel befördert wurde, fast durchweg gute Noten. „Er setzt sich energisch durch und versteht es, seinen Untergebenen seine Meinung klarzumachen und sie überzeugen“, heißt es in der Rubrik „Leistungen und Verhalten als Führer“. Sein „Auftreten vor der Front und Kommandosprache“ werden mit „gut“ eingestuft, seine dienstlichen Kenntnisse sind „gut, im Unterricht noch besser“, und seine Umgangsformen werden gelobt. Seine geistige Veranlagung wird als „gewandt, rege“ eingeschätzt, „körperlich kräftig und sportlich“ ist er auch, und unter dem Unterpunkt „Führung“ steht sogar ein „Sehr gut!“. Allein das „Allgemeine Urteil über Charakter und Persönlichkeit“ verrät ungewohnt offene Kritik: „Offen, anständig, weiß, was er will und setzt sich durch. Bestimmt in seinem Auftreten“, heißt es darin zwar lobend. Tadelnd aber wird erwähnt, dass Zimmermann dazu neige, „sich gelegentlich zu vernachlässigen, da er von seinen Fähigkeiten überzeugt ist“. Zimmermann scheint eine gewisse Lässigkeit an den Tag zu legen, er hat ein loses Mundwerk. Womöglich zeigt sich Zimmermann auch zu arrogant gegenüber seinen Kameraden und Vorgesetzten, vielleicht fühlt er sich ihnen überlegen und lässt sie es auch spüren.

Dennoch, Zimmermann ist vom 1. Mai 1940 an Offiziers-Anwärter und bewirbt sich bald darauf für die aktive Offiziers-Laufbahn. Hier aber kommt es zu einem unverhofften Knick in Zimmermanns militärischer Karriere: Das Gesuch wird abgelehnt. Begründet wird das unter anderem damit, dass Zimmermann mit der Panzer-Flamm-Abteilung 101, in die er am 10. Mai 1940 (also am Tag des deutschen Überfalls auf Frankreich) versetzt wurde, erneut nicht zum Fronteinsatz kam. Vor allem aber macht er sich im September einem Fehlverhalten schuldig, das sogar eine förmliche „Bestrafung“ nach sich zieht. Bestrafung hieß: Für ein paar Tage einsitzen im Bau, oder auch Strafexerzieren. Der Grund dieser Disziplinierung ist in den Akten nicht enthalten. Für Zimmermann hat dieser Zwischenfall große Konsequenzen. Zwar ist mit der Bestrafung keine Degradierung verbunden. Doch es wird noch zwei Jahre dauern, bis er am 1. November 1942 endlich die begehrte Dienstlaufbahn als aktiver Truppenoffizier antreten kann.

Erste Kriegsorden bei der „Aktion Barbarossa"

Eine Chance, diesen Bruch in seiner militärischen Vita zu überwinden, sieht er offenbar erst Mitte 1941. Als am frühen Morgen des 22. Juni 1941 die „Aktion Barbarossa" beginnt, der deutsche Überfall auf die Sowjetunion, bekommt Zimmermann erstmals Gelegenheit zur Frontbewährung. Seine Einheit, die Panzer-Abteilung 101, ist am 22. Juni 1941 maßgeblich am Durchbruch der sowjetischen Stellungen beteiligt und greift via Bialystok das unter russischer Besatzung befindliche Wilna an. Zimmermann ist Erkunder-Zugführer, was soviel heißt, dass jeder Einsatz ein Himmelfahrtskommando darstellt. In einer Einheit mit seinem Freund Werner Polz späht er, bevor die schweren Panzer anrollen, an vorderster Front die Lage aus, er berichtet von Widerständen und russischen Fallen. Zwei Tage später nimmt die Wehrmacht die Verfolgung der russischen Streitkräfte bis zur Düna auf. Am 10. Juli bricht Zimmermanns Division durch die schwer befestigte „Stalin-Linie". Und zwischen dem 26. Juli und dem 5. August 1941 ist Zimmermanns Panzereinheit beteiligt an den folgenreichen Einkesselungen der Städte Witebsk und Smolensk, in deren Gefolge Hunderttausende von russischen Gefangenen in die Hände der Deutschen fallen. Zimmermann, dessen Abteilung zwischenzeitlich der 1. Panzerdivision unterstellt ist, zeichnet sich durch Wagemut und hohes Risiko aus: Am 23. Juli 1941 erhält er, am 1. Juli endlich zum Leutnant der Reserve befördert, das Eiserne Kreuz II. Klasse. Und am 1. August 1941 schließlich noch das schwarze Verwundetenabzeichen, weil er am 30. Juni einen Granatensplitter am Kopf erlitten hat. Als die Abwehrkämpfen am Dnjepr und Dop beginnen, erhält Zimmermann seiner verwegenen Einsätze wegen das Panzer-Kampfwagen-Abzeichen in Bronze, und am 18. August 1941 wird ihm das Eiserne Kreuz I. Klasse verliehen.

Die jeweiligen Waffentaten Zimmermanns sind in den überlieferten Akten der Wehrmacht nicht überliefert. Fest steht lediglich, dass sich der Offiziersanwärter Zimmermann in dieser Zeit mehrfach vor dem Feind ausgezeichnet haben muss, anders sind diese hohen Dekorationen innerhalb weniger Wochen nicht zu erklären. Lediglich „Der Landser", der Zimmermann 1985 einen Großband widmet, vermag die Umstände der Waffentaten vermeintlich genau zu schildern. Demnach bekam Zimmermann das EK II aufgrund seines Einsatz am 26. Juni 1939 bei der Einkesselung von Minsk, bei dem vier russische Armeen und 43 Divisionen in Gefangenschaft gerieten. „Der Zug Zimmermann hatte sich durch schnelles Vorprellen und Abschneiden der auf der Rollbahn zurückflutenden sowjetischen Kolonnen ausgezeichnet", heißt es in der dürftigen Begründung. Das EK I schließlich bekommt Zimmermann dieser Zeitschrift zufolge aufgrund eines Durchbruchs der sowjetischen Stellungen beim Kampf um Smolensk; auch im abschließenden Häuserkampf am 16. Juli 1939 soll sich Zimmermanns Zug ausgezeichnet haben. „Für seinen Einsatz bei der Eroberung von Smolensk und seine hervorragende Führungsleistung erhielt er das Eiserne Kreuz I. Klasse."

Der Landser

Die Reihe des *Landser*, der schon in den 1950er Jahren den deutschen Markt mit Massenauflagen überschwemmt, ist nun zweifellos einzuordnen in das Genre der Schund- und Trivialliteratur. Die Hefte sind sozusagen die „Jerry Cotton"-Ausgabe auf dem Gebiet der Militärgeschichte des Zweiten Weltkrieges. Und das nicht nur, weil sie schon rein äußerlich – durch die minderwertige Qualität des Papiers – sehr billig daherkommen. Vor allem aber sind sie gerade aus inhaltlicher Sicht für den seriösen Historiker nur von eingeschränktem Wert. Denn sie bedienen mit den Veteranen eine Klientel, die sich in den „Erlebnisberichten zur Geschichte des Zweiten Weltkrieges", wie der Untertitel der Reihe lautet, selbst wiederfinden und wiedererkennen möchte. Heraus kommt bei diesen Erzählungen ein Umgang mit der Militärgeschichte, wie er unkritischer nicht sein könnte: Es werden immer wieder die gleichen Versatzstücke eingebaut, die das von Klischees nur so strotzende Bild von der sauberen Wehrmacht bemühen. Sie verklären und heroisieren die Taten der deutschen Soldaten, die mehrheitlich als tapfer, wagemutig und stets einsatzbereit geschildert werden, während etwa die Soldaten der Achsenmacht Italien stets als hinterlistige, feige und oft flüchtende Truppen dargestellt werden.

Dass auch Soldaten der Wehrmacht zu Teilen an den Pogromen dieses Krieges beteiligt waren und die Vernichtung der Juden hinter der Front mitorganisierten und mit vorbereiten halfen – all diese problematischen Aspekte werden in den *Landser*-Heften verschwiegen. Diese Form der Geschichtsbewältigung hinsichtlich der Wehrmacht ist freilich nur eine radikale Variante der Erinnerung. Jan Philipp Reemtsma, der Initiator der umstrittenen Wehrmachtsausstellung hat die andere, das kollektive Verdrängen bei den meisten Soldaten, einen Vertrag genannt: „Schweigt von euren Heldentaten, und wir wollen von euren Verbrechen schweigen. So wurde auch – von innerfamiliären Ausnahmen abgesehen – von den persönlichen Erinnerungen geschwiegen."

Jedenfalls verfestigte die Schmuddel-Literatur des *Landsers* mit seinen vielen Ausgaben (bis heute sind über 1000 Nummern erschienen) jene Legende vom jederzeit tapferen, aufrecht kämpfenden deutschen Soldaten, der sich, weil er einen Eid seinen Oberbefehlshaber geschworen hat, sich dessen verbrecherischen Befehlen nicht erwehren kann. Wie unkritisch der *Landser*-Bericht auch im Fall von Zimmermann ist, verdeutlicht bereits der Einstieg in die Schilderung dieser Kriegsvita: Die „Bestrafung" aus dem September 1940, die Zimmermanns Offizierskarriere zunächst stoppte, wird schlicht nicht erwähnt. Sie passt nicht ins Bild des gehorsamen Soldaten. Zudem sind vor allem die frühen Hefte aus den 1950er und 1960er Jahren oft brutal schlecht recherchiert, was daran gelegen haben mag, dass die jeweiligen Akten noch nicht einsehbar waren. Auch Autor Karl Kollatz, der den „Ritterkreuzträger und berühmten Sportreporter der Nachkriegszeit“ Herbert Zimmermann 1985 auf 52 Seiten porträtiert, unterlaufen schlimme, womöglich aber auch beabsichtigte Fehler. Viele Daten entsprechen schlicht nicht den Akten der Wehrmacht.

Dennoch sind die *Landser*-Hefte, so unverkennbar deren Absicht ist, für den Historiker nicht völlig ohne Wert. So unrealistisch diese Schilderungen nämlich auch sein mögen, durften sich die jeweiligen Autoren einige Fehler nicht erlauben. So legten und legen die Leser vor allem großen Wert auf eine möglichst korrekte Wiedergabe der Frontverläufe und der Schlachten, in denen sich der Protagonist befand. In dieser Hinsicht also sind diese Hefte also zumindest einigermaßen zuverlässig. Das ganze Kriegsumfeld der beschriebenen Figur musste schließlich schon deswegen annähernd realistisch beschrieben werden, weil es auch Leute aus der beschriebenen Division lesen konnten. Freilich bedienten sich die Autoren oft nur aus den Erinnerungen der verhandelten Figur, oder sie griffen auf die Erzählungen der Kriegskameraden zurück.

Genau darauf war Kollatz angewiesen, weil Zimmermann 1985, beim Druck der ersten Kriegs-Hagiographie, lange gestorben war. Es spricht viel dafür, dass vor allem Zimmermanns Freund Werner Polz diese Umstände lieferte, denn Polz gehörte zur gleichen Kompanie, in der auch Zimmermann den Überfall auf die Sowjetunion erlebte. Und er war einer der wenigen Kriegskameraden, mit denen Zimmermann nach 1945 engen Kontakt pflegte. Dass auch Polz zu einer positiven Darstellung der Taten seines Freundes beitragen wollte, versteht sich von selbst.

Vor dem gleichen Hintergrund sind die zahlreichen Buchpublikationen zur Militärgeschichte zu sehen, die ebenfalls in den 1950er und 1960er Jahren erschienen. So handelt es sich bei Grams' Geschichte der 14. Panzerdivision, in der Zimmermann am Ende diente, wie bei vielen anderen Veröffentlichungen auch um eine Auftragsarbeit einer Veteranenvereinigung, der 1953 gegründeten „Traditionsgemeinschaft der 14. Panzer-Division". Bei diesen Büchern stimmt ebenfalls im Grundsatz der Background des Schlachtgeschehens. Aber hier auch werden – obwohl hier alles auf den ersten Blick seriöser wirkt als bei den *Landser*-Heften – unangenehme Dinge kategorisch verschwiegen, andere Begebenheiten wiederum mythisiert und zu Heldengeschichten stilisiert. So strotzen etwa auch die zahlreichen Publikationen eines Vielschreibers wie Werner Haupt, der zuerst die Geschichte des Kurland-Kessels verfasste, nur vor Ungenauigkeiten. Dennoch ist man heute oft auf derartig euphemistische Darstellungen angewiesen, weil die Militärgeschichte des Zweiten Weltkriegs in der Geschichtswissenschaft der vergangenen Jahrzehnte so gut wie keine Rolle spielt. Fundierte und literarisch hochwertige Quellen wie der Erlebnisbericht des Soldaten Willy Peter Reese, der 2003 erst publiziert wurde und der die Grausamkeiten des Krieges überaus dicht und eindringlich schildert, sind seltene Ausnahmen in diesem bei Historikern unbeliebten Genre.

Kriegsverletzung

Dem *Landser* zufolge übernimmt Zimmermann bereits im Juli 1941, beim Vorstoß auf Witebsk, eine höhere Verantwortung und übernimmt einen Panzer IV als Kommandant; die entsprechende Ausbildung dafür hat er beim Offiziers-Anwärter Lehrgang in Wünsdorf absolviert. Davon erzählen die überlieferten Akten der Wehrmacht freilich nichts, sie notieren lediglich dürre Fakten: Nach einer kurzen, zweiwöchigen Erholungspause Ende September 1941 ist Zimmermann zwischen dem 2. und 4. Oktober 1941 wieder an den Abwehrkämpfen am Dnjepr und Dop beteiligt, in der heutigen Ukraine. Am 5. und 6. Oktober kämpft seine Einheit um Bjeloi. Als den Deutschen in den Tagen danach der Durchbruch durch die russischen Dnjepr-Stellungen gelingt, nimmt auch Zimmermann die Verfolgung der zersprengten gegnerischen Verbände auf. In Kalinin, nur noch wenige Kilometer entfernt vom eigentlichen Kriegsziel, dem südöstlich gelegenen Moskau, kommt der deutsche Vorstoß zum Stehen. Der unerbittliche Winter, der nun – früher und mit größerer Wucht als gewöhnlich – über die russischen Ebenen herfällt, stoppt den als weiteren Blitzkrieg angelegten Überfall der Wehrmacht endgültig.

Bis zum 15. November 1941 ist der Leutnant der Reserve Zimmermann an den heftigen Abwehrkämpfen um Kalinin beteiligt. Dann jedoch wird Zimmermann, im Panzer sitzend, während eines harten Gefechtes von Granatensplittern am Bein getroffen, im Panzer läuft Benzin aus, aber Zimmermann und seine Besatzung können rechtzeitig „ausbooten", wie es im damaligen Militärjargon heißt. Der *Landser* berichtet hier von einer dramatischen Rettung Zimmermanns, der Anfang Dezember 1941 in ein Lazarett nach Deutschland transportiert wird – wohin genau, ist unbekannt. Die Kriegsverletzung jedenfalls hat Folgen: Von da an jedenfalls wird er immer sein rechtes Bein ein wenig nachziehen, was ihn, den enthusiastischen Sportler, sehr mitnimmt. Seine Einheit, die Panzerabteilung 101, wird wenig später aufgelöst – ein Indiz dafür, wie heftig und verlustreich die Kämpfe 1941 waren.

1942: Zweiter Einsatz an der Ostfront

Zimmermann liegt einige Wochen im Lazarett, anschließend bekommt er Urlaub und darf seine Eltern in Mildensee bei Dessau besuchen. Die Ankünfte des einzigen Sohnes werden dort regelmäßig als Feste inszeniert – weil er so selten nach Hause kommt und allen Familienmitgliedern die Gefahr bewusst ist, der Zimmermann an der Front ausgesetzt ist. Zum Jahreswechsel 1941/42 hat eigentlich jede deutsche Familie den Verlust eines Bruders, Sohns, Vaters oder Onkels zu beklagen. Die Besuche bei seinen Nichten und Neffen, die in Schkopau aufwachsen, genießt Zimmermann ebenfalls sehr. Die drei Kinder seiner Schwester Gabriele, die den Chemiker Dr. Rudolf Ströbele geheiratet hat, liebt er abgöttisch, so wie er auch das vierte Kind,

Heimaturlaub bei Schwester und Schwager in Schkopau, nach 1941

seinen dann im Jahr 1943 geborenen Neffen Herbert, wie ein eigenes betrachten und verwöhnen wird.

Doch bleiben diese Aufenthalte in der Geborgenheit der geliebten Familie seltene Miniaturen, und im März 1942 tritt Zimmermann, der seinen Beinschuss nun auskuriert hat, zu seinem zweiten Russlandeinsatz an. Er wird versetzt in das Panzerregiment 204, das, erst zu Teilen aufgestellt, als Elitekorps der 22. Panzerdivision auf der Krim zum Einsatz kommt. Am 20. März holt ihn der brutale Frontalltag wieder ein. Unter besonders verlustreichen Einsätzen erobert die 11. Armee, der die 22. Panzerdivision angehört, bis Mitte Mai 1942 große Teile der strategisch wichtig gelegenen Halbinsel im Schwarzen Meer, und wieder zeichnen sich die Panzereinheiten Zimmermanns aus, speziell an der berüchtigten Parpatsch-Front, an der personell unterlegene deutsche Truppen den russischen Gegner zurückschlagen. Am 18. Mai 1942 ist auch die „Schlacht um die Halbinsel Kertsch" siegreich beendet, die Hälfte der rund 260 abgeschossenen russischen Tanks gehen dabei auf das Konto des Panzerregiments 204, in dem Zimmermann kämpft. Knapp ein

Jahr später, am 13. Februar 1943, wird Zimmermann für diesen Einsatz mit dem Krimschild ausgezeichnet – da hat sich, kurz nach der Vernichtung der 6. Armee in Stalingrad, die allgemeine Lage schon bedrohlich geändert.

Bevor jedoch die Deutschen schließlich im Frühsommer 1942 unter großem Aderlass Sewastopol erobern, wird die 22. Panzerdivision Mitte Juni 1942 an die Heeresgruppe Süd abgegeben, wo sie am Don und an der Donez zum Einsatz gelangt. Nach langer Beförderungspause erklimmt Zimmermann dort wieder eine Stufe der militärischen Leiter und darf sich ab 1. Juli 1942 Oberleutnant der Reserve nennen. Am 24. Juli 1942 ist Zimmermann an vorderster Front beteiligt, als die Deutschen die gut befestigte Stadt Rostow einnehmen. Die eigenen Verluste sind hoch. Von den ursprünglich 19 Panzern aus Zimmermanns Einheit sind am 25. Juli nur noch acht übrig geblieben. Zimmermann erhält eine Belobigung für die gute Führung seiner Untergebenen.

Endlich Offizier

Laut Wehrmachtsberichten liegt die 14. Panzerdivision in den Monaten August und September ohne größeren Einsatz in der russischen Steppe, die Soldaten können sich erholen. Am 30. September 1942 wird Zimmermann versetzt in die Panzer-Abteilung 127, die der 27. Panzerdivision angehört. Ausgestattet mit dem ausdrücklichen Lob aus den Kämpfen am Don, startet Zimmermann in diesen Wochen einen neuerlichen Versuch, den Makel seiner bis dato gescheiterten Offizierslaufbahn zu bereinigen. In einem Schreiben seines Abteilungs-Kommandeurs vom 9. Oktober 1942 wird Zimmermann, der immer noch Oberleutnant der Reserve ist, zur „Übernahme zu den aktiven Truppenteilen“ vorgeschlagen. Zimmermann habe sich immer mehr, heißt in der Begründung, „für den Beruf eines Offiziers begeistert“ und sei „immer mehr in das militärische Leben hineingewachsen“. Der Karriereknick und die „Bestrafung“ aus dem September 1940, der die Offizierskarriere lange verhindert hatte, wird mit persönlichen Differenzen Zimmermanns mit seinem damaligen Kompaniechef erklärt: Die damalige Beurteilung sei der „tatsächlichen Persönlichkeit nicht ganz gerecht geworden", so Zimmermanns Vorgesetzter. „In Kenntnis der Sachlage glaube ich vielmehr", heißt es in diesem Karriere entscheidenden Brief weiter, „dass bei der Auflösung der beiden alten Einheiten es zu Meinungsverschiedenheiten gekommen ist, zumal die ehemaligen Kavalleristen sich von z.T. jüngeren Kameraden der Pz.Waffe belehren lassen mussten. Es scheint eine beiderseitige Animosität zwischen dem gleichaltrigen damaligen Kp.Chef und Oblt. Zimmermann vorgelegen zu haben."

Gerade bei der Panzerwaffe gibt es häufiger Auseinandersetzungen dieser Art zwischen den verschiedenen Generationen. Grund ist die extrem schnelle technische Entwicklung der Panzer, mit denen der Standard der Ausbilder, die nicht selten im Kaiserreich militärisch sozialisiert worden sind, oft nicht mithalten kann. Damals beruht die Ausbildung der Kavallerie, die im Dritten Reich zur Panzertruppe umfirmierte, eben noch fast ausschließlich auf der Arbeit mit Pferden. Dass die ganzen alten taktischen Formationen mit dem Einsatz von Panzern über den Haufen geworfen wurden, können altgediente Militärs nur schwer verwinden.

Die neuerliche Eingabe jedenfalls zeitigt den gewünschten Erfolg: Silvester 1942 erhält Zimmermann mit Rückwirkung vom 1. November an den lang ersehnten Status eines Offiziers der Wehrmacht, parallel wird er zum Oberleutnant befördert. Diese Nachricht erreichte ihn jedoch nicht mehr an der Front, sondern im Lazarett Berlin-Westend. Zimmermann war Mitte November 1942 bei den Kämpfen der 27. Panzerdivision, die am Don-Knie zwischen Nowaja Kalitwa und Bogutschar die russischen Angriffe abwehren sollte, erneut am Bein getroffen worden. Bei einem Kampf mit einem russischen Panzer vom Typ T 34, heißt es in der martialischen *Landser*-Diktion, zuckt plötzlich „ein greller Blitz in den Kampfraum hinein. Rübsamen schrie gellend auf. Zimmermann verspürte einen harten Schlag am Bein und sackte zusammen." Noch im Lazarett liegend, wird er dafür später mit dem Silbernen Verwundetenabzeichen ausgezeichnet, dazu mit dem Panzersturmabzeichen in Silber. Ein baldiger Fronteinsatz kommt nach dieser schweren Verletzung vorerst nicht in Frage. Zimmermann sieht sich nach Alternativen um.

1943: Der erste Kontakt mit dem Rundfunk

Der Gang in den Sender des *Großdeutschen Rundfunk*, den Zimmermann um die Jahreswende 1942/43 vornimmt, ist die Erfüllung eines langen Traums. Als sportbegeisterten Jungen haben ihn die Übertragungen eines Dr. Paul Laven verzaubert, und als Jugendlicher hat er zum Beispiel die Reportagen von den Olympischen Spielen 1936, die Rolf Wernicke in formaler Perfektion über den Äther schickt, geradezu emphatisch verehrt: Er hat sie so lange nachgesprochen, bis er sie in Duktus und Aufbau vollständig kopiert. „Rolf Wernickes Berichte feuerten ihn an", wird es in einer Personenbeschreibung Zimmermanns nach dem WM-Sieg 1954 heißen, „zu Hause im stillen Kämmerlein eigene Reportageversuche zu unternehmen". Während eines Urlaubs im Krieg, heißt es weiter, gab es „Kontakt mit Wernicke und erste Probeübertragung vom Fußballstädtespiel Berlin gegen Wien".

Auf welchem Wege er allerdings zum Rundfunk gelangt, ist nicht ganz klar. Sehr wahrscheinlich führt ihn Auguste Reuß-Barth in dieses Milieu ein. Seine neue Freundin, die er Ende 1942 in Berlin kennen lernt, pflegt durch ihren Beruf sehr viel Umgang mit der Prominenz aus den Medien. Bereits Ende der 30er Jahre hat sie als Produzentin im Auftrag der UFA viele Spielfilme kaufmännisch abgewickelt. Sie zählt deswegen selbstverständlich Schauspieler-Größen wie Hans Albers oder Zarah Leander zu ihren Bekannten. Und sie kennt auch den Rundfunksprecher Rolf Wernicke, den Chefsprecher der Wochenschauen, der nicht nur die Olympiafilme Leni Riefenstahls gesprochen hat, sondern während des Zweiten Weltkrieges auch häufig als Schauspieler auftritt. Wernicke gehört zur Filmszene, zum gleichen Milieu, das sich auf den zahlreichen Festen immer wieder trifft. Ihren neuen Freund Herbert Zimmermann also bei Wernicke als hoffnungsvolles Nachwuchstalent anzupreisen, ist für Reuß-Barth ein Leichtes. Unwahrscheinlicher, aber genauso denkbar ist, dass Zimmermann selbst die Initiative zu seinen ersten Rundfunkschritten ergreift, sich einfach bei Wernicke vorstellt und auf diesem Weg Reuß-Barth kennen lernt.

Zimmermann unternimmt Anfang 1943 also erste Versuche in diesem Medium. Bereits beim Städtespiel zwischen Berlin und Wien beweist er mit einer Probereportage großes Talent. Zuerst beginnt er mit kleineren Aufnahmen, die – den Kriegszeiten entsprechend – über die Situation an der Front berichten und das Leben des dort kämpfenden Soldaten beschreiben. In dem Wissen, dass Zimmermann bald wieder einrücken muss, bietet ihm Wernicke ein „Sturz-Volontariat“ an, das mit einer bestandenen Reporter-Prüfung endet.

Als Adjutant an der Panzertruppenschule Wünsdorf

Aber es sind eben Kriegszeiten. Und so hält dieser beinahe unbeschwerte Ausflug in das zivile Leben des Reichsrundfunks, soweit davon in den Zeiten des von Goebbels im Februar 1943 ausgerufenen „Totalen Krieges“ die Rede sein kann, nicht lange an. Seit dem 27. März 1943 unterrichtet bzw. assistiert der Wehrmachtsoffizier Herbert Zimmermann an der Panzertruppenschule I in Wünsdorf bei Berlin, wohin er mit Rückwirkung vom 18. Januar an versetzt ist. Zimmermann ist als Adjutant zuständig für die taktischen Lehrgänge, er leitete die jungen Schüler in den theoretischen Lehrgängen und auch in der Praxis, bei konkreten Übungen auf den umliegenden Truppenübungsplätzen. Und offenbar ist sein direkter Vorgesetzter, Major Sauvant, mit den Führungsqualitäten seines Zuarbeiters zufrieden. Oberleutnant Zimmermann wird, nachdem die Panzertruppenschule am 20. Januar 1944 von Wünsdorf nach Bergen in der Lüneburger Heide umgezogen ist, von ihm als Hauptmann vorgeschlagen. Zimmermann ist eigentlich noch nicht wieder dran: „Vorzugsweise Beförderung von besonders ausgewählten Truppenoffizieren der höheren Kommandobehörden und Schulen“, heißt es darin, und in der Begründung lobt der Kommandeur ausdrücklich die Fähigkeiten seines Offiziers: „Oberleutnant Zimmermann tut seit dem 18.1.1943 als Adjutant bei den taktischen Lehrgängen Dienst. Er hat sich in dieser Zeit als besonders zuverlässiger, umsichtiger und gewandter Adjutant gezeigt und war allen an ihn herantretenden Aufgaben, die auf Grund des Lehrbetriebes oft recht schwierig waren und großen Takt verlangen, in jeder Weise voll gewachsen. Seine hervorragenden Leistungen lassen eine vorzugsweise Beförderung besonders gerechtfertigt erscheinen. Darüber hinaus wird sie aus disziplinarischen Gründen (Stellung als Adjutant gegenüber den Lehrgangsteilnehmern) für dringend erforderlich gehalten).“ In der Beurteilung vom 1. März 1944 durch Fritz Wenzel, den Kommandeur der Schulen der Panzertruppen, heißt es zu Zimmermann: „Einwandfreie, klare Persönlichkeit. Steht auf dem Boden der nationalsozialistischen Weltanschauung. Vor dem Feinde voll bewährt. Sehr gute dienstliche Leistungen. Als Adjutant besonders zuverlässig, umsichtig und gewandt, besitzt mein vollstes Vertrauen. Bei Kameraden und Untergebenen beliebt.“ Die Beurteilung weist nach damaligem Maßstab, anders als jene von 1940, keinen Makel auf. Mit Wirkung vom 1. Februar 1944 ist Herbert Zimmermann Hauptmann.

Für den Sommer und Herbst 1944 ist von Zimmermann nichts bekannt. Dann trifft der Hauptmann kurz vor Weihnachten 1944 diese folgenreiche Entscheidung und meldet sich freiwillig an die Kurland-Front, zu seinem dritten Einsatz im Osten. Wie wenig nachvollziehbar dieser Entschluss aus der heutigen Perspektive ist, wird deutlich an der katastrophalen militärischen Lage, in der sich das Deutsche Reich zu diesem Zeitpunkt befindet. Für militärisch einigermaßen erfahrene Beobachter ist das Ende des Krieges bereits abzusehen: Nach der psychologischen Wende nach der siegreichen Schlacht von Stalingrad im Januar 1943 steht die Rote Armee kurz vor einem glorreichen, wenn auch mit hohen Verlusten erkämpften Sieg, sie steht fest in Ostpreußen und hat die Weichsel bereits gequert. Die US-Armee, deren Einheiten im Juni 1944 unter ebenfalls schweren Verlusten an der Nordküste Frankreichs gelandet sind, ist nicht mehr von der deutschen Wehrmacht aufzuhalten. Im Süden Europas gewinnen die Alliierten ebenfalls die Oberhand. Es scheint nur noch eine Frage der Zeit, wann die deutschen Armeen den Zweiten Weltkrieg verlieren. Zimmermann meldet sich dennoch freiwillig.

Sowenig eine solche Entscheidung in Friedenszeiten nachempfunden werden kann, es gibt Gründe. Der Erlebnisbericht des *Landser* zu Zimmermann, so niedrig das Niveau dieser Geschichtsreflexion auch ist, gibt ein wichtiges Motiv an: Die Verbundenheit eines Soldaten zu seinem Vorgesetzten. Kollatz stellt eine Szene zwischen Major Sauvant und dessen Adjutanten Zimmermanns klischeehaft nach, um den Schritt Zimmermanns zu begründen, sie spielt in der Panzertruppenschule, im Chefzimmer des Taktiklehrers. Zimmermann tritt ein:

„Was gibt es denn Neues, Herr Major?"

„Ich erhielt soeben ein Fernschreiben von meiner alten Einheit. Die 14. Panzerdivision hat große Verluste gehabt. Ich soll das Panzerregiment 36 als Kommandeur übernehmen."

„Gratuliere, Herr Major!"

„Danke", sagt Sauvant mit einem listigen Gesichtsausdruck. „Da ist aber noch etwas, Zimmermann. Ich habe in dieser Hinsicht freie Hand und kann mir einige tüchtige Männer mitnehmen, denn ich brauche gute Kompaniechefs. Wollen Sie meine erste Kompanie übernehmen?"

„Mit Freuden, Herr Major. Wenn Sie das schaffen ... "

„Gut, dann sind Sie ab heute Chef der ersten Kompanie des Panzerregiments 36."

Freilich datiert Kollatz im *Landser* diese Begebenheit auf Ende September 1944 und damit drei Monate früher als tatsächlich. Deshalb erlebt Zimmermann die ersten zwei „Kurland-Schlachten", so wie Kollatz das in seinem Heft vermitteln will, auch nicht mit. Dennoch, diese Loyalität zu den Vorgesetzten ist ein übliches Motiv zur Freiwilligmeldung. Auch in den letzten Kriegsmonaten.

Karl-Heinz Heimann nennt ein noch viel simpleres Motiv: „Ich muss sagen: Ich habe noch bis März 1945 hinein an die Wunderwaffen geglaubt, und an den großen Gegenstoß, der da kommen sollte“, sagt der heutige Herausgeber des *Kicker*. Er ist seinerzeit in einer vergleichbaren Lage und meldet sich noch im Februar 1945 an die Ostfront, die damals schon kurz vor Berlin verläuft. Leutnant Heimann geht in dieser Situation, weil ortskundige Soldaten gebraucht werden, zur berüchtigten SS-Division „Totenkopf“ und erlebt als junger Offizier die menschenverachtende Schlacht um die Seelower Höhen mit. Natürlich, sagt er, könne man das den Nachgeborenen kaum verständlich machen, aber die Propaganda habe ja auch ihren Teil dazu beigetragen. „Bei uns gab es damals kein Fernsehen, nur ein Radio, einen Sender, den Reichsrundfunk. Und die Zeitungen waren nur zu machen, weil es alles von Berlin aus über den Ticker lief“, sagt Heimann heute, es sei eben ein völlig anderer Informationsstand gewesen: „Wir haben gar nicht gewusst, was vor sich geht. Wir haben weitgehend an die Propaganda geglaubt, nicht nur hingenommen.“ Erst im März 1945, als die Westfront vollends aufgegeben wurde, habe er nicht mehr an einen Sieg geglaubt.

Bei der Entscheidung, an die Ostfront zu gehen, können aber durchaus auch militärspezifische Dinge eine Rolle spielen. Aus seinen Erfahrungen an der Ostfront heraus weiß etwa Heimann, „dass man da selber in sein Schicksal bisschen mehr eingreifen konnte als an der Westfront“. Die westlichen Alliierten seien am Ende einfach für alle Truppenteile waffentechnisch hochüberlegen gewesen: „Das war die Überlegenheit des Materials“, sagt Heimann, der die Invasion an der Westfront miterlebt und die vielen Jagdbomber, die dabei über die Köpfe der deutschen Soldaten ihre Bomben abwerfen. An der Ostfront hingegen, erinnert sich Heimann, „da kannte man mittlerweile auch die Tricks, und materialmäßig war der Gegner nicht so überlegen.“

Überhaupt spielen auch Zwänge in diesen Kriegszeiten eine

Der Arbeitsplatz eines Panzerfahrers

wichtige Rolle, Zwänge, die eigentlich nicht in Worte zu fassen sind. So diese seltsame Sehnsucht der verletzten Soldaten nach der grausamen und lebensgefährlichen Front, der sie doch eben erst entkommen waren. Die verstörenden Erinnerungen des einfachen Soldaten Reese, die für diese Passage aufgrund seiner Erfahrungen in einem Durchgangslazarett entstanden, geben davon beeindruckendes Zeugnis: „Wir wurden entlaust, gebadet, erhielten reine Wäsche, lagen plötzlich in weiß bezogenen Betten, brauchten nicht mehr zu frieren, zu hungern, auf Posten zu ziehen, konnten schlafen, wurden behandelt, und begriffen es nicht. Es war wie ein Traum. Wir glaubten, es gäbe nur noch Schnee und Eis auf der Erde, und in einer jähen Furcht vor allem Schönen und Gütigen überfiel uns das Heimweh. Wir sehnten uns nach Russland zurück, in die weiße Winterhölle, in Leiden, Entbehrungen, Todesgefahr. Wir wussten nicht, was wir noch mit unserem Leben sollten. Wir fürchteten die Heimkehr und erkannten nun die kriegerischen Verheerungen in unserer Seele."

Im Fall von Zimmermann können es auch noch andere Motive gewesen sein. Wie zum Beispiel, darf man sich fragen, erlebt der Oberleutnant all die Morde an jenen Lagerinsassen mit, die nur wenige Kilometer entfernt von seiner Truppenschule Bergen im KZ Bergen-Belsen vor sich gehen? Weiß er davon? Auch seine frühe Leidenschaft Rundfunk hält ihn nicht in der menschenleeren Lüneburger Heide, dafür ist der Weg nach Berlin zu weit. Warum aber sich der Oberleutnant Herbert Zimmermann aber im Dezember 1944 freiwillig an die Front meldet, dafür gibt es keine gesicherten Anhaltspunkte. Es muss im Dunkeln bleiben.

Im „Kurland-Kessel"

Die unumstrittenen Fakten der letzten Kriegsstation Zimmermanns sind ebenfalls spärlich. In den Berichten der „Heeresgruppe Kurland", wie dieser abgetrennte Teil der Heeresgruppe Nord seit dem 25. Januar 1945 heißt, ist von Zimmermann als Offizier nicht die Rede. An Schriftgut sind nur zwei Dinge überliefert. Im März 1945 wird Herbert Zimmermann Kommandeur der II. Abteilung des Panzer-Regiments 36 und erklimmt damit eine weitere Stufe auf der Karriereleiter. Das zweite Detail ist ein Papier, nach dem Herbert Zimmermann gut einen Monat vor dem Ende der Kriegshandlungen in Europa, am 5. April 1945, das „Ritterkreuz des Eisernen Kreuzes" verliehen bekommt. Ohne jeden Zweifel jedoch ist der Hauptmann Zimmermann fast jeden Tag zu waghalsigen und todesmutigen Unternehmungen gezwungen. Denn das Geschehen an der Front holt ihn schnell wieder ein: Bereits einige Tage nach seiner freiwilligen Meldung beginnt am 21. Dezember 1944 mit einem erneuten russischen Angriff die so genannte „3. Kurlandschlacht". Am Status quo ändert sie nichts.

Als Kompanie-Chef in der III. Abteilung des Panzer-Regiments 36 führt Zimmermann nicht nur das Kommando über seinen Kampfpanzer „Panther", er dirigiert auch per Funk die anderen sechs bis acht Kettenfahrzeuge seiner Abteilung. Anders als in vielen anderen Truppenteilen kämpfen die hohen Offiziere der Panzer-Einheiten stets mit an vorderster Front. Sie gelten deshalb auch bei Mannschaften nicht als Feiglinge, die hinter der Front den Kampf verwalten und große Reden schwingen, sondern im Gegenteil als wagemutige, risikobereite Soldaten. Die Panzertruppe werden von anderen Einheiten auch deshalb sehr verehrt, weil sie ein wichtiger militärischer Faktor und in ihren harten Fronteinsätzen stets schweren Verlusten ausgesetzt sind. Die Panzer werden auf dem Reißbrett der Kommandeure immer dort hingeschoben, wo es brennt, wo eine aufgelockerte Front wieder gefestigt werden muss. „Jetzt werden wir gerettet! Die hauen uns hier raus!" – das ist das Gefühl der Infanterie, wenn in Momenten höchster Bedrängnis die eigenen Panzer anrollen. So weht oft ein Nimbus der Unbesiegbarkeit um die Panzertruppe, auch wenn ihre Einsätze in Wirklichkeit oft nur Dokument der militärischen Mangelverwaltung sind. Die Panzertruppe jedenfalls gilt in der gesamten Wehrmacht als ausgesprochene Elite-Einheit, sie genießt einen außerordentlich hohen Stellenwert. Das ist auch in Kurland nicht anders: Dort gilt die 14. Panzerdivision neben der 11. Infanteriedivision bald als „Kurland-Feuerwehr". Das wird den Soldaten, die darin dienen, noch helfen.

Die Verluste der 16. und 18. Armee im Baltikum in diesen Monaten sind hoch. Es ist ein massenhaftes Sterben. Allein die 18. Armee, in der Zimmermanns Einheit kämpft, beklagt laut Kriegstagebuch der Heeresgruppe nach den ersten drei Kurlandschlachten 41 141 tote Soldaten. Im gleichen Bericht wird klar, dass die beiden abgeschlossenen Armeen auch weiterhin auf sich allein gestellt sein werden: „Ein Durchbruch nach Ostpreußen, in das von Woche zu Woche die Sowjets weiter eindringen, ist illusorisch geworden. Nur über Libau und Windau besteht noch Verbindung zu Deutschland." Zwischen Oktober und Dezember werden diese beiden Häfen rund 2 000 Mal von deutschen Handels- und Kriegsschiffen angelaufen, um den Nachschub aufrechtzuerhalten. Die Situation im Kurland-Kessel gerät freilich spätestens ab Weihnachten 1944, als die russischen Truppen den deutschen Soldaten zwei ruhige Tage gönnen, fast aussichtslos. Zumal sich Oberbefehlshaber Hitler den Ratschlägen seiner Generäle verweigert, einen Durchbruch zu versuchen. „Die Heeresgruppe bleibt, wo sie ist. Ich rechne bald mit einer Änderung der Lage und brauche dann Kurland, um den Russen in die Flanke stoßen zu können", heißt es in den stereotyp lautenden Lageberichten zu Kurland im Dezember 1944 und Januar 1945. Als Generaloberst Guderian am 15. und 17. Februar erneut einen Ausbruch vorschlägt, bekommt Hitler einen seiner gefürchteten Wutausbrüche und ordnet an, dass eine Rückführung der Kurlandtruppen überhaupt nicht in Frage kommt. Im Grunde geht es um ein sinnloses Aufrechterhalten der Front, wie auch der Ärmelstreifen „Kurland" dokumentiert. Dieser wird den dort stationierten deutschen Soldaten gestiftet als „besondere Auszeichnung für das Durchhalten".

Die Geschichte mit dem Ritterkreuz

Zwar erleben Zimmermann und seine Einheit Anfang bis Mitte Januar 1945 eine relativ ruhige Zeit, da sich die Kommandeure der Roten Armee zwischenzeitlich auf andere Frontabschnitte konzentrieren. Auch ist der Winter zunächst milde, nicht so klirrend kalt wie in den Jahren zuvor. Erst Ende Januar legt sich eine strenge Kälte auf Kurland, in den Berichten ist von Minus 25 Grad Celsius die Rede. Am 24. Januar 1945 rollt dann die nächste heftige Offensive des Gegners mit dem Ziel, den Kessel aufzubrechen und die wichtigen Häfen Libau und Windau zu erobern. Mit insgesamt elf Divisionen greift die Rote Armee an verschiedenen Abschnitten bei Preekuln an, doch am Ende verändert auch diese „4. Kurlandschlacht" den Frontverlauf nicht gravierend. Als die Offensive zehn Tage später zu Ende geht, bilanziert das Oberkommando der Wehrmacht stolz 45 000 tote russische Soldaten und 541 abgeschossene Panzer. Und weil einige davon auf das Konto des Panzerkommandanten Herbert Zimmermann gehen, wird dieser am 4. Februar von seinem Kommandeur Sauvant für das Ritterkreuz vorgeschlagen.

Voraussetzung für diese hohe Auszeichnung, die während des Zweiten Weltkrieges lediglich 7 313 Mal verliehen wird, ist laut Richtlinien eine „besondere kampfentscheidende Tapferkeitstat" und ein „eigener, selbständiger Entschluss, hervorragende persönliche Tapferkeit und ausschlaggebende Erfolge für die Kampfführung im Großen gesehen". Normalerweise werden die dafür notwendigen Waffentaten bis Kriegsende von der militärischen Bürokratie peinlich genau rekonstruiert, um die Heldentaten propagandistisch auszuschlachten. Überhaupt ist in den letzten Monaten eine Art Inflation bei der Verleihung hoher Orden festzustellen. Über die Hälfte etwa der vergebenen Ritterkreuze werden den Ausgezeichneten im letzten Kriegsjahr um den Hals gehängt. Warum, ist klar. Die Kämpfe werden härter und verlustreicher. Wesentlicher noch ist die unverkennbare Absicht, die Soldaten mit solchen Auszeichnungen in den Stunden der Aussichtslosigkeit neu zu motivieren. Wie sinnlos diese Art von Motivation ist, zeigt nicht nur der Fall Zimmermann: Als er Anfang Februar teilweise allein seine Stellung hält, stehen die russischen Armeen bereits 40 Kilometer vor Berlin.

Die Waffentat von Herbert Zimmermann ist in den Wehrmachtsakten überliefert. „Ort der Waffentat war Orenieki. Hauptmann Zimmermann gelang es, mit nur vier Panzern einen russischen Stoßkeil aufzuhalten. Am 27.2.1945 meldete der Rundfunk diese Waffentat in der 5. Kurlandschlacht, wobei über 30 Feindpanzer abgeschossen wurden." So steht es in einer Notiz des Osnabrücker Militärhistorikers Günter Wegmann, der die Kriegsviten aller Ritterkreuzträger nachzeichnet. Genaue Angaben fehlen. Wie sich der Hauptmann und Panzerkommandant das Ritterkreuz verdient hat, verschweigt er nach dem Krieg keineswegs. Er hat diese persönliche Heldengeschichte sogar im Nachhinein reportiert und auf zwei Schallplatten festgehalten, wie sich sein Neffe Herbert Ströbele erinnert. Die Platten jedoch existieren nicht mehr. „Die Geschichte mit dem Ritterkreuz, die habe ich mehrfach gehört", sagt auch Hans-Christian Ströbele, aber an Einzelheiten kann er sich nicht erinnern. „Da in Kurland, hinter dem Berg, wie er sechs russische Panzer abgeschossen hat. Wie er das gemacht hat", habe Zimmermann einige Male erzählt, und dass sein Onkel danach selber abgeschossen worden sei. Es sind eher Gedächtnisschnipsel. Jens Jensen zufolge, Zimmermanns guter Freund und ebenfalls Kriegsveteran, zögert Zimmermann damals „mit vier oder fünf übrig gebliebenen Panzern die Verladeaktion in Libau um eine gewisse Zeit hinaus". Er habe es damals mit seinen Panzern verstanden, „immer wieder eine große übermächtige russische Angreiftruppe durch Abschuss zweier, dreier Panzer zurückzuschlagen. Er ist auf eine Anhöhe gefahren und hat von dort aus die angreifenden russischen Panzer unter Feuer genommen und hat wahrscheinlich durch viel Glück auch immer zwei, drei Volltreffer gelandet. Dadurch haben die Russen eine viel größere Streitkraft hinter dem Berg vermutet." Doch auch diese Erinnerung ist diffus und mit Vorsicht zu genießen – schließlich wird die Verladeaktion in Libau erst in den Tagen der Kapitulation vorgenommen.

Am ausführlichsten wird Zimmermanns Heldentat auch hier in den anrüchigen *Landser*-Heften geschildert. Am frühen Morgen des 4. Februar 1945, heißt es darin, habe Hauptmann Zimmermann seinen Panzer hinter einer Kusselgruppe – einem kargen, baltischen Nadelwald – in Deckung gehen lassen. Die Szene wird – wie üblich in diesen Militaria mit Groschenheftniveau – mit den typischen Versatzstücken einer beginnenden großen Schlacht beschrieben. „Von seinem Standort aus konnte er einen Teil des ostwärtigen Bachgrundes überblicken. Schneidende Kälte biss sich durch die dicken Ohrenschützer und die Wattejacke. Seine Augen tränten." Dann folgt eine Beschreibung der ersten Zusammenstöße, bei denen Zimmermann und seine Abteilung die ersten russischen Panzer abschießen. Die deutsche Gruppe wird dennoch auseinandergesprengt, weil es an den nebenan liegenden Frontabschnitten zu russischen Durchbrüchen kommt und dort Aushilfe benötigt wird. Zimmermann und die Besatzung seines „Panthers" müssen danach eine Weile lang allein die Stellung halten, dabei „rochierte und zackte der Panzer hin und her. Was jetzt folgte, war ein Schulbeispiel ausgeklügelter Panzertaktik". Zimmermann verändert oft die Positionen, er sucht Schutz in einer Senke und rollt mehrere

Male wieder auf eine Anhöhe und vermittelt so den Angreifern den falschen Eindruck, eine ganze Abteilung würde sich ihnen entgegenstemmen. Als die russischen Truppen irgendwann mit einer Übermacht von gut 20 Panzern anrollen, sind wieder einige deutsche Panzer herbeigeeilt, und Kompaniechef Zimmermann ist es ein Leichtes, so vermitteln es jedenfalls die *Landser*-Mythen, die russischen Operationen zurückzuwerfen. „Vor den Stellungen (...) lagen sechsundzwanzig zerschossene und vernichtete Feindpanzer", heißt am Ende des Heldenberichtes, „der wichtige Flussabschnitt bei Preekuln war gerettet".

Für diesen „schlachtentscheidenden Einsatz" wird Zimmermann für das Ritterkreuz vorgeschlagen, das er laut *Landser* am 27. Februar verliehen bekommt. Zimmermann hat nach dieser Darstellung die Auszeichnung wie folgt kommentiert: „Mein Ritterkreuz verdanke ich dem hervorragenden Einsatz meiner Kompanie und jedes einzelnen Panzersoldaten in dieser schweren Schlacht, in der der Einzelne über sich hinauswuchs und mir das Maß wies." Und Divisionschef Oberst von Usedom soll bei der Verleihung gesagt haben: „Ohne diese in der Geschichte der Division einmalige Leistung (...) wäre die Kurlandfront zerbrochen und hätte nicht wieder aufgebaut werden können, was nunmehr dank Zimmermann möglich war." Dass diese Zitate so gefallen sind, ist eher unwahrscheinlich. Vielmehr bedient diese Diktion auch hier in geradezu typischer Weise die Erwartungen der Leserschaft des auflagenstarken *Landsers*. Auch hier wird die Figur Zimmermann instrumentalisiert, auch sie trägt bei zur Verfestigung des Mythos vom aufrechten und tapferen Soldaten und damit zum Bild einer in jeder Hinsicht sauberen Wehrmacht. Dass diese immer wieder kehrenden Erzählstrukturen mit allergrößter Vorsicht zu lesen sind, zeigen die vielen Fehler: Laut Militär-Akten bekam Zimmermann schließlich das Ritterkreuz nicht – wie der *Landser* berichtet – am 27. Februar verliehen, sondern erst am 5. April 1945 (die Eingabe dazu erfolgt am 26. März).

Auch Zimmermanns Werdegang in den letzten Kriegsmonaten

ist im *Landser* nur zu Teilen korrekt wiedergegeben – nämlich dann, wenn es in ein ganz bestimmtes Geschichtsbild passt. Mit den Akten der Wehrmacht deckt sich, dass Herbert Zimmermann nach seiner herausragenden Waffentat noch vom Divisionskommandeur zum Major vorgeschlagen wird (die Beförderung mit Rückwirkung zum 1. Januar 1945 erreicht ihn allerdings nicht mehr). Richtig ist auch, dass der 28-Jährige bald, in Anerkennung seiner Führungsqualitäten als Kompaniechef, die II. Abteilung des Panzer-Regiments 36 als Kommandeur übernimmt und damit einige hundert Soldaten anführt. Doch ob Zimmermann in der Folge tatsächlich viele seiner Untergebenen rettet, weil er der Order von Oberbefehlshaber Hitler widersteht, sich dem Gegner „bis zur letzten Granate" zu widersetzen, dafür fehlen seriösen Beweise. Zimmermann soll, benutzt der *Landser* auch hier einen immer wiederkehrenden Topos, „sich nach den Worten seines Regimentskommandeurs (gerichtet haben), der ihn angewiesen hatte, sich immer den Gegebenheiten entsprechend zu verhalten".

Flucht über die Ostsee, in britischer Gefangenschaft

Die Behauptung des *Landsers* schließlich, Zimmermann sei im April mit Teilen der 14. Panzerdivision „von Kurland nach Deutschland gefahren" und sei dort noch einmal bei „erbitterten Straßenkämpfen" im Raum Berlin zum Einsatz gekommen, entbehrt jeder Grundlage. Auf dem Landwege erreicht niemand mehr aus Kurland die Gegend um Berlin. Zimmermann und seine Untergebenen halten vielmehr aus in Kurland, wo die 16. und 18. Armee bis zuletzt nicht vom russischen Gegner bezwungen wird. Es ist dies eine Tatsache, die hinterher zweifellos zur Mythisierung des „Kurland-Kessels" beiträgt: Die Heeresgruppe Kurland ist am Ende dieses grausamen Krieges laut vielen Militär-Darstellungen „der einzige geschlossene Verband der deutschen Wehrmacht, den kein Feind in offener Schlacht besiegt." Sie folgen damit ausdrücklich den Ausführungen des Wehrmachtsberichtes vom 9. Mai 1945: „Unsere Heeresgruppe

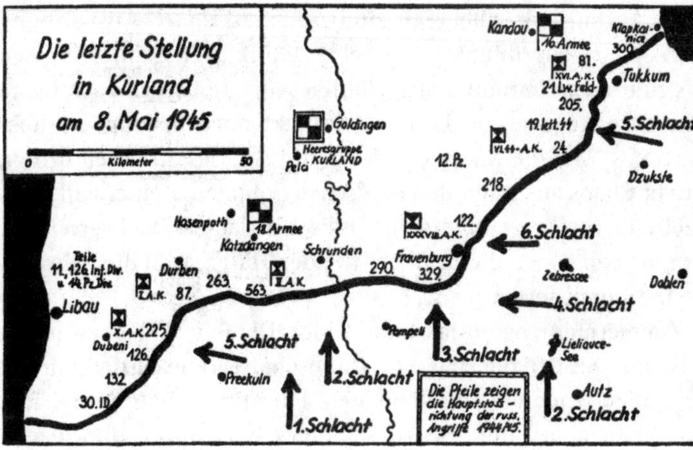

in Kurland, die monatelang stark überlegenen sowjetischen Panzer- und Infanterieformationen Widerstand geleistet hat und in sechs großen Schlachten tapfer standhielt, hat unsterblichen Ruhm errungen ..." Feststellungen wie diese sind Grundlage für die zahlreichen unkritischen Heldenepen, die nach dem Krieg in der Bundesrepublik Deutschland getextet werden.

Als sich der Krieg in Europa unter chaotischen Bedingungen dem Ende nähert, wird Zimmermann, der bereits als Panzerkommandant einige Male dem Tod nur knapp entronnen ist, geradezu schicksalhaft vom Glück geküsst. Am 7. Mai 1945, als der neue Oberbefehlshaber Großadmiral Dönitz der Kapitulation zustimmt, befindet sich Zimmermann mit seiner Einheit nur wenige Kilometer entfernt von Libau.

Dieser Hafen entwickelt sich nun für alle in Kurland stationierten Truppen zu einer Art Nadelöhr. Nun freilich nicht wegen des Nachschubs, sondern als einzige vage Möglichkeit, der gefürchteten russischen Kriegsgefangenschaft zu entkommen. Im letzten Funkspruch von Dönitz gibt es einen ausdrücklichen Zusatz für die abgeschnittenen Truppen im Osten, für die Heeresgruppe Kurland und das Armee-Oberkommando Ostpreußen. „Alle bis zum 9. Mai 1945, 01.00 Uhr gegebenen Möglichkeiten zum Abtransport über See sind unter äußerster Anspannung aller Kräfte auszunützen", befiehlt Dönitz „alle Schiffe müssen bis zu diesem Zeitpunkt ausgelaufen sein." Die Wege nach Libau und Windau sind zu diesem Zeitpunkt noch zugänglich, aber als am 8. Mai die Nachricht des Abtransportes zu ihnen dringt, bricht Chaos aus unter den deutschen Soldaten. Keiner will nach Sibirien, in die gefürchteten russischen Lager. Doch erreichen nur die wenigsten die beiden rettenden Häfen, weil die Fahrzeuge im Sumpf feststecken.

Zimmermann hat unfassbares Glück. Der Befehl sieht zwar vor, dass nur ein Offizier und 125 Mannschaften einschiffen dürfen, vor allen anderen Familienväter. Für die 14. Panzerdivision, der er angehört, und die 11. Infanteriedivision gilt dies jedoch nicht. Die Angehörigen dieser „Kurland-Feuerwehren" dürfen, „als letzte Anerkennung ihrer hervorragenden Leistungen", wie Rolf Grams in seiner Divisionsgeschichte stolz schreibt, alle die Schifffahrt nach Schleswig-Holstein antreten, sofern sie den Hafen rechtzeitig erreichen. Es sind nicht viele, die im Norden des Reiches ankommen, nur zwischen 25 000 bis 30 000 von den rund 410 000 Soldaten, die Anfang 1945 in Kurland stehen. Von den rund 12 000 Mitgliedern der 14. Panzerdivision erreichen immerhin etwa 2 000 die ostholsteinische Küste, unter ihnen Zimmermann. Viele Schiffe mit Flüchtlingen und Soldaten, die aus dem Osten vor den Russen flüchten, werden noch aus der Luft oder von U-Booten angegriffen. Die überwiegende Teil der beiden Armeen aber schafft es nicht auf die Schiffe, die schwarz vor Menschen sind. 42 Generale der Kurlandtruppen, 8 038 Offiziere, über 180 000 Unteroffiziere und Mannschaften und 14 000 lettische Freiwillige marschieren kurz darauf unter extremen Bedingungen in die russische Gefangenschaft, und die wenigsten sehen ihre Heimat je wieder.

So ungewiss seine Zukunft während des „Zusammenbruchs" auch ist, dennoch weiß Zimmermann also die Glücksgöttin Fortuna an seiner Seite. „Er hat oft davon erzählt, wie viel Glück er damals hatte: Auf dieses Schiff zu gelangen im Osten, und dann heil zurückzukommen. Gott sei Dank, hat er immer gesagt“, erinnert sich sein Neffe Christian Ströbele. Auf dem Schiff oder schon vorher reißt er sich noch vorsichtshalber das Abzeichen

ab, das ihn als Mitglied der 14. Panzerdivision ausweist, weil es für Laien, da es sich ebenfalls um eine altdeutsche Rune handelt, dem Abzeichen der SS sehr ähnelt.

Im Norden des Reiches angekommen, geht seine Abteilung laut *Landser* in den Tagen nach der Kapitulation als Ordnungsbataillon des Oberkommando der Wehrmacht zum Stab Keitel und Jodl. Der letzte Dienstort soll Flensburg gewesen sein. Laut Divisionsgeschichte hingegen wird der 14. Panzerdivision „der Kreis Oldenburg im äußersten Zipfel der wagrischen Landzunge als Unterkunftsraum zugewiesen. Das Panzerregiment, die Nachrichtenabteilung und die rückwärtigen Dienste waren nur mit Teilen vertreten.“

Im Juni gerät Zimmermann in Neumünster in englische Kriegsgefangenschaft und lernt schnell, wie nützlich ihm jene paar Brocken Englisch sind, die er neben seinen französischen Kenntnissen beherrscht. Der hohe Offizier sitzt sechs Monate fest, aber er findet schnell eine neue Aufgabe: Den Erzählungen seiner Nachfahren zufolge betätigt er sich bald als Dolmetscher für die Alliierten. „Das war von Vorteil, dass ich Englisch konnte“, erzählt Zimmermann seinem Neffen Christian Ströbele, um diesen zum Lernen von Fremdsprachen zu motivieren. Im Dezember 1945 schließlich wird er entlassen, so dass er das erste Weihnachten nach dem Krieg bei der Familie seiner Schwester verbringen kann, die mittlerweile nach Marl verzogen ist. Da ist Zimmermann eben 28 Jahre alt geworden. Es liegen acht Jahre bei der Wehrmacht hinter ihm, und eine mit Brüchen verlaufenen Offizierskarriere. Er ist hochdekoriert. All das aber ist diesem Moment wertlos. Wie so viele seiner Generation muss auch Zimmermann wieder von ganz vorn anfangen.

Reportage in Nürnberg 1948: Zimmermann (rechts) mit Ludwig Maibohm, Joseph Kirmaier und Gerd Krämer

IV. Steiler Aufstieg und Krisen (1945–1953)

Rundfunkpionier in Trümmern

Irgendwann im April 1946 steht Herbert Zimmermann plötzlich im Reporterbüro „Outcast Broadcasting", der gefragtesten Abteilung des Nordwestdeutschen Rundfunks (NWDR), in ziemlich abgerissenen Klamotten, ein bisschen bleich und mager, mit tiefen Augenhöhlen. Und außerdem, wie sich Jürgen Roland gut erinnert, der Kriegsverletzung wegen „ein bisschen sein Bein nachziehend". Der damals 19-jährige Roland, der es später als TV-Regisseur ebenfalls zu Berühmtheit bringt („Stahlnetz", „Davidswache"), volontiert damals beim Rundfunk in Hamburg, der unter britischer Kontrolle steht. „Na", fragt Roland den neun

Jahre älteren und trotz seiner angegriffenen Physis gut aussehenden Mann, „was willst du denn?“ Zimmermann antwortet: „Ich mache Sport!“ Roland hat als Jugendlicher geboxt, die beiden haben sofort ein gemeinsames Thema. Es ist der Beginn einer Freundschaft.

Zimmermanns Start in das zivile Leben nach 1945 ist nicht reibungslos verlaufen. Als der nationalsozialistische Reichssender Hamburg am 3. Mai 1945 das letzte Mal seine Durchhalte-Propaganda verbreitet, kämpft Herbert Zimmermann noch in Kurland gegen die Rote Armee. Auch die ersten Nachrichten von „Radio Hamburg, Station of Military Government“, sind von dort aus nicht zu hören. Als Radio Hamburg im September 1945 in NWDR umbenannt wird, sitzt Zimmermann noch in britischer Kriegsgefangenschaft. Erst im Frühjahr 1946 herum gerät er irgendwie nach Hamburg, um dort sein Glück beim Rundfunk zu versuchen. Es sind finstere Zeiten für die besetzten Deutschen, auch in der Hansestadt. Im Herbst 1945 hat jeder Anspruch auf 1 050 Kalorien täglich, eigentlich braucht man mindestens 1 500, um zu überleben. Viele Frauen, denen im Krieg die Männer abhanden gekommen sind, müssen sich als Prostituierte verdingen, um sich und ihre Kinder zu ernähren. Das Trinkwasser ist knapp und verseucht, die Bevölkerung wird heimgesucht von Epidemien.

„Die Straßen der Stadt“, schreibt damals ein britischer Offizier verstört in sein Tagebuch, „waren die Straßen eines hungrigen, erschreckten Ortes, heimgesucht von einem Gespenst des Verhungerns, das seit langem in Erinnerung gehalten wurde. Alte Frauen wurden gesehen, wie sie im Abfall herumräumten. In den Straßen warteten junge Mädchen, um mit Schokolade und Zigaretten versorgt zu werden, der magischen Währung des Schwarzmarkts, wo unrationiertes Brot und selbst Fleisch in Konserven zu finden waren. Die Leute sahen blass aus, müde, apathisch, fast ohne Lebensgeister.“ Es gibt Plünderungen, weil in der Mitte des Monats die Lebensmittelkarten aufgebraucht sind, und Kinder klauen Kohlen von fahrenden Zügen und

Wagen. Dass die Situation in Hamburg und Schleswig-Holstein besonders bedrohlich ist, ist eine Folge der massenhaften Vertreibung aus dem Osten. Millionen flüchteten vor den voranstürmenden Russen und wählten die bessere Alternative britische Besatzung. So ist der äußerste Norden der britischen Zone 1946 um mindestens eine Million Menschen übervölkert. Zwei von ihnen sind Herbert Zimmermann und Auguste Reuß-Barth, seine Freundin aus Berlin.

Sie entscheiden sich für Hamburg, weil dieser Standort in der Stunde Null für den Rundfunk die beste Perspektive bietet. Denn Hamburg ist nicht völlig zerstört, sondern nur einzelne Stadtteile. Vor allem aber besitzt die Metropole an der Elbe nach 1945, im Gegensatz zu den anderen Städten, gebrauchsfähige Senderanlagen und Studios. So wird diese Stadt der vergleichsweise guten Infrastruktur wegen, denn auch die Straßenbahnlinien und die Elektrizitätsversorgung sind großteilig erhalten geblieben, zum Zentrum des NWDR. Allerdings haben die Sendeverantwortlichen nicht auf Zimmermann gewartet, es ist nicht leicht für den ambitionierten Sprecher, die ersten Jobs beim NWDR zu organisieren. Natürlich sind da die alten Kontakte seiner Lebensgefährtin Auguste von riesigem Vorteil. Sie kennt beispielsweise mit Axel Eggebrecht einen der einflussreichsten politischen Redakteure des frühen NWDR noch aus alten Berliner Zeiten. Die beiden haben unter anderem am UFA-Film „Komödianten“ (1941) zusammengearbeitet, sie als Assistentin des Regisseurs Georg-Wilhelm Papst, er als Drehbuchschreiber. Doch mehr als dürftige Statistenrollen in den vielen Hörspielen, die damals die deutschen Bevölkerung in Rekordtempo von bösen Faschisten zu guten Demokraten erziehen sollen, sind zunächst nicht machbar. Sein erstes Hörfunk-Engagement bekommt er zu Beginn 1946 in „Extrablatt, Extrablatt“, einem Hörspiel von Schröder-Jahn, dort ruft er zweimal „Sondermeldung! Sondermeldung!“ Dann darf er die zu erwartenden und tatsächlichen Wasserstände verlesen und die langen Listen der Suchdienste, die nach vermissten Familienmitgliedern fahnden. Zimmermann selbst nennt diese ersten Jobs später ironisch „Elbeweserwasserstandsmeldungsmessungsundnachrichtensprecher". Es ist nicht viel und es ist nicht gut bezahlt, aber es ist ein Anfang.

Welche Rolle seine glänzend vernetzte Lebensgefährtin bei Zimmermanns nun folgenden steilen Aufstieg beim NWDR spielt, ist nicht eindeutig nachvollziehbar, aber zu erahnen. „Die puscht ihn", raunen diejenigen, die den Sender gut kennen. Auf jeden Fall treibt Auguste Reuß-Barth ihren sehr viel jüngeren Freund an, sich nach vorn zu arbeiten, und teilweise tritt sie ganz offensiv als Managerin auf. Sie ist eine überaus resolute Frau, und ihr sind die Mechanismen klar, nach denen die Jobs in den Medien verteilt werden. Tatsächlich schafft sie es, ihrem Freund Herbert einige Probereportagen für sein Spezialgebiet Sport zu verschaffen. Für diesen Bereich seinerzeit zuständig ist noch die Abteilung „Outcast Broadcasting", in der sich eine später berühmte Journalistentruppe tummelt. Nicht nur Jürgen Roland (Pseudonym: Walter Schellack), dem ein Hang zu Sensationen nachgesagt wird, übt sich dort als Journalist. Auch die Namen Hermann Rockmann, Helga Norden, Rosemarie Schwerin und Günther Schwermer sind bald Millionen Hörern in Nordwestdeutschland ein Begriff. Sie versorgen vor allem das „Echo des Tages" mit Reportagen und Berichten, auch die Sendung „Von Hamburg bis Haiti" wird von dieser Truppe bestückt. Sie alle verdienen in dieser Zeit, in der es nur um das Überleben geht, nicht viel Geld, aber sie führen ein aufregendes und abwechslungsreiches Leben.

Einer der verwegensten unter ihnen ist Max H. Rehbein, der 1954 Chefreporter wird. Das beweist er schon bei den ersten Einsätzen: Als er über einmal die Arbeit eines Sprengmeisters schildert, schildert er das gefährliche Geschehen nicht aus hundert Meter Entfernung, sondern er legt sich während der Entschärfung der Bombe direkt neben den Sprengmeister. Noch dramatischer sind 1957 seine Reportagen vom Untergang des Segelschulschiffes Pamir. Dort berichtet er live vom untergehenden Schiff – von 86 Passagieren überleben nur sechs Menschen.

Als der NWDR-Mitbegründer Eggebrecht diesen Rehbein beim Bewerbungsgespräch nach Qualifikationen fragt, antwortete der knapp: „Abitur, humanistisches Gymnasium, Maschinengewehr bedienen." So ähnlich könnte das Gespräch Zimmermanns auch gelaufen sein. Beide bekommen ihre Chance.

Beide Biographien weisen verblüffende Ähnlichkeiten auf: Beide haben sich nach der Schule und Reichsarbeitsdienst freiwillig gemeldet, beide sind Jahre an der Ostfront gewesen, beide haben dort ziemlich üble Verwundungen erlitten, und beide gehören nun zu dieser bald legendären Reportermannschaft und werden beim NWDR große Karriere machen. Und beide sind Ritterkreuzträger, aber das spielt in dieser Zeit so gut wie keine Rolle. „Wir haben mal festgestellt, dass wir beide den Blechblitz haben, das war's dann aber auch", erinnert sich Rehbein, der das Ende des Krieges in Ostpreußen erlebt hat. Dieser Satz beschreibt alles: Das, was zurückliegt, interessiert in diesen Monaten niemand. „Wir waren doch alle froh, wie alt wir auch waren, dass diese Scheiße vorüber war", fasst Jürgen Roland die Grundstimmung zusammen. Es bildet sich ein verschworener Haufen. „Wir hatten nischt zu fressen", sagt Roland, aber sie hatten viel Spaß und reichlich Möglichkeiten, sich journalistisch auszutoben und neue Techniken zu erproben. „Nun fangen wir an und bauen ein neues Land auf, das hört sich an wie eine Phrase, aber damals war das wirklich unser Vorhaben."

Das Land, das Herbert Zimmermann aufbauen will, hat viel mit seiner Leidenschaft Sport zu tun. Nach geglückten Proben bekommt er bald eine unverhoffte Chance, denn Ludwig Maibohm will unbedingt nach Frankfurt wechseln. Maibohm ist wie Zimmermann ein Schüler Wernickes, und er hat seit 1938 auch unter Arno Hellmis Rundfunkerfahrungen gesammelt. Er kommt nach Fürsprache der Briten im Sommer 1945 nach Hamburg und übernimmt dort – gemeinsam mit Bernhard Ernst, der die Geschäfte für den Kölner Sportfunk führt – bis zum Frühjahr 1946 alle Sportübertragungen. Einige Monate noch muss sich Zimmermann bewähren, aber dann folgt Maibohm im Sommer

1946 tatsächlich dem Ruf Radio Frankfurts, und Zimmermann wird zuständig für die Sportreportagen. Am 1. Dezember 1946 steigt das erste Großereignis für den Nachwuchsmann, dort spricht er – zeitversetzt – die zweite Halbzeit des Auswahlspiels der Mannschaften von Nord- und Süddeutschland aus Hamburg. Zwischen 17.15 und 18.00 Uhr können ihn rund 20 Millionen Hörer zwischen Flensburg und Remagen vernehmen. Zimmermann ist zunächst noch ein wenig nervös, dennoch meistert er die erste große Bewährungsprobe. Der erste Schritt ist bewältigt.

Grundsätzlich spielt der Sport im Nachkriegsprogramm des NWDR eine noch verschwindend geringe Rolle. Das hat viele Ursachen. Einmal haben die Besatzer nach 1945 alle deutschen Sportvereine und -verbände verboten, weil diese seit 1938 offiziell als NS-Organisation firmierten. Zwar ist die Popularität etwa des Fußballs ungebrochen, so gibt es schon am 1. September ein Fußballspiel vor 15 000 Zuschauern am Rothenbaum (St. Pauli gegen den HSV). Doch haben die meisten Menschen mit existenzielleren Dingen als mit Sport zu tun, mit Arbeits- und Nahrungsmittelbeschaffung. Noch dazu ist es in dieser Pionierzeit fast nur möglich, von Sportereignissen aus den Senderstädten Hamburg und Köln zu berichten, aufgrund der schlechten Verkehrswege sind größere Reportagen aus anderen Städten nicht zu realisieren. Zusätzlich betrachten die britischen Besatzer den Sport nicht als „Demokratisierungsinstanz" ersten Ranges. Politische Sendungen und Hörspielformate mit moralischem Anspruch beim NWDR, der nach dem Vorbild der BBC aufgebaut werden soll, werden dem Sport vorgezogen.

So entsteht erst im Sommer 1946 so etwas wie ein provisorisches NWDR-Sportressort. In diesem beaufsichtigt Walther von Adelson, ein intellektueller Geist und früherer Leichtathlet, die Nachrichtenredaktion, während Peter Ulbrich die immer umfangreicheren Reportagen Zimmermanns leitet. Wie wenig der Sport im Rundfunk zählt, zeigt die Länge der beiden einzigen festen Sportformate, am dem 17. März 1946 jeden Sonntag ausgestrahlt werden: Sie dauern zehn Minuten. Dieser geringe Stellenwert besitzt indes auch Vorteile. Schließlich schauen die britischen Rundfunk-Offiziere wie Hugh Greene, der 1946 an die Elbe kommt, im Sport nicht so scharf auf die politische Korrektheit, während sich die leitenden politischen Journalisten wie Peter von Zahn, Axel Eggebrecht und Eberhard Schütz ständig auf die Finger schauen lassen müssen. Den für den Sport oft anzutreffenden Vorwurf, lässig zu arbeiten, lässt Zimmermann indes gar nicht erst aufkommen, er gilt stets als perfekt vorbereitet und zuverlässig. „Dass er einmal schlecht präpariert war", erinnert sich Jürgen Roland, „habe ich nie erlebt, er hatte immer Respekt vor seiner Aufgabe".

Unberührt davon, dass der Sport in den Überlegungen der Programmgewaltigen kaum vorkommt, kann Zimmermann doch schon in diesen Zeiten die Vorteile seines Jobs genießen. Schon nach seinen ersten größeren Reportagen ist er so bekannt, dass er zum Beispiel auf dem Schwarzmarkt bessere Konditionen erlangt. Hier und da stecken ihm die Händler ein paar Zigaretten zu, nur damit sie mit dem Sportreporter ein wenig quatschen (und so womöglich spektakuläre Insiderinformationen vom HSV abklauben) können. Max Rehbein wundert sich jedenfalls, als ihn sein Kollege einmal zu einem Abend einlädt, dass dort das Essen bedeutend nobler ausfällt als gewöhnlich. Überhaupt hat Zimmermann offenbar überhaupt keine Schwierigkeiten, sich in das gehobene Hamburger Bürgertum zu integrieren. Dafür sorgt auch seine Lebensgefährtin Reuß-Barth, die in Hamburg nicht nur von den Kontakten beim NWDR profitiert. Sie kennt zum Beispiel auch Hamburger Filmgrößen aus der UFA-Zeit, etwa von der Arbeit als Regie-Assistentin bei den Filmen „Sergeant Berry" (1938) und „Wasser für Canitoga" (1938/39). Hauptdarsteller dort war Hans Albers, der, weil selbst überaus sportbegeistert, nun auch Herbert Zimmermann kennen lernen will. Dass er zu den Spitzen des Sports schnell gute Verbindungen aufzubauen vermag, zeigt das Silvesterfest 1946, das er mit gemeinsam dem Hamburger Box-Schwergewichtler Hein ten Hoff auf dem Land verbringt. Mit Max Schmeling freundet er sich ebenfalls bald an. Genau dieses Milieu hat ihn als kleiner Junge fasziniert. Nun steckt er mittendrin.

Dass der Sport insgesamt wichtiger wird, zeigen die in Zahl und Umfang zunehmenden Termine Zimmermanns, die Gertrud Kamrad perfekt und mit harter Hand koordiniert. Kamrad, die bereits am 1. August 1945 als Stenotypistin beim NWDR beginnt, entwickelt sich in den Jahren danach zur heimlichen Bürochefin. Jedenfalls erhält Herbert Zimmermann schon 1947 mehrere Gelegenheiten, sein dramaturgisches und rhetorisches Können zu zeigen. Größere Anlässe sind das Städtespiel Hamburg gegen Köln vom 5. Januar, über das er 20 Minuten berichtet, der Klassiker HSV gegen Fortuna Düsseldorf am 4. April, und vor allem das Endspiel um die „Zonen-Meisterschaft" zwischen dem HSV und Borussia Dortmund am 13. Juli. Dazu kommen Boxübertragungen von Hein ten Hoff gegen Richard Gruppe (10. Mai) und ein Hockeystädtespiel Hamburg gegen Köln (11. Mai). Zimmermann macht seine Sache gut; sein Stil ist sicher, seine dramaturgischen Fähigkeiten sind überragend. Vor allem ist ihm eine Stimme gegeben, die das Geschehen auf dem Sportplatz in famos vielen Klanglagen zu transportieren vermag. Im Spätsommer 1947, als die Oberliga Nord wieder in eine reguläre Saison startet, ist der Name Zimmermann schon ein Begriff. Die auflagenstarke Programmzeitschrift *Hör zu* zeigt ihn schon im Februar 1947 unter der Rubrik „Den möchte ich sehn!" – die Hörer haben ihn dazu gewählt.

„Spezialität: Fußball-, Tennis- und Leichtathletikreportagen", heißt es in der Unterschrift, „selbst aktiver Sportler: Tennis, Tischrücken, Tauziehen, Jojo und Fußball, kurz ein saftiger Junge." Das Bild, das den jungen Sportreporter zeigt, ist so vorteilhaft, dass er kurz darauf mit ersten Heiratsanträgen prahlen kann.

Auf jeden Fall ist er bereits ein Begriff unter den Kollegen, mit denen er sich am 8. August 1947 in Köln, wo das Wochenende darauf die Deutschen Leichtathletik-Meisterschaften stattfin-

Leserwunschbild in der „Hörzu" 1947

den, über die Zukunft der Sportberichterstattung berät. Das sind in erster Linie Fragen zur Technik und zum Programmaustausch im Sport, der, wie der Kölner Sendeleiter Hans Herbert Fischer verkündet, als erster die Zonengrenzen überwunden habe. Beschlossen wird, dass jeder Sender das Programmangebot eines anderen nahezu kostenlos übernehmen kann, eine Praxis, die bis heute anhält. Zu diesem Zeitpunkt ist bereits eine wesentliche Aufstockung der Sportsendezeiten ausgehandelt: Ab August gibt es beim NWDR Sonntags eine Viertelstunde und zehn Minuten Sportnachrichten, Dienstags sendet Hamburg 14-tägig 30 Minuten „Sport und Rhythmus", und Samstags berichten die Sprecher erneut eine Viertelstunde vom Sportgeschehen, dazu kommen tägliche Meldungen zwischen 8.55 und 9 Uhr. Ende 1947 schließlich siedelt Walther von Adelson, der sich höheren Aufgaben als Sportnachrichten widmen will, in die Schweiz über. Damit besitzt Zimmermann mit dem Reportage-Chef Peter Ulbrich nur noch einen Vorgesetzten.

Durchbruch: Die Olympischen Spiele 1948

Für Zimmermann ist es ein kleiner Schritt. Doch er markiert einen radikalen Übergang von einer Trümmerwüste in ein gelobtes Land. Er spielt sich am 27. Januar 1948 ab, an diesem

Tag reist der junge Hamburger Reporter nach St. Moritz, um über die V. Olympischen Winterspiele zu berichten. In Basel überschreitet er die Grenze zur Schweiz und nimmt dabei den krassen Unterschied in den Alltagswelten beider Länder wahr. Wie sehr ihn diese Szene beeindruckt, zeigt der Einführungstext in seinem Erinnerungsbuch *Wir sahen St. Moritz 1948*: „Diesseits des Zolls das übliche deutsche Bild der Not, jenseits der Barriere, nur wenige Meter entfernt, eine Welt des Friedens und der Wohlhabenheit. Welch eigenartiger Zufall des menschlichen Schicksals, das einen rotweiß gestrichenen Zollbaum zum Trennstrich zwischen Sein und Nichtsein macht. Ich werde diese Kontraste von hüben und drüben nie vergessen." Anschließend rühmt er die Gastfreundschaft der Kollegen von der Schweizerischen Rundfunk-Gesellschaft, die ihn zur olympischen Berichterstattung eingeladen haben – und zwar völlig kostenlos, denn die devisenarmen deutschen Sender hätten sich die Entsendung einer journalistischen Expedition andernfalls nicht leisten können. Zimmermann berichtet von einem herzlichen Empfang in Basel und von „lukullischen, langentbehrten Genüssen und einem wohltuenden Schlaf im gepflegten Hotel". Es ist für ihn, den sonst täglich in Hamburg die Ruinen anstarren, wie ein Märchen. Das Schlaraffenland.

Die grundsätzliche Entscheidung, ein deutsches Rundfunkteam zu den Winterspielen einzuladen, ist bereits im April 1947 gefällt worden und zurückzuführen auf alte Kontakte zwischen deutschen und Schweizer Journalisten. Es ist ein generöses, spektakuläres Angebot. Nach dem Krieg haben die deutschen Mitglieder im Internationalen Olympischen Komitees (IOC) kein Gewicht mehr. Offiziell ruhen die Mitgliedschaften von Karl Ritter von Halt (der als Kriegsverbrecher im sowjetischen Lager Buchenwald einsitzt) und von Herzog Adolf Friedrich zu Mecklenburg, einem Strohmann des Strippenziehers Carl Diem. Walter von Reichenau, seit 1938 im IOC, ist 1942 in einem Flugzeug umgekommen; die Biographie dieses Lieblingsgenerals Hitlers, der in Wehrmachtsbefehlen die Judenverfolgung gutheißt, ist dem IOC hinterher äußerst peinlich. Vor allem aber haben die frankophonen und anglophonen IOC-Mitglieder nicht vergessen, dass Diem als „Außenminister des Sports“ und seine Mitstreiter im Dritten Reich das IOC und die internationalen Fachverbände wie den Fußball-Weltverband FIFA unter deutsche Kontrolle bringen wollten. Da aber ein nationales olympisches Komitee in Deutschland noch nicht gegründet ist, kann eine deutsche Mannschaft ohnehin nicht an den Spielen 1948 teilnehmen – wiewohl Diem dennoch zarte Versuche dazu unternimmt. Was Diem nicht einsehen will: Selbst bei Erfüllung der formalen Kriterien erscheint eine Teilnahme völlig undenkbar – zu präsent ist in Ländern wie Frankreich, Niederlande, Belgien, Norwegen oder Polen noch die Erinnerung an die Besatzung durch das Hitler-Regime. Den deutschen Sportler bleibt, so sie denn überhaupt schon wieder vernünftig trainieren können, die Reise nach St. Moritz und London verwehrt.

Eine kleine Gruppe deutscher Reporter jedoch darf im Sommer 1947 auf eine Teilnahme hoffen. Zunächst wird NWDR-Sportnachrichtenchef Walther von Adelson mit der „Zusammenstellung einer Equipe deutscher Sportsprecher“ beauftragt. Von Adelsons Sender geht im Juni 1947 von drei Reportern, einem technischen Leiter und einem Techniker aus. Außerdem ist geplant, einen Übertragungswagen mit transportablem Gerät auf die lange und damals noch beschwerliche Reise in das Engadin zu entsenden. Zwei Monate später übernimmt Gerd Krämer, der Sportchef von Radio Stuttgart, die Regie des Unternehmens und sieht folgenden Schlüssel vor: „Britische Zone 2 Sportsprecher, amerikanische Zone 2 Sportsprecher, französische Zone 1 Sportsprecher.“ Doch stellt sich bald heraus, dass die Schweizer ein Team dieser Größe nicht finanzieren können und schon gar nicht die zusätzlichen Techniker. Nach langen Korrespondenzen und vielen Missverständnissen ist erst Anfang Dezember klar, dass lediglich ein sehr exklusiver Kreis von drei Rundfunksprechern von St. Moritz aus reportieren darf. Natürlich muss auch der Alliierte Kontrollrat um sein Einverständnis gefragt werden.

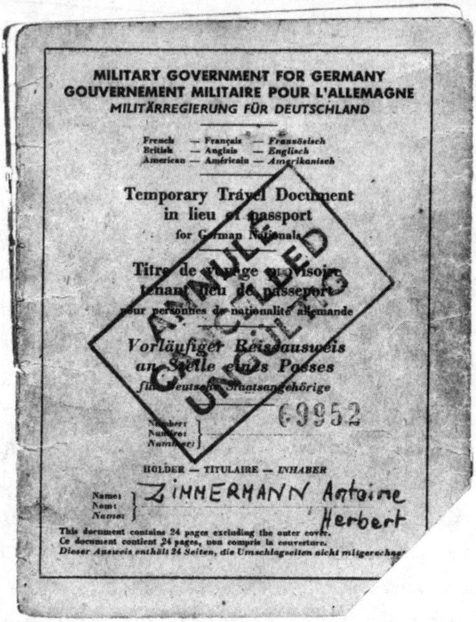

Ein Pass-Ersatz der Militärregierung, ausgestellt für die Olympischen Winterspiele in St. Moritz

Zimmermann wagt in diesen Wochen nicht, an eine Nominierung zu glauben. „Bis mich dann eines Tages mein Programmdirektor fragte, ob ich Lust hätte, in die Schweiz zu fahren. Mit einem Luftsprung bejahte ich, bedeutete dies doch meine erste internationale Berufung. Mit einem weiteren Sprung stürzte ich mich in die Passformalitäten und Vorbereitungen. Hierbei wäre ich in dem Meer von Verordnungen beinahe ertrunken, wenn sich nicht rechtzeitig die englische Verwaltung eingeschaltet hätte." Zum Schluss aber klappt auch das, und am 23. Januar 1948 fährt er zunächst in das beschauliche, weil unzerstörte Baden-Baden, um dort mit seinen beiden Kollegen Wernicke vom Südwestfunk und Josef Kirmaier vom Bayerischen Rundfunk die Expedition en détail vorzubereiten, selbstverständlich unter Aufsicht des französischen Rundfunkoffiziers. Dort erfährt er, dass die Ostzone keinen Vertreter entsenden wird. Vor allem über die Berufung Wernickes, den alle, da er sich zum

Bobsport hingezogen fühlt, nur „Bobs" nennen, freut sich Zimmermann sehr: „Gab sie mir doch Gelegenheit, mit meinem alten Gönner und Lehrmeister Bobs zusammen zu arbeiten."

Dass Zimmermann vom NWDR für diese traumhafte Dienstreise ausgewählt wird, entspricht zu dieser Zeit nicht den eigentlichen Verhältnissen in der größten deutschen Rundfunkanstalt. In Hamburg leitet immer noch Peter Ulbrich die Sportreportage-Abteilung und hätte an sich Zimmermann vorgezogen werden müssen. Und in Köln führt mit Bernhard Ernst sogar ein olympiaerprobter Sportchef die Geschäfte. Dass dann Zimmermann, der noch nie im Ausland gearbeitet hat, den Zuschlag erhält, ist also eine Überraschung. Und irgendwie doch nachvollziehbar. „Es lief einfach alles auf Herbert Zimmermann zu", erinnert sich Jürgen Roland, sein Kollege aus der Reporterabteilung. Auch hat sich der junge Reporter in seinen bisherigen Einsätzen stets bewährt, und er spricht ausgesprochen gut englisch und französisch. Doch diese Sprachen beherrschen Ernst und Ulbrich genauso. In diesem Fall machen womöglich die Kontakte seiner Lebensgefährtin den Unterschied aus. Reuß-Barth pflegt mit kleinen Geschenken und angenehmen Einladungen zum Abendessen ihre ausgezeichneten Kontakte zu den NWDR-Programmchefs, die im Sport oft nur wenig Ahnung an den Tag legen, aber letztlich das Sagen haben. Ende 1947 ist Eberhard Schütz für St. Moritz 1948 die Schlüsselfigur. Er bestimmt Zimmermann als erste Wahl. Es ist der endgültige Durchbruch des ehrgeizigen Nachwuchsreporters. Von da an wird der Name Zimmermann bei derartigen Personalfragen immer eine Rolle spielen.

Nachdem der NWDR im Januar 1948 seinen Hörern stolz mitgeteilt hat, erstmals nach dem Krieg „eine überragende internationale Sportveranstaltung, die V. Olympischen Winterspiele in St. Moritz, aus der Schweiz den deutschen Rundfunkhörern zu übertragen", verrät auch der dafür auserkorene Zimmermann seine Vorfreude öffentlich: „Wir drei Deutschen werden ein wenig fremd in dem Land der Eidgenossen umherwandern. Die Läden ohne Schlange, die Bahnen ohne Traube, die Städte ohne Trümmer werden uns als Fata Morgana erscheinen und die wohlgenährten Gestalten in den gepflegten Hotels wie Fabelwesen vorkommen." Aber er äußert schon im Vorhinein bange Ahnungen, die sich bewahrheiten sollten. So wird die Frage „Klappt heute die Leitung zum Heimatsender?", die in der Schweiz täglich gestellt wird, oft genug mit einem „Nein" beantwortet. Nicht immer steht die Verbindung, um wie eingeplant jeweils zwischen 18.30 und 18.50 Uhr und nach 22.00 Uhr von den sportlichen Entscheidungen zu berichten. Eine einheitliche Überspielung funktioniert selten. Oft genug müssen die angeschlossenen Funkhäuser separat bedient werden.

Dass die olympische Berichterstattung dennoch ein großartiger Erfolg wird, liegt auch an den geglückten Reportagen, Berichten und Interviews des jüngsten deutschen Journalisten vor Ort. Zimmermann besteht die Bewährungsprobe mit Bravour, er wird später für diesen Einsatz sehr gelobt. Auf welche Weise er diese zehn Tage im Rundfunkhotel und an den Wettkampfstätten mit den 60 internationalen und 40 einheimischen Journalisten verbringt, schildert er in seinem nicht ironiefreien Olympiarückblick: „Reporter sein heißt Jäger sein. So wie der Jäger in seinem Revier die besten Stücke hegt und pflegt und beobachtet, um sie eines Tages dann abzuschießen, so sucht der Reporter ständig menschliches Edelwild, um es, zur Freude oder manchmal auch zum Leide seiner Mitmenschen, vor seinem Mikrophon zur Strecke zu bringen. Ein gutes Auge, eine feine Nase, eine gehörige Portion Frechheit und Glück muss man haben, dann findet man schon was! Mein Revier war also für die Zeit der Olympischen Winterspiele in St. Moritz, der Ort im sonnenbeschienenen Tal des Oberengadins, der für zehn Tage am Pulsschlag der Welt saß, in dem sich Wettkämpfer aus achtundzwanzig Nationen, Schlachtenbummler der ganzen Erde, Film, Presse, Funk und sonstige Prominenz ein Stelldichein gaben. Es wimmelte nur so von supereleganten und sportlichen Gestalten; mondän sein hieß es hier und sportlich sein hieß es da! Also auf den Anstand, gut angepasst und sicher vor den Mikros abschießen, das war meine Devise."

Tatsächlich kann sich Zimmermann, der nicht ohne Eitelkeit ist, im Rückblick einiger herausragender Reportertaten preisen. Zwar ist das Programm zeitaufwändig und strapaziös, denn die deutschen Reporter nehmen an acht bis zehn Veranstaltungen am Tag teil. Das ist auch deswegen körperlich anstrengend, weil die Wettkampfstätten manchmal acht Kilometer auseinanderliegen und sich die Deutschen daher ständig im Laufschritt zwischen Radiohotel und Sportanlage befinden. Der Grund: „Omnibusse wurden von uns nur im äußersten Notfall benutzt, da die Preise sehr hoch und unser Geldetat sehr niedrig war und derartige Belastungen nur sehr schwer ertrug." Trotz aller Widrigkeiten bekommt Zimmermann aber als erster aller Journalisten ein zehnminütiges Interview mit Birger Ruud, der norwegischen Skisprunglegende, den er in dessen Hotelzimmer aufspürt und mit viel Frechheit mit seinem Interviewwunsch konfrontiert. Dieser „kapitale Blattschuss", wie Zimmermann dieses Gespräch nennt, bleibt indes kein Einzelfall. Mit seiner Schlagfertigkeit bekommt er auch den Schweizer Bobfahrer Feierabend und den tschechoslowakischen Eishockeystar Zabrodsky kurzfristig vor die Reporterflinte. Wie wenig selbstverständlich es damals ist, dass diese Sportler überhaupt in die deutschen Wohnstuben sprechen, zeigt die Reaktion des Tschechen, nachdem ihn Zimmermann zu einem Interview eingeladen hatte: „Warum soll ich denn als Tscheche nicht am deutschen Mikrophon sprechen", meint Zabrodsky danach, „der Sport ist völkerversöhnend und ich bin Sportler". Es gibt allerdings viele Sportler aus anderen Nationen, die das, knapp drei Jahre nach dem Zweiten Weltkrieg, ganz anders sehen und die deutschen Reporter boykottieren. So müssen Wernicke, Zimmermann und Kirmaier bei ihren jeweils drei Berichten am Abend oft auf die Stimmen der Protagonisten verzichten. Bis sich die Lage wieder einigermaßen normalisiert zwischen Deutschen und den anderen Nationen, wird es noch Jahre dauern. Auch im Sport.

Aus dem Erlebnisbericht Zimmermanns schimmert durch, dass Zimmermann es glänzend versteht, die vielen Arbeitsstunden mit dem Angenehmen zu verbinden. Der 30-Jährige jagt nicht nur dem nächsten Interview nach, sondern auch heftigen Romanzen. Sein erstes Freiwild außerhalb des Sports kann er freilich noch nicht erlegen: „Vor mir geht eine Dame, tadellos sitzender Skidress, eine Riesen-Sonnenbrille auf der Nase. Eigentlich sticht sie in nichts ab von den vielen anderen ebenso eleganten, anmutigen Gestalten. Edelwild oder nicht! Das ist die Frage. Da biegt sie auch schon in einen der Hotelpaläste ein. Ein Kollege tippt mich auf die Schulter: ‚Steigen Sie eigentlich hinter der Leander her?' Ich blicke verdutzt auf die in der Drehtür des Hotels verschwindende Diva, die erste Abschussgelegenheit dürfte damit wohl verpasst sein – das ist nicht Weidmanns Glück!" Für Zarah Leander, den UFA-Star, reichen die jägerischen Qualitäten also (noch) nicht. Dass Zimmermann jedoch auch Glück hat bei seinen charmant vorgetragenen amourösen Absichten, deutet eine andere Episode auf der Tanzfläche seines Hotels an, die nicht allein der Recherche dient: „Ich stürze mich auch ins Vergnügen, engagiere meine Kollegin vom amerikanischen Nachrichtendienst, und lasse mir während des Tanzes von ihr die neuesten Nachrichten und Histörchen berichten. Sie kann einen glänzenden Erfolg verbuchen. Als einziger Reporterin gelang es ihr, die glänzend russisch spricht, die russische Abordnung, die als Beobachter den Spielen beiwohnt, zu interviewen. (...) Amüsiert stellen meine Tänzerin und ich fest, dass wir schon wieder fachsimpeln, wo wir uns doch eigentlich entspannen und unterhalten wollten. Sie meint, wir wollen von was anderem reden. ‚Schön', sage ich, ‚reden wir von der Liebe, das kann nie schaden.'" Den Ausgang dieses Abends lässt Zimmermann im Ungefähren. Dass er aber kein Kind von Traurigkeit ist, zeigt seine vielsagende Schlussbemerkung, er habe sich erst in den letzten Tage von St. Moritz akklimatisiert und die Kraft gefunden, „um mein Tagesprogramm auf 24 Stunden ausdehnen zu können. Doch hierüber zu berichten, würde zu weit führen." Dass Sätze wie diese seine Lebensgefährtin Auguste zur Weißglut bringen, versteht sich von selbst. Sie sind auch bewusste Provokation. Schließlich steht auch in der Schweiz sein weit vorauseilender Ruf als Frauenheld auf dem Spiel.

Wenn man so will, trägt Zimmermann also auch mit seinen Abenteuern zur Völkerverständigung bei, die bei den großen internationalen Sportveranstaltungen nach dem verheerenden Krieg stets in den Vordergrund gehoben wird. Zimmermann stimmt in seinem schriftlichen Olympiarückblick ebenfalls in diesen Chor ein: „Gleichgültig, ob Schweizer oder Ausländer, alle sind gleich hilfsbereit und freundlich. Wir Deutsche empfinden das sehr wohltuend und spüren die starke verbindende Kraft des Sports." Um dann dem Wunsch auf eine möglichst rasche Wiederkehr der deutschen Stars in den internationalen Sport Ausdruck zu geben: „Wir Deutsche wollen zuversichtlich hoffen, dass wir bei den nächsten Winterspielen als gleichberechtigte Teilnehmer mit dabei sein werden. Diesmal waren es nur drei Rundfunkberichter, die neben einigen Privatpersonen Deutschland vertraten und die Sportler in der Heimat durch den Äther an den Spielen teilnehmen ließen."

Anerkennung: Sommerspiele 1948 in London

Deutsche Sportler nehmen auch bei den XIV. Olympischen Sommerspielen in London nicht teil, das steht im Januar 1948 bereits fest. Zu dem Weltsportfest an die Themse reisen ebenfalls nur wenige Deutsche, aber zu den anwesenden deutschen Rundfunkreportern gehört erneut Zimmermann, diesmal gemeinsam mit Dr. Bernhard Ernst aus Köln und Rolf Wernicke aus Baden-Baden. Für seinen Einsatz dort ist nicht allein Zimmermanns bravouröses Wirken in St. Moritz verantwortlich, auch nicht die Tatsache, dass diesmal der NWDR die Federführung übernimmt. Wieder hat Auguste Reuß-Barth ihre guten Drähte ausgenutzt und den Weg geebnet. Eigentlich nämlich verstößt es gegen jedes Proporzprinzip, Zimmermann auch zu dem zweiten Großereignis zu entsenden. Dass Wernicke geschickt wird, ist dagegen seinen großen Erfahrungen als international tätiger Reporter geschuldet.

Wie in St. Moritz, so gerät diese Expedition ebenfalls zu einem technischen Abenteuer. In London erprobt der NWDR erfolgreich ein leichteres tragbares Tongerät, das vor allem von Zimmermann genutzt wird. Auch die Leitungen, mithilfe derer der NWDR jeweils morgens um 7 Uhr eine Vorschau sendet und abends zwischen 22.15 und 22.45 Uhr ausführliche Berichte und Interviews, sind deutlich stabiler. Die Sendung wird selbstverständlich von Radio Frankfurt, Radio München, Radio Bremen und Radio Stuttgart übernommen. Zimmermann beschreibt die Leichtathletik-Goldmedaillen von Fanny Blankers-Koen, der „fliegenden Holländerin", und er interviewt den britischen Hürden-Altmeister Donald Finlay, der den Olympischen Eid spricht. Dass die Deutschen aber gewissermaßen nebenher laufen und in der olympischen Familie nicht mehr den Stellenwert vergangener Jahrzehnte genießen, zeigt sich nicht nur an dem Ausschluss der Sportler, sondern auch an der Zuteilung der Leitungen: So muss sich Zimmermann bei den täglichen Sendungen und bei den Reportagen der Eröffnungs- und Abschlussfeier das Mikrophon mit Kollegen aus Österreich und der Schweiz teilen.

Gerade diese großen Übertragungen geraten so zu einer unfreiwilligen Demonstration der unterschiedlichen Stile, ein solches Ereignis zu reportieren. Während die Schweizer sehr zurückhaltend, fast leise und immer neutral den Einmarsch der Nationen in ihre Heimat transportieren, spricht Harald Scheibl, der am 29. Juli den Part für Österreich schildert, schon sehr viel lebhafter. Keiner aber erreicht an diesem Tag das Pathos, mit dem Herbert Zimmermann das Geschehen schildert. „Ein unvergessliches Bild zeigt sich unseren Augen", sagt er mit bebender Stimme, und dass das Wembley-Stadion „seinen größten Tag" erlebe. Zimmermann ist der Reporter mit den meisten Übertreibungen, der mit der größten Emphase. Er spricht von Emil Zatopek als „Laufwunder aus Prag", einen eher unbekannten Athleten aus dem „kolossal starken Aufgebot" der Franzosen bezeichnet er beim Einmarsch als „Schwimmwunder aus Toulouse“. Bei den Sportlern aus Finnland, „dem Land der 1000 Seen“, ist er sich sicher, dass sie auch ohne einen Paavo Nurmi „den finnischen Löwen zu Ehren führen werden“. Und er leistet sich auch rhetorische Fehlleistungen. So rühmt er etwa die kurz vor den Spielen erreichten 45,9 Sekunden über 400 Meter des Jamaikaners Herbert McKenley, „der damit schneller als der unvergessene Rudolf Harbig war“, jenen von der Nazi-Propaganda verherrlichten Mittelstreckler, der im März 1944 an der Front gefallen war. Zimmermann spricht von einem bevorstehenden Duell zwischen einem „weißen Wunderläufer“ und einem „kahlköpfigen Negersprinter“. Als Rolf Wernicke zwei Jahre später während eines Boxkampfes zu einem ähnlichen Vokabular greift, bekommt der handfeste Schwierigkeiten. Zimmermann bleibt 1948 noch verschont von Kritik. Interessant ist auch der Vergleich der beiden NWDR-Reporter, denn Delegationschef Bernhard Ernst, der nach Zimmermann das Mikrophon übernimmt, ist eher der Typ gemütlicher Märchenonkel, ihm fehlen die dramaturgischen Elemente völlig.

Am Ende der Spiele lässt Zimmermann kein Pathos vermissen. „Die Schlussfeier der XIV. Olympischen Spiele ergreift uns alle“, sagt er während der Zeremonie vom 14. August 1948, „jetzt geht die Fahne hoch“, beschreibt er die Szene. Auch hier fehlt die Forderung nicht, dass es „noch schöner und erfreulicher für uns (sein würde), wenn deutsche Sportler bei diesem Fest der Völkerverständigung dabei sein dürfen“. Schon bei der Entzündung des Olympischen Feuers hat er für diesen Punkt im Plural gesprochen: „Unser Wunsch und unsere Hoffnung ist an diesem Tag (...): Mögen bei den Olympischen Spielen in Oslo und Helsinki auch die Nationen an den Start gegen, die heute noch fehlen oder fehlen müssen.“ Als er wieder die Fähre gen Hamburg besteigt, hat Zimmermann erneut eine wichtige Etappe auf dem Weg zum populärsten Sportsprecher Deutschlands erfolgreich hinter sich gelassen. Und das trotz nicht leichter Arbeitsbedingungen für die deutschen Journalisten. Als ihn Carl Diem, als

Generalsekretär der Spiele von 1936 als Gast in London, im Oktober 1948 auf dem Briefweg um das Alter aller Olympiasieger aus London bittet, schreibt Zimmermann zurück: „Sie wissen ja selbst, sehr verehrter Herr Professor, welche außerordentlichen Schwierigkeiten wir drüben hatten, um genauere Informationen zu erlangen."

Der neue Sportchef Zimmermann

Nach außen hin ist Zimmermann nach den beiden Einsätzen bei den Olympischen Spielen 1948 bereits ein Starreporter. Wann immer in den auflagenstarken Medienzeitschriften wie *Hör zu* der Sportfunk in der großflächigen britischen Zone ein Thema ist, fällt der Name Zimmermann, der in diesem Jahr auch die bedeutendsten Fußballreportagen übernimmt. Im Juni 1948 spricht er in Hamburg das Zonenendspiel zwischen dem FC St. Pauli und dem Hamburger SV, und im Oktober ist er einer von vier Reportern beim Nord-Süd-Vergleich in Nürnberg

Im Sender aber führt mit Peter Ulbrich weiterhin für den Sport jemand das Zepter, der vorwiegend als Redakteur und Organisator arbeitet und in der Öffentlichkeit kaum erwähnt wird. Ulbrich, der wie Zimmermann „eine bescheidene Mitarbeit am Reichssender Berlin" aufzuweisen hat, ist es auch, der im Oktober 1948 den monotonen Sportnachrichtendienst im Hause anprangert. Das langweilige Aufzählen der Tore und Ergebnisse in diesen Sendungen sei zu unpersönlich, schreibt Ulbrich an den Programmdirektor Schütz, und „kommt beim Hörer einfach nicht an, wie man es fachlich bezeichnet". Sein Vorschlag, „den Sport in seiner Gesamtheit (Nachrichten und Reportagen) der Reportage-Abteilung zu übergeben", wird schließlich akzeptiert. „Die Organisation des Sportfunks", erklärt der NWDR in seinem offiziellen Jahrbuch, „brachte in der Zeit nach dem Kriege mit dem steigenden Interesse der Hörer eine stete Aufwärtsentwicklung", mit der Fusion sei „weit bessere Planung und Abstimmung der einzelnen Sportereignisse möglich als bisher".

Zimmermann bekommt die sich abzeichnende neue Konstellation natürlich mit, und er riecht hier eine weitere Möglichkeit des beruflichen und sozialen Aufstiegs, gleichzeitig aber wittert er die lauernden Gefahren. Es existiert ohnehin allmählich eine größere Konkurrenz im Sport, weil die Hörer mehr Sportsendungen fordern. So beginnen anno 1948 neben dem fest angestellten Roland auch Günther Isenbügel und Horst Seifart ihre Karriere beim Hamburger Sportfunk. Doch das stachelt Zimmermanns große Ambitionen nur noch an, er bewirbt sich um noch mehr Einsätze bei großen Sportereignissen. Im Dezember 1948 spricht er 14 von 15 Sportreportagen. Damit unterstreicht er, *die* Stimme des Sportfunks in Hamburg zu sein. Aber er begreift auch, dass er auch inhaltlich arbeiten muss, um innerhalb des Senders voranzukommen. So lässt Intendant Schütz am 28. Dezember 1948 ein Papier zukommen, das als programmatisch zu bezeichnen ist. Der Titel lautet: „Betrachtung zur Sportgestaltung im Rundfunk."

Seine Ideen, verspricht Zimmermann recht vollmundig, würde für die bestehenden Probleme „manchem Angriff der Öffentlichkeit die Spitze abbrechen und einen wesentlich besseren Kontakt zwischen NWDR und Sporthörerschaft gewährleisten". Zunächst aber weist er auf grundsätzliche Gefahren hin, mit denen die viele Wetten den deutschen Sport gefährden würden: „600 000 Wetter in Hamburger Fußball und mehrere Millionen in Deutschland sind nicht etwa nur ein Ausdruck sportlicher Begeisterung, sondern mehr noch eine wachsende Gefahr für die ursprüngliche Idee des Sports. Der wirkliche Sinn des Sports ist die körperliche Leistungsfähigkeit und Schulung, die Erhaltung von Gesundheit und Kraft, die glückliche Verquickung von Geist und Körper zur Leistungssteigerung des Menschen und nicht zuletzt der Gedanke des Fair Play, der auf die charakterliche Entwicklung von entscheidender Bedeutung ist. Alle diese Dinge müssten von Jugend auf gelehrt werden. Die Spitzensportler sollten eigentlich nur der sichtbare Beweis für die gelungene Breitenarbeit sein. Aber wie weit sind wir heute von diesen sport-ethischen Grundsätzen entfernt! Fanatismus und Sieg um jeden Preis regieren."

Diese Leitgedanken entsprechen durchaus dem Zeitgeist, und es wäre nicht verwunderlich, hätte Zimmermann den einen oder anderen Satz bei den seinerzeit führenden Sportideologen wie Carl Diem entnommen. Allerdings sind zumindest Teile seines Pamphlets nur mit einem taktischen Kalkül gegenüber dem Intendanten zu erklären, denn Zimmermann ist auch schon in dieser Zeit ein leidenschaftlicher Zocker. Nicht selten zieht es ihn wie seine Freunde zur Trabrennbahn nach Bahrenfeld, um dort große Beträge zu verwetten, und später erleben einmal seine sprachlosen Mitarbeiter eine unfassbare Szene im Kasino in Travemünde: Dort muss Zimmermann von seinem Freund Werner Polz vom Roulette-Tisch geradezu weggeprügelt werden, weil er jegliche Kontrolle über sein Spiel verloren hat.

Im Dezember 1948 jedenfalls sieht Zimmermann das Sportland England als Vorbild für vornehmen, noblen und fairen Sport. Während in Deutschland jedes Wochenende von Tätlichkeiten auf Schiedsrichter berichtet werde, würde dort keiner der 100 000 Zuschauer bei einer Fehlentscheidung pfeifen. Er führt fort: „Ich bin der Auffassung, dass der Rundfunk seine erzieherische und ethische Mission im Sport bisher nicht wahrgenommen hat", was nichts anderes bedeutet als einen eindeutigen Seitenhieb auf den bisherigen Sportchef Ulbrich. Die anschließenden Beispiele, wie der angebliche Misstand konkret zu beheben sei, erscheinen allerdings – zumindest aus heutiger Perspektive – unfassbar naiv:

> 1. In einem Dorf hat es während des Krieges keinen Sport gegeben. Die jungen Männer waren eingezogen, der Sportplatz verkam. Nach Kriegsende war das einzige Vergnügen der männlichen Bevölkerung Tanz, Frauen, Skat und Alkohol. Dazu brauchte man Geld, das immer wieder neu verdient werden muss, nicht immer mit den saubersten Mitteln. Die Moral des Dorfes ist nicht die Beste, Neid und Unzufriedenheit wachsen ständig. Endlich beginnen einige wenige, wieder Sport zu treiben, und zwar in idealster Form.

Man leiht sich gegenseitig Schuhe, kauft gemeinsam einen Ball und spart für eine gemeinsame Tracht. Der gute Samen geht auf, aus Wenigen werden Viele. Eine stellt eine „saure Wiese" zur Verfügung, und nach Feierabend helfen alle Hände beim Planieren, Trockenlegen und Herrichten eines Sportplatzes. In wenigen Jahren ist das Ziel erreicht, die Jugend ist aus den Lokalen und Schwarzmarktgeschäften heraus und hat ihre Freizeitbeschäftigung, den Sport. Sie wird wieder normal und zufrieden. Dieses Beispiel, in Gebhardtshagen bei Salzgitter geschehen, müsste herausgestellt und zur Nachahmung empfohlen werden. Eine Rundfunkreportage über diese Geschichte wäre Ansporn für viele andere in ähnlicher Lage. (...)
3. Am Sonntag, den 12.12., z.B. erlitt der in ganz Deutschland bekannte Mittelläufer von Schalke 04, Tibulski, durch ein grobes Foul einen Schienbeinbruch. Es kam zu tollen Tumultszenen, Schalkes Anhang tobte, der des Gegners atmete in Anbetracht der größeren Gewinnsituation erleichtert auf. (...) Der Vorfall ging durch die ganze Sportpresse. Der Rundfunk hätte hieraus eine geschickt zusammengestellte Sendung machen müssen, in der dem Publikum klargemacht werden müsste, wohin der Sport treibt, wenn derartige Vorfälle zur Regel werden. Ich hätte hierzu einen Sportarzt, einen Fußballtrainer und einen bekannten Sportführer, wie etwa Prof. Diem, Stellung nehmen lassen. Die erzieherische Wirkung einer solchen Sendung steht außer Zweifel.

Seine abschließende Forderung ist unmissverständlich: „Der NWDR sollte daher trotz aller Zeitschwierigkeiten neben der aktuellen Berichterstattung eine feste Sendezeit für sporterzieherische Probleme aufbringen, in denen Vorträge, Diskussionen und Reportagen von besonders markanten Beispielen und von der Breitenarbeit zu Gehör kommen. Damit würde der Rundfunk einer großen und aufgeschlossenen Hörergemeinde Freund und Ratgeber in der Überwindung vieler Nachkriegsprobleme sein.

Der NWDR als größter deutscher Sender wird sich auf Dauer diesem Gedanken nicht verschließen können." So ausführlich und konkret seine Verbesserungsvorschläge auch sind, für seine persönlichen Ambitionen sind sie kurzfristig nicht von Vorteil: Chef für den neu organisierten Bereich Sport in der Reportage-Abteilung bleibt Ulbrich.

Dass sich Zimmermann schon ein gutes Jahr später eine neue Chance bietet, verdankt er der fortschreitenden Technik, der Einführung der Ultrakurzwelle im Jahr 1950. Diese zeichnet sich zu Beginn des Jahres 1950 ab, und damit kann der NWDR endlich den Misstand beheben, mit der Mittelwelle nur ein Programm für das gesamte Sendegebiet zwischen Rhein und Elbe anzubieten. Dies hat auch bei den sportinteressierten Hörern oft zu Leserbriefen geführt, denn den Flensburger Rezipienten interessiert damals nur selten, ob einer lokalen Kölner Box-Größe womöglich einen WM-Kampf in Aussicht steht. Andererseits gefallen dem Kölner Hörer nicht die neuesten Ergebnisse der Kieler Woche. Mit der UKW-Technik kann nun aber der NWDR ab dem Sommer 1950 parallel laufende und auf das jeweilige Sendegebiet abgestimmte Programme anbieten. Die erste UKW-Westsendung läuft am 30. April 1950 von Köln aus, die Funkhäuser in Hannover und Hamburg ziehen am 14. Mai nach. Damit ist gleichzeitig eine Neustrukturierung des Sportfunks im Norden verbunden, denn nur so lässt sich der von vielen Hörern geforderte Ausbau der Sportformate realisieren. Es sind mehr Mitarbeiter nötig, und eine eigene Plattform, diese neuen Sendungen zu konzipieren und zu lenken. So wird, wie das NWDR-Jahrbuch 1950 festhält, „in logischer Fortführung dieser Entwicklung die Sportredaktion im März 1950 aus der Reportage-Abteilung herausgelöst und selbständig gemacht. Die starke Anteilnahme der Öffentlichkeit und die damit verbundene Ausbreitung der Sendezeiten im Ultrakurzwellenprogramm ließen eine solche Entwicklung als wünschenswert erscheinen." Mit der neuen Sportredaktion, die fortan völlig eigenständig operiert, wird auch die Stelle eines Sportchefs ausgeschrieben.

Diesmal bleibt Ulbrich, der nach außen hin keinen Namen besitzt, auf der Strecke. Zimmermann übernimmt das Ruder. Im April 1950 ist er „Leiter des Sportfunks“ im NWDR und damit oben angekommen. Eine höhere Position im Sender wird er nicht mehr bekleiden.

Es hat also eine Reihe von Gründen, dass Herbert Zimmermann den Vorzug vor seinem langjährigen Vorgesetzten Ulbrich erhält. Sport ist mittlerweile so populär, dass er beim NWDR ein eigenes Ressort erfordert, die neue UKW-Technik forciert diese Entwicklung noch. Dazu hat der jetzt 33-Jährige mit seinen Reportagen, Berichten und Ideen in den Jahren zuvor „Mauern eingerissen“, wie es sein damaliger Kollege Roland formuliert. Er hat sich einen Namen geschaffen, seine Stimme ist populär geworden. Die vielen Hörer haben sich an seine Art zu reportieren gewöhnt. Er ist ein Mann der Öffentlichkeit. All das steht in krassem Gegensatz zum eher blassen und im Stillen operierenden Ulbrich. Andererseits bringt Zimmermann alle nötigen Voraussetzungen mit. Er ist umfassend gebildet und verfügt über die notwendigen Umgangsformen, um zu repräsentieren. Und er kann, in dieser Hinsicht ist ihm seine Offizierskarriere von Vorteil, offenbar seine Mitarbeiter führen. Dennoch spielt auch hier seine Lebensgefährtin Reuß-Barth, die ehrgeizig seine Karriere vorantreibt, die wohl letztlich entscheidende Rolle. „Die hat ihn gemacht“, sagt im Rückblick Zimmermanns Kollege Seifart. „Die hat dafür gesorgt, dass er Sportchef wurde, das hat er vor allem ihr zu verdanken“.

Welche Verbindungen auch bis hierhin eine Rolle gespielt haben mögen: Fortan ist Zimmermann darauf nur noch selten angewiesen, jetzt entscheidet er selbst. Außer Frage steht, dass seine außerordentlich markante Stimme dabei sehr geholfen hat. Wie beliebt er auch außerhalb seines Sendegebietes ist, zeigen Einladungen wie die des 1. FC Kaiserslautern, ein Grußwort für die Festschrift zum 50. Jahrestag des Klubs zu schreiben. Zimmermann zählt sich nun, kurz nach der Gründung der Bundesrepublik, bereits zu den Spitzen der sportlichen Gesellschaft, und auch in Hamburg genießt er in vollen Zügen die große Anerkennung von allen Seiten. Es ist ein steiler Aufstieg gewesen: In nur vier Jahren hat sich ein völlig unbekannter Sprecher, der mit einer doppelten „Sondermeldung" in einem Hörspiel beim NWDR begonnen hat, zu einem der einflussreichsten Sportfunkjournalisten Deutschlands entwickelt. Doch so rosarot seine Karriere beim NWDR in diesem Moment auch scheint, so unangenehm entwickeln sich seine ersten Jahre als Sportchef.

Das erste Länderspiel: Stuttgart 1950

Am 22. November 1950, es ist Buß- und Bettag, regnet es in Strömen. Es ist nass, es ist kalt. Dennoch pilgern 115 000 Zuschauer in das Stuttgarter Neckarstadion. Eine gewaltige Menge umsäumt das aufgeweichte Spielfeld, nie wieder danach werden so viele Menschen in Deutschland ein Fußballspiel live erleben. Sie alle sind gekommen in dem Bewusstsein, ein historisches Fußballspiel zu verfolgen: Auf den Tag genau acht Jahre lang hat der deutsche Fußball kein Länderspiel gesehen. Das letzte hat die Herberger-Elf 1942 in Pressburg 5:2 gegen die Slowaken gewonnen, damals ist es zu deutschfeindlichen Ausschreitungen gekommen, und in der Ferne schimmerte schon die psychologische Wende des Krieges: der Untergang der 6. Armee im Kessel von Stalingrad. Auch die Mannschaftsaufstellung dokumentiert die lange Pause. Aus der Preßburg-Elf ist in Stuttgart nur Anderl Kupfer dabei, der Läufer von Schweinfurt 05. Stürmer Fritz Walter ist verletzt. Dieses Länderspiel bedeutet einen weiteren Schritt zurück in die Normalität, die Zeit der sportliche Ächtung scheint mit diesem Tag erledigt. Kurz zuvor hat sich der Deutsche Fußball-Bund (DFB) neu gegründet und ist wieder in den Weltverband FIFA aufgenommen worden. Dass der erste Gegner Schweiz heißt, ist freilich kein Zufall: Bereits nach dem Ersten Weltkrieg, als der europäische Fußball den Kriegstreiber und -verlierer Deutschland ebenfalls boykottiert, hatte die Schweiz zum ersten Länderspiel nach dem Kriege eingeladen. Nach dem Zweiten Weltkrieg sind es Schweizer Vereine, die den ersten

Kontakt mit vornehmlich süddeutschen Klubs aufnehmen und – wider das Verbot durch die FIFA – Städtespiele organisieren. Eine Teilnahme der westdeutschen Elf bei der IV. Fußball-Weltmeisterschaft 1950 in Brasilien ist noch völlig ausgeschlossen. Doch als in Rio de Janeiro die Exekutive der FIFA tagt, sind es wieder Schweizer Fußballfunktionäre, die erfolgreich auf eine Wiederaufnahme der Deutschen drängten – neben einem US-Fußballfunktionär namens Gustav Randolph („Gus") Manning, einem deutschen Juden, der 1900 bereits den DFB mitbegründet hatte.

Dieses Länderspiel in Stuttgart jedenfalls ist ein sporthistorisches Ereignis. Und deswegen ist Herbert Zimmermann, der hochtalentierte neue Sportchef vom NWDR, besonders stolz, mitten in diesem Publikum zu sitzen und gemeinsam mit Rainer Günzler als Radioreporter von diesem Spiel zu berichten. Die dichte Atmosphäre zu schildern. Die Begeisterung der Fans zu umschreiben. Ein großes Fußballspiel wie dieses zu reportieren ist ein Traum, den er lange gehegt hat, in diesem Moment ist er wahr geworden. Dass aber der Weg in einen normalen Sportverkehr noch weit ist, beweist das Protokoll. Denn während eine Kapelle zunächst die Nationalhymne der Schweiz abspielt, gibt es anstelle der deutschen Hymne eine Gedenkminute; bevor Schiedsrichter Ellis anpfeift, gedenken die 115 000 der Opfer des Dritten Reiches. Es sind Fußballfans, sie denken daher auch an im Krieg gefallene Stürmer wie Otto Siffling von Waldhof Mannheim oder Adolf Urban aus Schalke. Es herrscht eine gespenstische Stille.

Zimmermann hat zunächst Zeit, das Spiel in Ruhe zu analysieren, übertragen werden bundesweit lediglich 60 Minuten. Sein Kollege Günzler übernimmt das Ende der ersten Halbzeit und hat Reporterglück. In der 42. Minute kann er die Entstehung des spielentscheidenden Elfmeters für Deutschland und das anschließende 1:0 durch Burdenski schildern. In der zweiten Halbzeit dann präsentiert sich das 32-jährige Reportertalent Zimmermann zum ersten Mal ganz Fußball-Deutschland. Die

Premiere verläuft indes eher durchwachsen. Während er von Kollegen gelobt wird, kassiert er von den Medien reichlich Schelte. Die heftigste Kritik müssen sich die Programmdirektoren gefallen lassen, denn sie hatten beschlossen, lediglich rund 60 Minuten der Rückkehr der Herberger-Elf auf der Mittelwelle übertragen zu lassen. Wie sehr das Volk 1950 nach dem großen Fußball giert, zeigt die Reaktion der Fußballfans im Empfangsbereich der neuen UKW-Frequenz im Westen Deutschlands. Dort gibt es, nachdem bekannt wird, dass Kurt Brumme auf dieser Welle auch die 1. Halbzeit übertragen wird, einen Ansturm auf Radiogeräte mit UKW-Empfang, am Tag des Länderspiels sind etwa in ganz Köln keine Geräte mehr zu kaufen.

Jedenfalls sind viele Hörer in den anderen Sendegebieten aufgebracht, und darunter hat auch Zimmermann in den Hunderten von Leserbriefen zu leiden. Nicht wenige kritisieren, dass Zimmermann während seiner Übertragung in den zweiten 45 Minuten den verletzten Fritz Walter, den Kopf der Mannschaft, nicht ein einziges Mal erwähnt. Warum der Spielmacher malade ist, erfährt also von den erst spät zugeschalteten Hörern keiner. Es ist ein Anfängerfehler, der Zimmermann unterläuft. „Die Übertragung der zweiten Spielhälfte des Länderspiels Deutschland-Schweiz war eine einzige Enttäuschung", schimpft ein Dr. Werner Siegfried im SPIEGEL. „In keinem Fall vermochte der Sprecher einen unmittelbaren Eindruck des Spielgeschehens zu vermitteln. Nur aus dem Mitgehen der Zuschauermenge hörte man, wenn etwas los war. Es ist bedauerlich, dass die kleinliche Kliquenwirtschaft der westdeutschen Intendanten es verhindert hat, bei diesem besonderen Anlass so gute Sprecher wie Dr. Paul Laven und Rolf Wernicke einzusetzen." Es ist nur eine Stimme von Millionen Hörern, aber sie zeigt Zimmermann, wie hart das Fußballpublikum mit seinen Sprechern ins Gericht gehen kann.

Zimmermanns Nominierung ist also keineswegs selbstverständlich. Vielmehr gilt der aufstrebende Mann vom NWDR als ausgesprochene Verlegenheitslösung. Die Programmdirektoren hatten Mitte Oktober eigentlich den freien Journalisten Dr. Paul

Laven als Sprecher vorgesehen, doch der fällt beim Sender in Frankfurt in Ungnade, weil er einen massiven Hörerprotest für seine feste Einstellung organisiert. Die zweite Wahl fiel auf Rolf Wernicke, eine Reporterlegende, die seit 1948 beim Südwestfunk in Baden-Baden als freier Sprecher arbeitet. Doch der ist ebenfalls gerade schwer ins Gerede gekommen: Beim Schwergewichts-Boxkampf zwischen Hein ten Hoff und Jersey Joe Walcott 1950 in Mannheim reportiert Wernicke live, und er verfällt während des hitzigen Fights in eine schlimme NS-Diktion. „Der Neger sitzt eiskalt in der Ecke“, sagt Wernicke einmal mit Ekel in der Stimme, und dann bezeichnet er ten Hoff als „unseren Mann“. Und bei einem Leichtathletik-Wettkampf im Mailand im gleichen Jahr gedenkt Wernicke des „unvergessenen Rudolf Harbig, dessen 800m-Weltrekord auch heute noch nicht gebrochen ist“. Das Problem: Harbig hatte in der NS-Propaganda als Prototyp des idealen Sportlers fungiert, dessen Tod im Felde ist immer wieder ausgeschlachtet worden. Es ist indes auch Sepp Herbergers Motto in diesen Kriegszeiten: „Ein guter Sportler ist auch ein guter Soldat“, heißt es in einem Brief an Fritz Walter.

Wernicke, den der SWF als Laven-Ersatz vorgeschlagen hatte, wird jedenfalls vom RIAS und dem Bayerischen Rundfunk (BR), den Robert Lembke vertritt, verhindert. Das ist kein Zufall, denn beide Sender stehen unter US-Einfluss, und die Amerikaner reagieren strenger auf solche rhetorischen Fehlschläge im Rundfunk als Briten und Franzosen. Der dritte Vorschlag schließlich heißt Krämer, Sportchef des Süddeutschen Rundfunk in Stuttgart, der sich gut versteht mit dem Besatzungsoffizier. Aber Krämer weilt auf einer Studienreise in den USA. Zimmermann, die erste Wahl des NWDR, kommt nur deswegen überhaupt ins Gespräch, weil die Programmdirektoren im Februar 1950 für den Sport den „Grundsatz der freien Jagd“ beschlossen haben. Das heißt, jeder Sender kann mit seinem Sport-Mikrophon, wohin er will. Für Stuttgart wird nun ein Fußball-Spezialist von außen benötigt, Rainer Günzler wird eine Reportage über ein ganzes Spiel hinweg nämlich nicht zugetraut. So erfährt

Zimmermann erst relativ kurzfristig von seiner Nominierung, er kommt zu seiner Länderspiel-Premiere also wie die Jungfrau zum Kind. Immerhin schafft er es noch, sich sehr gewissenhaft auf diesen wichtigen Einsatz vorzubereiten. Zwölf Tage davor reist er nach Genf, um dort für alle bundesdeutschen Sender über das Spiel Schweiz gegen Schweden zu berichten und Informationen über die Stärken und Schwächen des kommenden Gegners zu sammeln.

Kontinuitäten im Sportfunk nach 1945

Gleichzeitig ist das Stuttgart-Länderspiel Anlass zu einer heftigen öffentlichen Diskussion um Kontinuitäten im Sportfunk der Nachkriegszeit. Bis dahin wird der Bereich Sport von den Rundfunkoffizieren sehr lässig gehandhabt. Während die politischen Redaktionen in der ersten Nachkriegszeit rigide entnazifiziert werden und sehr aufmerksam registriert wird, auf welche Art und Weise die beabsichtigte Volksaufklärung über das Leitmedium Rundfunk geschieht, bleibt der Unterhaltungsbereich fast unbehelligt. Er unterliegt kaum einer Kontrolle. Im Gegenteil: Wenn jemand bereits im Dritten Reich als Musikredakteur oder als Sänger beim *Großdeutschen Rundfunk* beschäftigt war, gilt das nach dem Krieg eher als ein Qualitätsnachweis, und von irgendwoher müssen die Fachleute ja kommen. Im Sport interessiert die politische Vergangenheit der einzelnen Sportjournalisten im Dritten Reich ebenfalls kaum, der Sportfunk wird als Demokratisierungsinstanz vernachlässigt. Auch hier ist es für die Bewerber von großem Vorteil, in einer NS-Propagandakompanie oder bei einer gleichgeschalteten Zeitung als Journalist gearbeitet zu haben. Die Beispiele prominenter Sportjournalisten, die beinahe ohne Unterbrechung weiterarbeiten, sind jedenfalls Legion:

Beim NWDR in Köln findet Dr. Bernhard Ernst bereits am 1. August 1945 wieder eine Anstellung als Leiter des Ressorts „Aktuelles Wort“, das auch für Sport zuständig ist. Im Mai 1946 wird er gar Intendanten-Stellvertreter. Ernst gilt als Sportfunkpionier der ersten Stunde, er ist der erste Reporter, der in der Weimarer Republik Fußballspiele überträgt. Dass er vor 1945 bei der „Reichsrundfunkgesellschaft" als Abteilungsleiter fungiert und von der NSDAP 1941 als „politisch zuverlässig" eingestuft wird, spielt ebenso wenig eine Rolle wie sein Einsatz als Kriegsberichter und Sonderzugführer Mitglied einer Propagandakompanie seit dem 15. April 1940.

Ebenfalls beim NWDR in Köln beginnt Kurt Brumme, der später „die Stimme des Westens" genannt wird, am 1. April 1947 auf Betreiben von Ernst seine herausragende Laufbahn als Rundfunkredakteur. Brumme besitzt ebenfalls journalistische Erfahrungen aus dem Krieg. Er hat bei der „Aachener Zeitung" volontiert. Auch hier achten die Besatzungsoffiziere nicht auf die Vita des Neuen: Brummes NSDAP-Zugehörigkeit seit dem Jahre 1941 (Mitglieds-Nr. 8 695 806, Mitgliedskarte ausgestellt am 20.1.1942) spielt keine Rolle. Brumme wird 1963 bis 1988 Abteilungsleiter der Redaktionsgruppe Sport im WDR-Hörfunk, er erhält zahlreiche Ehrungen vom Verband Deutscher Sportpresse (VDS), 1981 wird ihm das Bundesverdienstkreuz verliehen.

Recht schnell ins Geschäft kommt auch Heinz Maegerlein, ebenfalls teilweise auf Betreiben von Ernst, der Maegerlein als Rundfunk-Teamchef für die Olympischen Sommerspiele 1952 in Helsinki als Reporter engagiert. Maegerlein wird danach zu einem überaus gefragten freien Hörfunk- und Fernsehreporter – legendär sein Ausspruch bei den Olympischen Winterspielen 1964: „Tausende standen an den Hängen und Pisten." Als Maegerlein 1998 stirbt, rühmen zahlreiche Feuilletons seine blendende Biographie, seinen Witz und seine Fachkenntnis. Dass er im Dritten Reich als Zensor der Propagandakompanie der Berichterstatter eine herausragende Rolle einnimmt, wird in den Nachrufen genauso wenig debattiert wie in den 50er Jahren.

Auch in der Sportpresse verlaufen zahlreiche journalistische Karrieren problemlos. Ernst Werner etwa, zwischen 1924 und 1944 Chef der Berliner *Fußball-Woche*, arbeitet nach der Rückkehr aus der Kriegsgefangenschaft 1947 zunächst für das ostzonale *Sportecho*, bevor er in den Westen wechselt und dort für verschiedene Verlage in leitender Position tätig ist. 1957 wird er Präsident des VDS, 1963 erhält er das Bundesverdienstkreuz. Dass er 1928 anlässlich einer FIFA-Tagung die prominente Wiener Fußballfigur Hugo Meisl mit üblen antisemitischen Tiraden überzieht, wird bei diesen Anlässen nicht in Erinnerung gerufen. „Im Plenum ist Hugo Meisl, der Wiener Jude, mit der Geschmeidigkeit seiner Rasse und ihrem zersetzenden Sinn einer der größten Kartenmischer", schreibt Werner damals und beschimpft ihn als „krasser Geschäftemacher". Die prominenten Printjournalisten Heinz Cavalier und Guido von Mengden haben in den 50er Jahren ebenfalls keine Schwierigkeiten, sich zu integrieren.

Dass der Sportfunk gewissermaßen eine ruhige Oase darstellt, während Entnazifizierungsverfahren den politischen Bereich umtosen, bleibt freilich ein Rätsel. Denn der Sport besitzt beim *Großdeutschen Rundfunk* im Zweiten Weltkrieg eine überaus prominente Stellung. Er gehört nicht, wie ein Organigramm aus dem Jahr 1943 illustriert, zur „Programmdirektion für die unterhaltenden und künstl. Sendungen", die alle Kabarett- und Musikformate leitet und vom Kriegsgeschehen ablenken soll. Sondern der Sport gehört ausdrücklich zu den „politisch-propagandistischen Sendungen", die in drei Abteilungen gegliedert ist: in die Gruppe „Zeitgeschehen, Aufklärung und Belehrung", in die Gruppe „Frontberichte, Wortsendungen für die Wehrmacht, Kameradschaftsdienst" – und in die Gruppe „Sport". Nicht allein bei den Olympischen Spielen 1936 in Berlin, als der Welt auf faustische Weise ein friedliches und friedliebendes Deutschland vorgegaukelt wird, instrumentalisieren die Nationalsozialisten den Sport und der Sportjournalismus unverhüllt (so wie umgekehrt die Sportfunktionäre und -journalisten, die nicht diskriminiert werden, den Nationalsozialismus zur eigenen Profilierung nutzen). Das Objektivierungsgebot, das noch in der Weimarer Republik zu einer Blüte der Sportpresse geführt hat, ist ab 1933 passé. Die Sportberichte unterliegen wie alles andere auch der Zensur des „Reichsministeriums für Volksaufklärung und Propaganda" unter Goebbels, und die Wochenschauen stilisieren und filtern das Abbild des deutschen und internationalen Sports unter ideologischen Gesichtspunkten. Vom Diktum des Reichssenderchefs Hadamovsky aus dem Jahre 1934, der „jedes Wort im nationalsozialistischen Rundfunk für überflüssig" hält, „das nicht der nationalsozialistischen Weltanschauung" dient, ist auch der Sport keineswegs ausgenommen. Im Gegenteil: „Die pathetischen Kommentare der Sprecher verstärkten das Bewusstsein deutscher Überlegenheit", analysiert der Sporthistoriker Hajo Bernett die Rolle der Sportsprecher im Dritten Reich: „Der Stil der Reportage zeigte (...) Übergänge zur Sprache der politischen Propaganda." Viele der „einstmals politisch Angepassten oder Überzeugten", stellt er in einem Aufsatz über die Sportjournalistik in der NS-Zeit fest, „sind 1945 wortlos wieder in die Arbeit eingetreten".

Obwohl der Großteil der Sportjournalisten nach dem Krieg weiter tätig ist, befindet sich die deutsche Sportjournalistik zu Beginn der 1950 Jahre ganz zweifellos „in einer unleugbaren Krise", wie der Artikel Josef Wipps in der Münchner Allgemeine am 13. März 1949 konstatiert. Denn obwohl viele Journalisten nach 1945 wieder Tritt fassen können, so Wipp, seien „der erfahrenen ‚Alten' zu wenig, der langsam unter sorgsamer Führung herangeleitete Nachwuchs fehlt fast ganz, und viele, allzu viele fühlen sich, nur mit Liebe zur Sache bewaffnet (und ohne erlernten Beruf) ‚berufen', ‚in Sportjournalistik zu machen'. Erfahrung und jegliche, entscheidend wichtige Vergleichsmöglichkeiten müssen ihnen notwendigerweise fehlen."

Nachkriegsdebatten I: Der Fall Laven

Wie schwer sich auch der deutsche Sportfunk mit dem Lavieren zwischen Vergangenheit und Gegenwart tut, wenn einmal eine solche Debatte aufflammt, wird in diesen Jahren am konkreten Fall Dr. Paul Laven deutlich. Dieser ehemalige Starreporter ist die einzige Figur aus dem Sportfunk, die nach dem Zweiten Weltkrieg keine feste Anstellung bei einem der neuen regionalen Sender bekommt. Das ist auch im Nachhinein eine frappierende Tatsache, denn Lavens Karriere begann bereits in der Weimarer Republik und er ist demnach, wie sein Biograph Frank Biermann meint, „ein Repräsentant des bürgerlich-liberalen Rundfunks". Damals gehört er wie Dr. Bernhard Ernst zu den ersten Sportreportern, und spätestens am Ende der 1920er Jahre hat sich um ihn nicht nur ein Starkult entwickelt, sondern auch seine Spesen und Gehälter sind außerordentlich: Neben einem fürstlichen Gehalt von 3000 Mark erhält Laven noch monatlich 7000 Mark Spesen. Gemeinsam mit Ernst berichtet Laven über die Großereignisse im Sport: über die Olympischen Spiele in Amsterdam, über die Weltmeisterschaften in den jeweiligen Sportarten, und über die Endspiele um die Deutsche Meisterschaft im Fußball.

Seine Stellung ist derart prominent, dass auch die Nationalsozialisten ihn 1933 nicht ohne Weiteres absetzen können, obwohl seine politische Beurteilung „nicht günstig" ist, wie es in einem Schreiben der Reichs-Rundfunk-Gesellschaft aus dem Juli 1936 ungewöhnlich offen heißt. Die Nazis halten ihn zudem „für einen ausgesprochenen sogenannten ‚Liberalisten', dem aufgrund seiner schrankenlosen, egozentrischen und individualistischen Einstellung die Weltanschauung des neuen Reiches vielleicht nicht immer sympathisch ist". Dennoch kommt Laven bei den Olympischen Spielen in Berlin zum Einsatz, bei der pompös inszenierten Eröffnungsfeier zum Beispiel reportiert er gemeinsam mit Rolf Wernicke. Er spricht auch die berühmten Olympia-Filme von Leni Riefenstahl, die am 20.4. 1938, rechtzeitig zum Geburtstag des „Führers", uraufgeführt werden und international viele Preise einheimsen. Auch in den Jahren danach gehört Laven neben dem ebenfalls prominenten Arno Hellmis, der die Schmeling-Boxkämpfe aus Amerika überträgt (und hauptberuflich als Schriftleiter beim volksverhetzenden „Völkischen Beobachter" fungiert, bis er als Kriegsberichter beim „Westfeldzug" gegen

Frankreich fällt), Hermann Probst, Wernicke und Horst Slesina zu den meistbeschäftigten Sportreportern des Dritten Reichs.

Erst zu Beginn des Zweiten Weltkrieges endet diese Erfolgsstory abrupt. Laven, der sich zeitweise ohne offizielle Genehmigung „Chefsprecher des Großdeutschen Rundfunks“ nennt, lässt sich zwar vereinnahmen von der am 1. September 1939 mit dem Überfall auf Polen ausgegebenen NS-Parole „Das Mikrophon kämpft mit“, die die Arbeit der Journalisten gleichstellt mit dem Einsatz der Soldaten. Laven berichtet gemeinsam mit Wernicke von der triumphalen Einnahme Warschaus, so reportiert er am 3. Oktober 1939 mit viel Pathos die Abnahme der Siegesparade der 8. Armee durch den Führer. Auf der Rückfahrt aber verunglückt er mit dem Auto, und danach kann Laven – zunächst aus gesundheitlichen, dann aus politischen Gründen – seine Spitzenposition nie wieder einnehmen. Wie sehr er sich auch dem NS-Regime andient und dem Militarismus seiner Zeit gehorcht, zeigt sein Text „Frontberichte. Etwas über die Arbeitsgesetze des Sprechers“, der 1940 in einer Rundfunkzeitschrift mit folgendem Satz beginnt: „Alles, was wir so dachten, planten, übten und arbeiteten, erfährt jetzt seine Verwirklichung im ersten Gang der Schlachten.“

Obwohl Laven also im verhassten „Weimarer System“ sozialisiert ist, verbinden die Entnazifizierungsbehörden diesen Namen nach 1945 mehr mit dem Nationalsozialismus. Zudem hat Laven das Pech, dass sein Fall vor einer Spruchkammer in der US-Zone, die im Rundfunk vergleichsweise strikt agiert, verhandelt wird. „Sie waren der Furtwängler des Rundfunks“, wirft ihm ein amerikanischer Offizier beim ersten Verhör nach dem Einmarsch vor. Und der zuständige öffentliche Kläger bekommt jedenfalls am 18. November 1946 vom Minister für politische Bildung für Laven die Direktive, „unter allen Umständen alles Erforderliche und Mögliche zu tun, dass dieser Mann nicht unter die Mitläufer eingereiht wird. Bei dem Antrag soll auch nicht die Einbeziehung des Vermögens von Laven vergessen werden.“ Zwar wird Laven, auch weil er kein Parteimitglied war, nach langem Hin und Her doch nicht in die Gruppe der Hauptschuldigen eingestuft und rehabilitiert. Aber der Fall hat öffentlich Wellen geschlagen. Der Makel bleibt.

Deswegen wird Laven, als er 1950 erneut versucht, beim Hessischen Rundfunk in führender Position unterzukommen, abgelehnt. Die dunkle Vergangenheit dient dabei indes eher als Vorwand. Grund ist vielmehr das offensive Vorgehen Lavens, als er nicht sofort eine Zusage des Frankfurter Rundfunkrates erhält: Laven organisiert eine Medienkampagne, in deren Verlauf über 25000 Unterschriften von Hörern seine Beschäftigung fordern. „Die Intendanten haben sich verschworen", schimpft danach Laven, der tief in seiner Eitelkeit verletzt ist. „Lavens Reportagestil ist heute überholt", entgegnet trocken Dr. Wolfgang Kaupisch, der Leiter des Zeitfunks in Frankfurt, im Juli 1950 im SPIEGEL: „Wir können sein Pathos nicht mehr hören. Unsere heutigen Reportagen sind nüchterner, wirklichkeitsnäher." Wie geheuchelt die lange geführte Nachkriegsdebatte um Laven ist, zeigt am Ende das Zitat des Frankfurter Intendanten Beckmann: „Ich hätte Laven gesagt: hier, Paul, ist das Mikrofon, mach eine Reportage! Wenn er nicht so unvernünftig mit der organisierten kochenden Volksseele gewirtschaftet hätte." Letztlich ging es also nicht um die Reportagen Lavens im Dritten Reich und was sie womöglich bewirkt und ausgelöst hatten. Die neuen Chefs in Frankfurt sind genervt von Lavens Widerborstigkeit. Nur deswegen bleibt Laven ein Einzelfall.

Nachkriegsdebatten II: Rolf Wernicke

Der Fall Laven ist indes keineswegs ein typisches Beispiel, wie die Karrieren von prominenten „Reichs-Sprechern" nach dem „Zusammenbruch" 1945 verlaufen. Repräsentativ dafür ist vielmehr der kontinuierliche Weg der Reporterlegende Wernicke. Als Laven 1950 vergeblich um seine berufliche Integration ringt, sitzt Wernicke bereits wieder fest im Sattel und ist erneut unumschränkter Star der Szene. Dabei ist die Rolle Wernickes im Nationalsozialismus wesentlich problematischer als die von

Laven. Während Laven nämlich den Nazis stets des Liberalismus verdächtig ist, wird Wernicke, nachdem er 1933 in einem Sprecherwettbewerb des Reichssenders entdeckt und im Anschluss daran an der Technik Lavens geschult worden ist, danach als „genuiner Reporter des nationalsozialistischen Rundfunks aufgebaut“, wie der Rundfunkhistoriker Biermann urteilt. Wernicke verkörpert in den nächsten zehn Jahren geradezu die Symbiose zwischen Sportfunk und politischem Funk im Nationalsozialismus. Bereits 1935 reportiert der 1903 geborene Sportreporter vom „Reichsparteitag der Freiheit“ in Nürnberg. Wernickes Durchbruch an die absolute Spitze aller deutschen Funkreporter aber ist die Übertragung des Eishockey-Länderspiels zwischen Deutschland und England bei den Olympischen Winterspielen 1936 in Garmisch-Partenkirchen. Dort ersetzt er kurzfristig und ohne jede Vorbereitung einen erkrankten Sprecher derart beeindruckend, dass ihn der zufällig am Radio sitzende Adolf Hitler, gefesselt von der formal und stilistisch perfekten Reportage, für sich als Sprecher vorsieht. Fortan spricht Wernicke, der erst rund zwei Jahre Rundfunkerfahrung aufweisen kann, Hitlers große Auftritte bei den Reichsparteitagen. Er begleitet ihn zum Staatsbesuch bei Mussolini, er reportiert mit unfassbarer Getragenheit die jährlichen Gedenkfeiern am 9. November, die an den vergeblichen Hitler-Putsch aus dem Jahre 1923 erinnern, und er ist stimmlicher Begleiter bei den bombastischen Feiern zu Hitlers 50. Geburtstag am 20. April 1939. Das Szenario dabei folgt stets dem gleichen Muster: Dem langen Bericht Wernickes schließt sich fast immer der Lieblingsmarsch Hitlers an, der „Badenweiler Marsch“ von Georg Fürst.

Bereits 1936 hat Wernicke seinen Lehrmeister Laven als populärster Sprecher des Dritten Reichs abgelöst. Er fehlt danach nicht nur bei jeder großen politischen Rundfunkübertragung. Er, der auf diese Weise insgesamt über 150 Führerreportagen auf seinem Konto hat (worauf er auch nach dem Krieg stolz hinweist), ist *die* Stimme der NS-Propaganda. Wie sehr Wernickes tonale und dramaturgische Fähigkeiten in dieser Zeit verehrt und genutzt werden, zeigt die Liste seiner Rollen als Sprecher und Schauspieler in mindestens 20 UFA-Filmen. Darunter befinden sich schlimme Hetz-Streifen wie „Im Kampf gegen den Weltfeind" (1939) oder „Deutsche Panzer" (1940), aber auch seichte Schmonzetten vom Schlage „Anna Favetti" (1938), der Allianz-Werbetonfilm „Wir" (1943) und der ambitionierte Fußballspielfilm „Das große Spiel" (1941), in dem nicht nur berühmte Fußball-Nationalspieler wie Fritz Walter mitspielen, sondern in dem auch Reichstrainer Sepp Herberger als Fachberater fungiert. Kurzum: Bewundert für seine sprachlichen Möglichkeiten, gehört Wernicke in Berlin auch im Filmbereich zu den Spitzen der NS-Künstlersociety. Fast selbstverständlich deshalb, dass er im Zweiten Weltkrieg außergewöhnliche Privilegien genießt. Zwar reist er wie seine Kollegen zuweilen an die Front, um von dort als Kriegsberichter zu arbeiten. Aber er verfügt über weitaus größere Freiheiten als alle Kollegen. Als Chef der Gruppe „Sport" beim „Großdeutschen Rundfunk" erhält Wernicke am 5. Juli 1943 sogar eine generelle Sondererlaubnis, um für die UFA Kriegs-Wochenschauen und Spielfilme zu sprechen (es beerbt ihn beim Rundfunk daraufhin Hans „Hanne" Sobeck, das Berliner Fußball-Idol).

Angesichts dieser herausragenden Funktion im Rahmen der NS-Propaganda erstaunt Wernickes Berufsweg nach 1945 sehr. Zunächst arbeitet Wernicke als Theaterleiter in Tuttlingen, dann gründet er 1946 in seiner Heimat Konstanz die Zeitschrift „Toto-Illustrierte". Bereits 1947 aber arbeitet er wieder in dem Job, den er verstörend brillant beherrscht. Schon im Sommer 1947 reportiert Wernicke wieder, nun als freier Journalist für den Südwestfunk in Baden-Baden arbeitend, der – was ihm sehr zugute kommt – von den Franzosen im Sport äußerst nachsichtig entnazifiziert worden ist. Dass Wernicke wieder vollständig in den Rundfunkbetrieb integriert ist, beweist seine Berufung zu den Olympischen Winterspielen im Januar 1948 in St. Moritz. Dort reportiert und berichtet er – neben Kirmaier und Zimmermann – als einer von nur drei deutschen Hörfunkreportern. Keine drei

Jahre nach dem „Zusammenbruch" ist Wernicke also wieder an der Spitze. Und sein Status als *der* Starsprecher der Nachkriegsära wird – trotz erheblicher rhetorische Fehlschläge wie bei dem erwähnten Boxkampf ten Hoff vs. Walcott 1950 – nicht mehr grundsätzlich in Frage gestellt. Wernicke ist bei allen Großereignissen dabei, bei den Olympischen Sommerspielen 1948 in London und auch den Olympischen Winter- und Sommerspielen 1952 in Oslo und Helsinki, wo er als Chefreporter auftritt. Dass Wernickes Reportagen sich dabei in Form, Aufbau, Stil und Dramaturgie und Aufbau nicht von seinen Führerreportagen unterscheiden, sondern einzig und allein im Vokabular, das wird entweder schlicht nicht wahrgenommen oder nicht thematisiert. Dabei besitzen seine Fußballreportagen den markigen, schneidenden Ton seiner frühen Arbeiten. Doch auch das ist Anfang der 50er Jahre, als er zahlreiche große Spiele gemeinsam mit seinem Schüler Zimmermann reportiert, nicht verwerflich. Im Gegenteil: Wie sehr Wernickes Wirken in den Funkhäusern geschätzt wird, zeigt das Angebot des Hessischen Rundfunks aus dem Frühjahr 1952, dort Leiter des Ressorts „Aktuelles Wort" zu werden. Wernicke nimmt dieses Angebot an, doch am 6. Januar 1953 stirbt der 49-Jährige an der Folge mehrerer Schlaganfälle. Sein letztes Kunstwerk als Sprecher ist die allseits gerühmte Vertonung des Olympiafilms 1952.

Der Name Wernicke ist heute vergessen. Dabei ist diese Personalie aus mehreren Gründen spektakulär. Einmal erstaunt der aufschlussreiche Vergleich mit anderen Künstlergrößen im Nationalsozialismus: Der Bildhauer Arno Breker wird bis heute stets als „Bildhauer Hitlers" bezeichnet, er steht für die dreidimensionale Ästhetik des Dritten Reichs. Die Regisseurin Leni Riefenstahl wird bis zum ihrem Tod 2003 mit einem faktischen Berufsverbot belegt. Ihr wird von nahezu allen Filmkritikern und NS-Deutern zur Last gelegt, mit dem Reichsparteitag „Triumph des Willens" (1934) und den beiden Olympia-Filmen (1938) den Nationalsozialismus verteufelt schön dargestellt zu haben, ihn inszeniert zu haben. Rolf Wernicke aber – derjenige also, der dem Nationalsozialismus seine Stimme verleiht und ihm damit einen unverkennbaren Klang zur Verfügung stellt – kommt in diesen bis heute heftig tobenden Nachkriegsdebatten nicht vor. Es ist so, als habe er nie gewirkt, als habe seine Arbeit keinerlei Einfluss auf irgendeinen Rezipienten besessen. Und das nur, weil sein Werk „nur" zu hören ist.

Der Lehrmeister einer ganzen Reporter-Generation

Wie sehr Wernicke seine und die auf ihm folgende Rundfunkgeneration prägt, das ist weithin bekannt – und, wenn man Reportagen aus den frühen 1950er Jahren aufmerksam lauscht, auch ein wenig beängstigend. Damals arbeitet sich eine ganze Reporterschar, und nicht nur aus dem Sport, an dem genial-faustischen Stil Rolf Wernickes ab. Nicht nur Zimmermann bezeichnet ihn in einem Leserbrief an den *SPIEGEL* als „meinen Lehrmeister", und nicht nur, weil er während des Krieges bei ihm volontiert hat. Als kurz nach dem Triumph von Bern in einem Buch die Endspiel-Reportage Zimmermanns in einer veränderten Version abgedruckt wird, steht in der Personenbeschreibung unter anderem: „Erste Verlockung zur späteren Rundfunk-Karriere durch Dr. Paul Laven. Rolf Wernickes Berichte feuerten ihn an, zu Hause im stillen Kämmerlein eigene Reportageversuche zu unternehmen." Zimmermann hat sich abtrainiert an den Sportreportagen, aber auch an den Beschreibungen der Hitler-Auftritte. Es gibt in diesen frühen 50er Jahren, in denen er mit Wernicke fast alle großen Sportveranstaltungen zusammen bestreitet, für Zimmermann durchaus Dinge im Schaffen seines Lehrvaters, die er kritisiert und die er selbst schon besser macht. Als Wernicke etwa 1952 in Helsinki den turbulenten 1500-m-Endlauf in der Leichtathletik reportiert, gerät der Doyen des Sportfunks schwer durcheinander: Er verwechselt die Läufer, vor allem aber kann er den vielen Führungswechseln zum Schluss nicht mehr folgen. Diese Form des Sportsjournalismus ist Wernicke, der bereits körperlich schwer angeschlagen ist, zu hektisch geworden. Seine absolute Spezialität in dieser Ära bleibt der Solo-Auftritt eines Sportlers, etwa der Einlauf des Siegers im Marathonlauf oder die weihevoll inszenierte Eröffnungsfeier. Das ist für ihn das ideale Tempo, sein unfassbares Pathos über den Äther zu transportieren – wie einst bei den Führerauftritten. Doch nicht nur Zimmermann bewundert Wernicke genauso ob seiner zackigen, famos komponierten Fußballreportagen aus früheren Zeiten. Auch davon berichtet er jedenfalls seinen eigenen Funkschülern bis zu seinem Tod, sofern sie nicht Wernicke noch selbst im Rundfunk gehört haben und ihn ohnehin verehren. Selbstverständlich entwickelt auch Zimmermann einen eigenen Stil, eine persönliche Note. Keiner ist in der Lage, die perfekte Technik und Dramaturgie eines Wernicke vollends zu kopieren. Wie sehr Zimmermann sich jedoch an diesem Übersprecher orientiert, zeigt nicht nur ein nur oberflächlicher akustischer Vergleich der Reportagen. Es äußert sich übrigens auch an Details in seinem Arbeitsleben. In seinem Büro an der Rothenbaumchaussee, das an sich äußerst spartanisch eingerichtet ist, hängt ein Bild Wernickes und darunter der Lebenslauf seines großen Vorbilds. Es hängt da wie eine Ikone.

Die Idealisierung Wernickes durch seine Schüler

Der Fall Zimmermann zeigt, wie einflussreich die Wernicke-Schule auf die damals junge und aufstrebende Nachwuchsreporterschar ist. Als weiteres prominentes Beispiel dient Rudi Michel, der beim Südwestfunk in Baden-Baden volontiert und dem der freie Mitarbeiter Wernicke dort „zur journalistischen Orientierung wird“, wie der Rundfunkredakteur Martin Maria Schwarz in einem Hörbuch erzählt. „Wernicke war genial“, sagt Rudi Michel noch heute, „der Allergrößte von allen“, und schon damals hätten „junge Leute wie Gerd Mehl und ich selbst mit bewundernden Augen Wernicke verfolgt“. Die Nachwuchsleute sind vor allem fasziniert von Wernickes Lautmalereien, von seiner Fähigkeit, „Stimmungsbilder zu erzeugen“. Zwar hätte Wernicke kein Manuskript schreiben können, aber seine gesprochenen Bilder seien immer stimmig gewesen, er habe „keine schiefen

Bilder" produziert. Das ist zwar nur bedingt richtig, denn auch Wernicke ist nicht gefeit gegen unfreiwillig lustige Sätze. Als 1952 der Kugelstoß-Olympiasieger O'Brien antritt, sagt er: „Da geht er vor, der amerikanische Hüne, und lässt seine Hose runter zu seinem letzten Stoß." – Die Hose seines Trainingsanzugs. Der junge Journalist Michel verfolgte jedenfalls mit ungläubig geweiteten Augen, dass Wernicke „nie ein Stückchen Papier dabei hatte" und „jede Sekunde frei gestaltete". Kurz: „Wernicke war für mich ein Hörerlebnis. (...) Ich bin heute noch von ihm fasziniert." Den Einlauf von Marathonsieger Zatopek 1952 in Helsinki und die Schlussfeier von damals höre er sich immer noch an, so Michel. Auch sein ebenso bekannter Kollege Harry Valérien, der nach dem Krieg seine Karriere zunächst als Rundfunkmann beginnt, hat „Laven und Wernicke mit 12 Jahren bewundert, weil ich ja Reporter werden wollte". Valérien kann sich ebenfalls exakt an jene berühmte Eishockey-Reportage aus dem Jahre 1936 erinnern. „Das war natürlich ein Hit, wie man so sagt."

Interessanterweise sind Wernicke und Laven auch den Sportreportern im Osten Deutschlands ein Idol, trotz aller ideologischen Grenzziehungen. „Wernicke war auch mein erstes Vorbild", bekennt Heinz-Florian Oertel, „es gab damals keinen Besseren". Sein Kollege Wolfgang Hempel, der das WM-Endspiel am 4. Juli 1954 für „Radio DDR" reportiert, hält ihn ebenfalls mit Laven zu seinen „ganz großen Vorbildern": „Wenn ich die gehört habe im Radio bei Fußball-Endspielen, da habe ich nachgefiebert und habe gesagt, wenn Du das werden kannst, dann sollte das in diesem Stil sein." Wie sehr allerdings im Dritten Reich die Bereiche Sport und Politik im Rundfunk in der Figur Wernicke verschwimmen, belegt ein Ereignis aus dem Juni 1941, das Hempel für sich „als noch größeres Erlebnis als 1954" einstuft. Der 14-jährige Hempel fährt mit dem Zug von Erfurt nach Berlin, um sich das Endspiel seines Vereins Schalke 04 gegen Rapid Wien anzuschauen. Der hohe Favorit Schalke verliert nach 3:0-Führung noch 3:4. Aber Hempel hat heute, nach über 60 Jahren, „noch unter vielen anderen Dingen in Erinnerung, dass 15 bis

20 Minuten vor dem Spiel Rolf Wernicke ans Stadionmikrofon ging. Das muss ein Text von Goebbels gewesen sein. Ein ganz mächtiges Ding hat er losgelassen in diesem Stadion, wo nach meiner Schätzung schon acht bis zehntausend Zuschauer in deutscher Wehrmachtsuniform waren, und wo vor allem eine Viertelstunde vor Spielbeginn verletzte deutsche Landser in Rollstühlen an den Spielfeldrand gefahren worden waren. (...) Da hat er eine Rede losgelassen, die endete mit dem Sieg Heil der 95 000, die da waren." An diesem Tag verkündet Wernicke also den Fußballfans den deutschen Angriff auf die Sowjetunion, es ist der 22. Juni 1941. Hat auch der Leutnant der Reserve Zimmermann, der am 22. Juni 1941 an dieser „Aktion Barbarossa" teilnimmt, diese Worte vernommen? Diese aufwühlende und fanatische Rede des genialen Handwerkers Wernicke?

Wie unkritisch der deutsche Nachkriegssport und -rundfunk Wernickes problematisches Schaffen während des NS-Regimes reflektiert, das dokumentieren Anfang 1953 die zahlreichen Nekrologe nach seinem Tod. „1942 wurde er nach vorübergehender Tätigkeit als Kriegsberichter bzw. bei der Truppenbetreuung, wo ihm seine hervorragenden beruflichen und künstlerischen Eigenschaften zustatten kamen, Gruppenleiter für den Sport bei allen deutschen Sendern", textet seine Heimatzeitung *Südkurier* am 10. Januar 1953. „Der Sport ist geneigt, Rolf Wernicke als seinen großen Propagandisten zu betrachten", steht am gleichen Tag im Konkurrenzblatt *Schwarzwälder Boten*, das sich nicht scheut, Wernickes wichtigsten Protegé zu benennen: „Adolf Hitler hörte Wernickes Bericht im Rundfunk und befahl daraufhin, dass dieser hervorragende Reporter künftig auch bei allen politischen Ereignissen einzusetzen sei. An Möglichkeiten der Entfaltung hat es bei den damaligen ständigen ‚Massenkundgebungen', Wehrmachtsparaden usw. nicht gemangelt." Und Wernickes rhetorische Rückfälle in den Jahren zuvor werden ebenfalls mit verblüffender Chuzpe entschuldigt: „Erinnert sei an den Boxkampf Hein ten Hoff – Joe Walcott. Wegen seiner Schilderung wurde Wernicke damals von ihm nicht wohlgesinnten Leuten der ‚Rassenhetze' bezichtigt, weil er einmal das Wort ‚Neger' gebrauchte und Hein ten Hoff als ‚unseren Mann' bezeichnet hatte."

Im Züricher *Sport* vom 14. Januar 1953 nennt Helmut Sohre seinen Kollegen einen „wahrhaft genialen Sprecher" und prognostiziert dessen Nachfahren ein schweres Erbe. „Von diesem größten Sprachformer und plastischen Schilderer unter den deutschen Sprechern des Rundfunks bleiben so viele meisterhafte Schilderungen, dass es sehr lange dauern wird, ehe ein anderer Sprecher an ihn heranreichen wird", so Sohre, um dann Wernickes menschliche Qualitäten zu preisen: „Er hat nie messerscharfe Worte gebraucht, die wie Stahl klingen und kalt sind. Er benützte den Humor seiner großen Seele und die Schlichtheit seines Wesens." Und auch der Pressedienst des SWF, Wernickes vorletzter Arbeitgeber, rühmt am 11. Januar 1953 überschwänglich Wernickes Schule. „Nicht nur seine Sportreportagen, die zuerst seinen Namen berühmt machten, bleiben als Spitzenleistungen in Erinnerung, sondern es wird in gleicher Weise seiner Arbeit besonders der letzten Jahre gedacht werden, als er ab 1948 beim Südwestfunk die Qualitätsmaßstäbe für die besondere Kunstform der Zeitfunkreportage neu aufzustellen begann und dabei zum Vorbild vieler junger Mitarbeiter des Rundfunks wurde."

Diese überaus positive Rezeption des Starreporters mit den verstörend vielen Talenten hat sich bei den Insidern im Grunde nie geändert. Für die meisten Kenner des Sportfunks ist Rolf Wernicke „der größte Rundfunksprecher, der jemals in einer deutschen Sendung mitgewirkt hat". So bezeichnet ihn der Hörfunk-Sportchef des WDR, Kurt Brumme, am 12. Dezember 1964 im *Kölner Stadt-Anzeiger*, und so verklärt ihn selbst Rudi Michel, der als einer der intellektuellsten Sportsprecher dieser Tage gilt. Michel nennt Wernicke in Hörbüchern, geht es um die Vergangenheit seines verehrten Vorbilds, einen „bekannten Mann in der Reichsrundfunkzeit Berlin" und erwähnt die Führerreportagen nicht. Für den *Deutschlandfunk* ist Wernicke in einem

Beitrag über 75 Jahre Sport im Hörfunk „das größte deutsche Reportertalent“, lässt indes immerhin die umstrittenen Sätze Wernickes beim Boxkampf 1950 Revue passieren. Der Verband Deutscher Sportpresse dokumentiert in seiner Festschrift zum 75-jährigen Bestehen, die 2002 erscheint, sein sehr einäugiges und fast vergessen geglaubtes Geschichtsverständnis. Dass in der Chronik des deutschen Sportjournalismus das Jahr 1933 in der Chronik schlicht nicht stattfindet, sagt alles. Zu den wenigen kritischen Stimmen im heutigen Sportjournalismus zählt Heinz-Florian Oertel. Er nennt ihn heute „ein Kind seiner Zeit“. Zweifellos sei Wernicke „eine große Begabung und ein gebildeter, gepflegter Sprecher“ gewesen. „Nur die Diktion, die Melodie seines Vortrags, die war, sagen wir, etwas zackig noch.“ Für Valérien stellt sich heute die berechtigte Frage: „Wieso haben die Verantwortlichen des deutschen Rundfunks Rolf Wernicke passieren lassen?“

Gibt es keinen im Sportjournalismus, der sich in dieser Sache dem renommierten Sporthistoriker Hajo Bernett anschließt? Der nennt in einem Aufsatz in den 80er Jahren auch die markige Sprache Rolf Wernicke als ein Beispiel für die enge Verzahnung zwischen Sportjournalismus und NS-Propaganda. Bernett bezeichnet es gar zugespitzt als „ideologische Infektion der Sportberichterstattung“. Als einzelnes Tondokument dient Bernett die berühmte Reportage zu Max Schmelings Sieg über Joe Louis, die der Reporter Arno Hellmis wie folgt beschreibt: „Aus dem gefürchteten Bomber ist ein armer zerschlagener Negerboy geworden.“ Ein „wunderbare Dokument“ sei das dafür, so Bernett ironisch, „dass ein Wille, so hart wie Kruppstahl, alles zu erreichen vermag“. Gerd Krämer, Zimmermanns Kollege bei der WM 1954 in der Schweiz und ebenfalls Wernicke-Schüler, fasst es so zusammen: „Das, was der Wernicke nach dem Krieg im Sport gemacht hat, das waren immer noch Führerreportagen.“

Der Medienwissenschaftler Lutz Hachmeister spricht den führenden deutschen Tageszeitungen und politischen Magazinen in seinem hervorragenden Aufsatzband „Die Herren Journalisten“, in dem die personellen und ideengeschichtlichen Kontinuitäten in den großen Qualitätszeitungen nach 1945 thematisiert werden, kein gutes Zeugnis aus: „Dass die meinungsführenden Blätter in der Nachkriegszeit einen *wesentlichen* Beitrag zur Demokratisierung und aufrichtigen vergangenheitspolitischen Reflexion geliefert haben, erweist sich bei näherem Hinsehen als ein berufständischer Mythos." Immer noch, so Hachmeister weiter, seien „Mentalitätstransfer im Journalismus, die professionelle Kontinuität oder politisch-historische Zäsuren im Übergang der deutschen Staatsformen im 20. Jahrhundert" kaum erforscht. Wie gesagt, in diesem Buch geht es um führende Tageszeitungen, um den Printjournalismus. Diese Feststellung hätte er auch für das flüchtigere Medium Rundfunk und in diesem Fall für den Sportfunk treffen können. Denn auch hier gilt nach wie vor das Wort des Rundfunkhistorikers Wilfried Lerg, der von der „historischen Selbstvergessenheit der journalistischen Zunft" gesprochen hat.

Noch einmal Nachkriegsdebatte: Die „Meiseleritis" 1951

Der 2:0-Sieg, den die Herberger-Elf am 23. September 1951 vor 60 000 im Wiener Praterstadion erkämpft, ist eine echte Sensation. Die Österreicher gehören in den ersten Jahren nach dem Krieg zu den besten Mannschaften des Kontinents, sie haben Ungarn und Italien geschlagen, und einige Fußball-Experten vergleichen diese Mannschaft bereits mit dem legendären „Wunderteam" aus den 30er Jahren. Aber die westdeutschen Fußballer haben eine taktisch brillante Defensivleistung hingelegt, so dass am Ende die beiden Tore durch Morlock und Haferkamp genügen. Es gibt viele Gründe, diesen Außenseitersieg gebührend zu feiern. Aber die deutschen Tageszeitungen heben keinen Fußballer auf ihre Titelseiten, sondern den Reporter: den Wiener Heribert Meisel.

Es ist die Geburt eines Stars. Dabei hat Meisel eine fast unlösbare Aufgabe übernommen: Seine Reportage bedient sowohl den österreichischen Sportfunk wie auch alle angeschlossenen Sender in Deutschland. Das haben die deutschen Programmdirektoren so beschlossen. Sie wollen mit diesem so genannten Programmaustausch Geld einsparen und damit die von der Kritik geforderte Abwechslung in die Sportfunklandschaft bringen. Meisel verzweifelt geradezu an diesem Tag, weil er meint, nicht beide Hörergruppen gleichzeitig und vor allem adäquat bedienen zu können. Natürlich will er einerseits einen österreichischen Sieg reportieren, andererseits aber bewundert er die deutschen Spieler für ihre großartige Leistung. „Ich bin zwar ein Verräter meines Stammes, ich bin ja Wiener", leitet er ein großes Lob für die Deutschen ein, und in diesem Moment fällt das deutsche 1:0. „Ich spiele die Rolle des Verräters bis zum bitteren Ende", stöhnt er später noch in das Mikrophon, und er jammert und winselt auf atemberaubende Weise. Dabei ahnt er freilich nicht, welche Begeisterung er vor allem bei deutschen Hörern auslöst, die diese selbstdistanzierte und ironische Form der Berichterstattung von deutschen Reportern nicht kennen.

Die Reaktionen sind überwältigend: In den Tagen nach diesem Spiel erreichen die Redaktion wäschekorbweise Leserbriefe, einige sind negativ, aber die meisten rühmen Meisel. Es gibt sogar eine stattliche Zahl an Heiratsanträgen. „Das war grandios, das war eben nicht nur Information, sondern das war Unterhaltung", sagt rückblickend Rudi Michel. Zu leiden hat darunter besonders der arrivierte Ludwig Maibohm, der direkt nach der Fußball-Übertragung von einem mäßig spannenden Boxkampf auf der Berliner Waldbühne berichtet. Zuerst hört der Sportfan Meisels furiosen, ironischen, direkten und leichten Stil, der geprägt ist von der charmanten Art Meisels, seinem Witz und Wiener Schmäh, Äonen entfernt von den Reportagen deutscher Rundfunkstars wie Wernicke, die oft genug an Kriegsberichterstattung erinnern. Darauf vernimmt der Hörer den eher trockenen und dennoch mit Superlativen nicht geizenden Maibohm – die Kontraste könnten nicht größer sein. Daraufhin entbrennt eine heftige Debatte über den Stil der Sportreportage,

Heribert Meisel, „Wiens Sportreporter Nr. 1“, brachte Leichtigkeit und Humor in die Sportreportage

die ebenfalls viel zu tun hat mit den unrühmlichen Traditionen der deutschen Sportberichterstattung.

Die Länderspiel-Reportage Meisels, meint die *Freie Neue Presse* am 27. September 1951, habe mehr nur als einen Funken in das Pulverfass“ geschlagen, und fasst das Geschehen in den Funkhäusern zusammen: „Die deutschen Hörer vernahmen am Sonntag plötzlich Töne am Radio, die sie bisher nicht kannten, weiche, geschmeidige, liebenswürdige und menschliche. Hinter den Worten und Sätzen, die da, federleicht hingepinselt, aus dem Kasten kamen, stand ein Mensch, stand ein hinreißender Erzähler. (...) Die Attacken, die nun allenthalben gegen den deutschen Sportfunk gerichtet werden, sind verständlich. Der Meisel-Bericht war das beste Beispiel dafür, wie man es besser machen kann. Beckmann (der Intendant des HR) gestand uns freimütig, dass die Reportage des von den deutschen Sendern für das Wiener Länderspiel verpflichteten Meisel in den deutschen Funkhäusern wie eine kleine Revolution gewirkt habe. Auch in der Programmsitzung des Hessischen Rundfunks sei die sonntägliche Sportreportage eine Stunde lang besprochen worden.“ Wie diffizil die Lage auch für Zimmermann ist, zeigt ein Artikel aus dem *Niedersachsen-*

sport vom 25. Oktober 1951: „Der Meisel im Haus erspart den Zimmermann."

In der Tat gibt es „erhebliche Diskussionen in den Funkhäusern", wie sich der heutige *Kicker*-Herausgeber Karl-Heinz Heimann noch gut erinnert. Heimann sitzt an der Quelle der Informationen, denn der *Kicker* arbeitet seinerzeit noch in Köln und besitzt ausgezeichnete Kontakte zum Kölner Sender des NWDR. Viele Programmdirektoren sind damals gewillt, die deutschen Sportreportagen aufzulockern, den tierischen Ernst und die Militarismen im Vokabular endlich abzulegen. In dieser Phase verhält sich Zimmermann als Sportchef hervorragend: Er geht in die Offensive und lädt Meisel kurzerhand zu einem dreiwöchigen Arbeitsaufenthalt nach Hamburg ein. Das ist einerseits taktisch klug, weil er damit den öffentlichen Angriffen den Wind aus den Segeln nimmt und so zusätzlich der erheblichen Kritik aus dem eigenen Hause entgegenwirkt. Andererseits entwickelt sich auf die beinahe zwangsläufige Art eine lange bestehende Freundschaft und ein mehr als kollegiales Arbeitsverhältnis, aus dem auch die Wertschätzung Zimmermanns für Meisels Stil und Sportauffassung spricht. Schon ein Jahr später organisiert Zimmermann seinem neuen österreichischen Freund eine große Reportage in Deutschland: Meisel spricht am 22. März 1953 erneut Deutschland gegen Österreich. Diesmal von Köln aus. Es gibt nur einen, der mit dieser Personalentscheidung nur schwer leben kann: Der ehrgeizige Kurt Brumme vom NWDR in Köln, Zimmermanns einziger ernsthafter Konkurrent im Sender, der sich ebenfalls für dieses Spiel vor seiner Haustür beworben hat.

Das taktische Kalkül, sofern Zimmermann es so geplant hatte, geht auf. So sehr Meisel für seinen Auftritt in Wien gefeiert wurde, so wird den nordwestdeutschen Hörern und auch den Programmverantwortlichen bald klar, dass Meisel mit seinem Schmäh in der norddeutschen Tiefebene auf Dauer nicht reüssieren kann. Heimann erinnert sich gut an ein Oberligaspiel zwischen dem VfL Osnabrück und dem SV Werder Bremen: „Da ist der Meisel elendig abgesoffen. Der konnte da nicht seinen

Schmäh bringen, und er kannte die Spieler einfach nicht. Meisel war zwar auch ein genauer Vorbereiter. Aber was die einzelnen Spieler in der Oberliga kennzeichnete und welchen Beruf die hatten, das wusste er alles nicht. Da ist er total untergegangen." Das Kabarett, die Wiener Operette klappt in Osnabrück also nicht. Was die Position Zimmermanns und der anderen führenden Reporter in den Sendern wieder einigermaßen stärkt. Vor allem die Rundfunkjournalisten nördlich der Main-Linie sind angegriffen worden, die junge süddeutschen Kollegen orientieren sich ohnehin „mehr nach Wien als nach Hamburg", wie Harry Valérien heute meint. Jedenfalls werden die Stimmen, Meisel zu kopieren, mit der Zeit leiser. Warum, das erklärt Rudi Michel. Die Deutschen konnten diesen Stil nicht einfach nachäffen, „das ging nicht. In der deutschen Sprache konntest du nicht das, was du auf dem österreichischen Dialekt vermitteln konntest."

Wie sehr sich diese Debatte bereits am Ende des Jahres beruhigt hat, belegt die launige Glosse „Wien, Wien nur Du allein" im Stuttgarter *Sportbericht* vom 5. Dezember 1951. Es hätte zwar gemeiselt allerorten, es habe ja nun wirklich ein ziemlicher Meisel-Boom geherrscht. Aber letztlich sei Meisel doch, schreibt der freche Autor, wie ein „Zuschauer, der zufällig vors Mikrophon geraten ist und reden darf". Er findet es zwar sehr sympathisch, dass Meisel kein Beamter ist, „der an dem engen Schalter des Rundfunkgeräts kühl und unfehlbar die richtige Auskunft erteilt. Er entnimmt seinen Wortschatz nicht nur jener geheiligten Sportsprecherschule, die andere nur voller Andacht betrachten dürfen. Heribert Meisel erlebt das Spiel wie ein Mensch, wie einer von uns. Manchmal sieht man förmlich, wie er verzweifelt und beschwörend seinen Hut zerknautscht." Das Theater aber versteht der Texter beileibe nicht, denn „Meisel ist gut, aber Meisel allein kann's auf die Dauer auch nicht schaffen."

Der österreichische Rundfunkmann bleibt auch in den nächsten Jahren in den deutschen Medien präsent. Er schreibt Olympiabücher, und spricht weiterhin zuweilen für deutsche Sender (so Glossen von Olympischen Sommerspielen 1952 in Helsinki).

Seine Reportage von dem WM-Halbfinale 1954 in Basel, bei dem er verzweifelt angesichts des 1:6 seiner Österreicher gegen die westdeutsche Elf, wirkt nach bis heute. In dem WM-Film, den der Münchner Schrotthändler Schubert ein paar Tage nach dem 4. Juli 1954 in die deutschen Kinos bringt und damit ein Vermögen verdient, wird Meisels Reportage vom WM-Halbfinale als Ton unterlegt – und nicht die von Kurt Brumme, der dieses Spiel für Deutschland gesprochen hat. Auch in dem Film „Das Wunder von Bern" (2003) bedient sich Regisseur Sönke Wortmann einer berühmten Passage des Wieners. „Der Probst ist ja bei Liebrich ja so was von aufgehoben, also als wäre er ein Wickelkind, und der Liebrich seine Mutter", jammert Meisel, als alles schon verloren ist. 1963 moderiert er das erste ZDF-Sportstudio, doch auch er schafft den Sprung vom Rundfunk in das Fernsehen nicht wirklich. Als Meisel 1966 an einer schweren Krankheit stirbt, erscheinen nicht nur in Österreich elegische Nachrufe, sondern auch in Deutschland.

Mit der „Meiseleritis" geht in den 1950er Jahren die letzte größere öffentliche Diskussion über Stilfragen der Sportreportage zu Ende. Dennoch bleibt das Bewusstsein: Wie mit sprachlichen Klippen etwa aus dem problematischen Militär-Vokabular im Fußball umzugehen sei, das ist fortan ein wichtiger Diskussionspunkt in den Sendern. „Wir haben das damals in vielen Redaktionssitzungen besprochen, dass das abzuschaffen sei", sagt Horst Seifart, ein langjähriger Kollege Zimmermanns in Hamburg und sein Nachfolger. „Aber solche Sachen sind in der Live-Reportage einfach nicht zu vermeiden gewesen, bei Zimmermann schon gar nicht". Immerhin benutzt Zimmermann bei seinen Live-Reportagen nicht Floskeln wie „Rabatz im Kettenkasten" oder „Jetzt ist Polen offen", die zurückzuführen sind auf seine Kriegszeit und die bei ihm in der Freizeit locker über die Zunge rollen. Dass eine völlig militärfreie Fußballsprache damals nicht möglich ist, erklärt sich aus den Traditionen und der nun einmal vorhandenen Ähnlichkeit mit militärischen Formationen: Ohne die Begriffe „Angriff",

„Verteidigung“, „Sturm“ und „Schlacht“ kommt schließlich noch heute, obwohl alle Vokabeln der politischen Korrektheit unterliegen, kaum ein Fußballbericht aus.

Die „*SPIEGEL*-Affäre“ 1951

Knapp einen Monat, nachdem Heribert Meisel die öffentlichen Diskussionen um Stil und Inhalt der deutschen Sportreportagen ausgelöst hat, startet das junge Magazin *SPIEGEL* einen publizistischen Frontalangriff gegen Herbert Zimmermann. In dem ausführlichen Text „Ei, ei, liebe Frau Zimmermann“, der in der Nr. 42 vom 17. Oktober 1951 erscheint, wird der zweifellos prominenteste Sportchef der deutschen Sender geradezu vorgeführt. Es bleibt dabei unklar, wer der Verfasser des Artikels ist, denn seinerzeit verzichtet man zumeist auf die Nennung des Autors. Der Autor aber geht in die Vollen und kritisiert nicht nur die Elite der deutschen Hörfunkreporter als dumpfe Kriegsberichter und unfähige, vokabelarme Holzköpfe. Die Vorwürfe gehen tiefer. Nur wenig verklausuliert, wird den renommierten Sportchefs vorgeworfen, sich gegenseitig eigentlich überflüssige Jobs zuzuschachern. Als Einstieg dient freilich die große öffentliche Wirkung der Meisel-Reportage:

> Hoch im Kurs bei Deutschlands Sportfunk-Hörern steht seit dem Fußball-Länderspiel Deutschland – Oesterreich in Wien der Oesterreicher Heribert Meisel. Was noch kein deutscher Sportsprecher schaffte, gelang ihm auf Anhieb. Meisels charmante „weanerische Art“ der Reportage ließ selbst Hörer gebannt weiterlauschen, die sonst bei Beginn von Sportfunk-Sendungen das Radio abschalten. (...) Der neue Intendant, Ernst Schnabel, lud den Sportberichter Meisel (...) ein, vom 8. bis 22. November als Gastsprecher nach Hamburg zu kommen, um die steife und hölzerne NWDR-Reportage zu befruchten. (...)
> Halbsauer reagierte Hamburgs NWDR-Sportfunkleiter Herbert Zimmermann: „Von Tausenden von Zuschriften, die wir angeblich nach der Meisel-Sendung bekommen haben

sollen, kann gar keine Rede sein. Zwar konnten wir uns am 23. September, dem Tage des Länderspiels, vor Anrufen kaum retten. Briefe sind jedoch nur etwa 50 eingegangen, und auch davon sind nur etwa vierzig überschwänglich-zustimmend."

Wie tief die deutschen Durchschnitts-Sportreportagen unter der Meisel-Klasse rangieren, konnten Millionen Sportfunk-Hörer feststellen, die im Anschluss an die menschlich-warme Sendung Heribert Meisels aus Wien, die farblos genormte Reportage Ludwig Maibohms vom Schwergewichtsboxkampf Gardner – ten Hoff aus Berlin hörten. Seither ist die Diskussion um den deutschen Sportfunk-Bericht auch bei Sport-Ignoranten zum Stammtisch-Forum geworden. Man wünscht endlich anderes zu hören, als die atemlos-heisere Routine-Reportage, deren Sprecher offensichtlich nur über einen Wortschatz von 25 Vokabeln verfügen. (...)

Dagegen gebärden sich die deutschen Funkreporter wie Kriegsberichter in einer Kesselschlacht. Selbst bei einer langweiligen Spielphase muss Dramatisches gemeldet werden. Da wird „zäh und verbissen, rasant und überlegen" gekämpft. *Hör zu* kommentierte: „Wir kennen alle bis zum Überdruss diesen ewig schnurrenden Wortschatz vom ‚Leder', vom ‚Aufsparren' und ‚gigantischen' Kampf. Es ist, als wolle man beweisen, mit wie wenig Worten auszukommen ist. Zimmermann lässt bei jedem Fußballkampf irgendeinen der Spieler ‚mit dem langen Bein dazwischen fahren', die sich gegenüberstehenden Außenstürmer bezeichnet er als ‚Antipoden' und jedes Mal ‚beherrscht Verteidiger X souverän seinen Platz'. (...)

Dabei gehört Zimmermann mit Wernicke, Dietze, Isenbügel und Milchereit zu der Spitzenklasse der deutschen Sportfunk-Berichter. Zwar liegen Zimmermanns Fähigkeiten nur bei Tennis- und Fußball-Reportagen, aber er hat als NWDR-Sportfunk-Leiter die Möglichkeit, auch seinen Ambitionen Raum zu geben.

> Wie in Hamburg Herbert Zimmermann, so residieren in München Josef Kirmaier, in Stuttgart Gerd Krämer und Frankfurt Ludwig Maibohm gleichzeitig als Sportfunkleiter und Star-Sprecher ihrer eigenen Ressorts. Ehe es die acht bundesdeutschen Funkprogramm-Direktoren unterbanden, verteilten diese Sportfunk-Chefs die ‚großen Sachen' unter sich. Reportagen wurden untereinander ausgekungelt, und die Honorare schob man sich im rasanten Kombinationsspiel zu. Bei einem Nürnberger Fußball-Pokalspiel 1948 teilten sich „die großen Vier" in die Reportage und jeder honorierte jeden.

Diese Angriffe im *SPIEGEL* fassen nicht nur die Beurteilungen der deutschen Funkzeitschriften hinsichtlich der Stil-Debatten im Wesentlichen zusammen, und sie lassen – wie der Bezug „Kesselschlacht" im Fall von Zimmermann andeutet – die damals typische Arbeitsweise des *SPIEGEL* erkennen: Offenbar ist den Rechercheuren die militärische Vita des Sportreporters nicht unbekannt. Doch der *SPIEGEL* legt noch nach. Hinsichtlich der zweifellos vorhandenen Kumpanei zwischen Zimmermann und seiner Chef-Kollegen aus den Funkhäusern gehen die Vorwürfe weit darüber hinaus. Die Clique der elitären Sportreporter, lautet die unverhohlene Kritik, würde sich durch Vielbesetzungen wie die in Nürnberg bereichern und die einzelnen Sender durch die mehrfach anfallenden Honorare schädigen. Dieser Vorwurf ist nicht ganz unbegründet. Denn in diesen Jahren baut Zimmermann, wie sein Kollege Seifart es 1990 in einem Aufsatz nennt, taktisch geschickt lavierend „eine Art ‚Sportmafia' auf, in die Außenstehende nur selten hineinkamen". Auf diesen Generalvorwurf reagiert Zimmermann nicht, er fällt am Ende völlig unter den Tisch. Er muss sich nämlich am Schluss des Artikels mit einer noch heftigeren und auch konkreteren Polemik gegen seine Person auseinandersetzen:

> Dass Zimmermann tatsächlich den Hamburger Sportfunk

leite, wird allerdings von den Kennern der Hamburger Funkhaus-Interna bestritten. In Wirklichkeit regiere dort Zimmermanns Wirtin und Freundin, Witwe Auguste Reuß-Barth, die sich am Telefon mit „Frau Zimmermann“ zu melden pflegt.

„Vier Jahre habe ich gebraucht, um Herbert einen Namen zu machen“, sagte Frau Auguste. Zimmermann hatte nämlich zu Anfang seiner Karriere die Wasserstände gemeldet („Oberpegel – Unterpegel“). Dann bat Auguste die NWDR-Prominenz zu Tisch, und seitdem stieg Herbert empor. ‚Zimmermann ist menschlich undiskutabel‘, sagt der damalige Intendant Schütz. Schütz Nachfolger Herbert Blank wollte Zimmermann sogar entlassen: „Ich kann den Kerl nicht schreien hören.“ Da stellte sich der ehemalige Sportfunk-Chef Peter Hermann Ulbrich vor seinen Kollegen: „Er ist mein bester Mann.“ Zimmermann blieb, Blank ging kurze Zeit später. Ein wenig später ging auch Ulbrich. Zimmermann wurde Leiter des Sportfunks.

„Wer uns nicht passt“, hatte Auguste Reuß-Barth beim Antrittsbesuch des Nachwuchs-Reporters Isenbügel erklärt, „den schießen wir ab.“ Zimmermann holte sich den *Welt*-Redakteur Horst Peets, der große Rosinen im Kopf hatte und neue Wege im NWDR-Sport einschlagen wollte. Da beschloss Frau Reuß Barth, auch Peets abblitzen zu lassen. „Das geht doch nicht“, meinte Zimmermann, „für den habe ich doch gerade eine Gehaltserhöhung durchgedrückt.“

Für 20 Prozent Beteilung am Honorar vermittelte Auguste Reuß-Barth alias „Frau Zimmermann“ Manuskripte freier Sport-Mitarbeiter an die Sportfunkfreunde. Als einmal die vereinbarte Gewinnquote nicht einging, beklagte sich Auguste bitter und drohte versteckt mit ihrem Zimmermann: „Herbert sagte gleich, Sie seien so unzuverlässig.“ Das Geld blieb dennoch aus, und Zimmermanns Kollegen grinsten augenzwinkernd und einem uralten Witz zitierend: „Ei, ei, Frau Zimmermann.“

> Kürzlich machte Zimmermann zusammen mit Wernicke den Box-Film von der Europa-Meisterschaft ten Hoff – Gardner. Texte: Herbert Zimmermann, Sprecher: Rolf Wernicke. „Ich habe mich immer mit ihm gut vertragen", sagte Herbert danach. Auguste Reuß-Barth soufflierte dazu: „Der Wernicke, der soll uns in Ruhe lassen, dann passiert ihm auch nichts."

Der *SPIEGEL*-Autor beziehungsweise seine journalistischen Kronzeugen bezichtigen ihn und seiner Lebensgefährtin Reuß-Barth also einer Form der Korruption, die, wenn sie nicht im Grundsatz und in diesem Detail widerlegt und ausgeräumt wird, ihn seinen eben erst ergatterten Posten als Sportchef und womöglich seine Stellung beim NWDR kosten kann. Dieser Artikel wiederholt nicht nur unschmeichelhafte Stil-Diskussionen, er setzt schlicht Zimmermanns Karriere aufs Spiel. Alte Kollegen raten ihm, die Sache besser unter den Teppich zu kehren und überhaupt zu reagieren. Jürgen Roland etwa, der Reporterkollege der ersten Stunde, der gerade wieder zum NWDR gekommen ist, um das Fernsehen aus der Taufe zu heben, sagt zu ihm: „Das regelst Du am besten durch Ablage. Die warten doch nur darauf, dass Du antwortest." Zimmermann aber ignoriert diesen Rat und reagiert heftig und schnell. Er schlägt mit voller Wucht zurück. Am 24. Oktober 1951 weilt er bei seinem Rechtsanwalt Ronge in Berlin und eruiert die Möglichkeiten. Danach stellt er Strafantrag gegen den *SPIEGEL* wegen übler Nachrede, wie auch gegen Dr. Hermann Harster und Horst Peets, die beiden Hauptlieferanten der gegen ihn gerichteten Vorwürfe, deren Namen Zimmermann innerhalb weniger Tage recherchiert hat. Es ist keine Privatklage, er besteht auf einem öffentlichen Interesse, deswegen geht dieser Strafantrag an den Oberstaatsanwalt beim Landgericht in Hannover, wo der *SPIEGEL* seinerzeit noch arbeitet.

Aber Zimmermann fährt in Absprache mit seinem Anwalt eine Doppelstrategie: Anfang November fährt er nach Hannover und trifft sich mit dem Herausgeber und Chefredakteur des Magazins,

Rudolf Augstein. Beim Treffen dabei ist interessanterweise auch Heribert Meisel, der die ganze Debatte erst so richtig ins Rollen gebracht hat. Zimmermann verhandelt hart mit Augstein, und er erreicht schließlich einen für beide Seiten nützlichen Deal. In einer der folgenden Ausgaben des *SPIEGEL* darf er eine Gegenerklärung veröffentlichen, die zwar nicht offiziell, aber in Form und Länge dem Charakter einer Gegendarstellung gleichkommt. Dieser Leserbrief Zimmermanns, der schließlich am 14. November 1951 erscheint, verhandelt die minder schweren Vorwürfe nur am Rande. Beherrschendes Thema ist die gezielte Attacke, nicht er, sondern seine Lebensgefährtin Reuß-Barth regiere das Sportressort des NWDR. Auch diese Replik Zimmermanns lässt erkennen, wie ihn der Text im *SPIEGEL* kränkt, er tritt auf mit zwei Eidesstattlichen Erklärungen von Dritten, in denen die Vorwürfe gegen ihn entkräftet werden. Trotz der verletzten Eitelkeit und der veritablen Bedrohung seiner beruflichen Karriere bleibt seine Antwort nicht frei von Ironie:

> Um in der von Ihnen so gern vorgeknöpften 25-Vokabel-Sprache der deutsche Sportsprecher zu bleiben: Das war ein dickes Ding, was Sie in Ihrem Heft 42 unter der Ueberschrift: „Ei, ei, liebe Frau Zimmermann" gegen Frau Auguste Reuß-Barth, die mich seit 1943 in guten und schlechten Zeiten kameradschaftlich begleitet hat, und gegen mich als Sportsprecher und Sportfunkleiter des NWDR hingelegt haben. Das sind Angriffe, die selbst bei einer großzügigen Auslegung dessen, was man unter zulässiger Kritik versteht, bei weitem das Maß überschreiten, das auch unter dickfellig gewordenen Kollegen hingenommen werden kann. (...)
> Ihre Information stützt sich einzig und allein auf die Angabe von Herrn Dr. jur. Hermann Harster, Sportjournallist und Pressechef der Olympischen Winterspiele 1936. Dieser Dr. Harster, der jetzt die Behauptung einer 20prozentigen Provisionsforderung aufstellt, sollte im Frühjahr 1950 im Sportfunk durch mich eine Aufgabe erhalten. Er nahm aber

> dieses Angebot nicht an, weil er ein besseres Angebot als Filmproduzent hatte. (...)
> Dr. Harster hat innerhalb eines Jahres als freier Sportjournalist für insgesamt drei Beiträge DM 50, DM 60 und DM 220, zusammen also DM 330 Honorar vom NWDR erhalten. Danach hätte ich also für insgesamt DM 66 (20 Prozent Provision) über Frau Reuß meine Stellung auf Spiel gesetzt. (...)
> Bleibt nur noch nachzutragen, dass, wie Sie aus den eidesstattlichen Erklärungen selbst sehen, Frau Reuß weder im Fall Dr. Harster, noch sonst Manuskripte freier Mitarbeiter an mich vermittelt, geschweige denn irgendwelche Provisionen gefordert hat. Unterstützt wurde Dr. Harster bei diesen von A-Z erfundenen Angaben, die im *SPIEGEL* erschienen, von dem ehemaligen *Welt*-Redakteur Peets, der im Sommer 1950 die ursprünglich Dr. Harster zugedachte Tätigkeit am NWDR übernommen hatte und inzwischen aus dem NWDR ausgeschieden ist.

Im Übrigen sei der Gedanke absurd zu glauben, schreibt Zimmermann, dass Frau Reuß-Barth den Hamburger Sportfunk lenke. Schließlich sei diese seit dem April 1950, seitdem er also als Sportfunkleiter arbeitete, zwölf Monate zu „Filmarbeiten in Bayern und Tirol" gewesen, und überhaupt: „Während der 5 1/2 Jahre meiner Gesamttätigkeit für den NWDR hat Frau Reuß-Barth das Funkhaus nicht mehr als zehnmal betreten." Freilich lächeln damals, weil sie nur allzu gut um die Dominanz der resoluten Lebensgefährtin Zimmermanns wissen, die meisten Kollegen über diese überraschend detaillierten Antworten ihres Chefs. Das ficht Zimmermann nicht an: Am Ende widerlegt er auch noch das Zitat, Reuß-Barth habe ihn vier Jahre lang als Name aufgebaut im Rundfunk. Schließlich habe ihn der damalige Intendant Schütz schon 1948 zu den Olympischen Winterspielen nach St. Moritz geschickt, und derselbe Schütz habe ihn auch nicht als „menschlich undiskutabel" bezeichnet. Davon übrigens hatte sich Zimmermann in Berlin, wo Schütz mittlerweile arbeitet, in einem persönlichen Gespräch überzeugt. Und er verwahrt sich auch grundsätzlich gegen diese Art der Verdächtigung: „Wenn aus jedem Zusammensein mit Kollegen gleich ein ‚Zweck-Diner' gemacht wird, dann darf man wohl wirklich fragen, wer noch mit wem verkehren darf, wer wen zu sich in die Wohnung einladen darf, ohne der Gefahr ausgesetzt zu sein, dass dahinter gleich abgrundtiefe Korruption gewittert wird." Am Ende dieses außergewöhnlich langen Leserbriefes steht: „Der *SPIEGEL* hält diese Darstellung Herbert Zimmermanns für aufrichtig." Zimmermann triumphiert.

Aus Zimmermanns Sicht ist die Sache damit im Fall des *SPIEGEL* erledigt, der Strafantrag gegen das Magazin wird sofort zurückgezogen. Die Kronzeugen des Textes aber verfolgt Zimmermann weiter unbarmherzig, auch auf Druck seines Arbeitgebers. Zwar sieht der NWDR selbst keine Notwendigkeit zum Eingreifen, weil die Angelegenheit in der Hamburger Presse nicht „in scharfer Form aufgegriffen" wurde und den Sender nicht „der Duldung der Korruption in seinen Reihen beschuldigt" habe, außerdem würden die Kritiken für Zimmermanns Reportagen nicht von diesem Vorfall beeinflusst werden. So sieht es am 29. November 1951 NWDR-Justiziar Dr. Brack, mit dem Zimmermann ein gutes Verhältnis pflegt. Doch müsse, heißt es in dem gleichen Vermerk, „von Z. gefordert werden, dass er sich von allem gegen ihn bestehenden Verdachtsmomenten reinwäscht und gegen seine Verleumder mit allem Nachdruck vorgeht." Daher legt Zimmermanns, der für seine Reportage vom Länderspiel Türkei gegen Deutschland in Istanbul eben von Fachzeitschriften sehr gelobt worden war, auch Ende November Beschwerde ein, als der Oberstaatsanwalt das „öffentliche Interesse" an diesem Fall negiert und die Verfolgung ablehnt.

Am 3. Dezember 1951 übt sogar der NWDR-Generaldirektor Dr. Adolf Grimme in dieser Sache Druck auf den Staatsanwalt aus und erklärt, warum Zimmermann in dem einen Fall zurückgezogen hat: „Zimmermann musste auf eine möglichst baldige Berichtigung im *SPIEGEL* Wert legen, um vor den Rundfunkhörern nicht in einem falschen Licht zu bleiben. Er hat deshalb die schnelle Berichtigung einem Strafverfahren gegen den *SPIEGEL* vorziehen müssen.“ Grimme brachte vor allem zwei Argumente vor: „1. Jede ehrenrührige Behauptung, die in Zeitungen, Zeitschriften usw. aufgestellt wird, sollte im öffentlichen Interesse verfolgt werden, 2. Herr Zimmermann ist den Millionen der Rundfunkhörer aus seinen Sportreportagen genauestens bekannt. Es besteht über das in Ziff. 1 erwähnte Interesse hinaus ein öffentliches Interesse daran, die Strafverfolgung solcher exponierter Personen als Aufgabe des Staates zu behandeln.“ Vor allem dieser Brief des wichtigen Rundfunkfunktionärs scheint die Strafverfolgungsbehörden dann doch überzeugt zu haben.

Die Verhandlung der Sache ist Zimmermann und dem Sender auch deshalb überaus wichtig, weil einer der entlarvten Kronzeugen des *SPIEGEL* das publizistische Gefecht fortsetzt. Dr. Hermann Harster, der Inhaber der „Transeuropa-Film“, wehrt sich in einem Leserbrief, und erneut bietet der *SPIEGEL* das Forum. In der Ausgabe vom 28. November 1951 erzählt Harster freimütig von seinem ersten Kontakt; dass er im Winter 1951 einen Hörfunk-Kommentar über Deutsche Ski-Meisterschaften in Garmisch hatte verfassen sollen, vereinbartes Honorar 50 Mark. Dann erzählt er eine für Zimmermann delikate Geschichte: „Am 30. April 1951 kündigte mir Frau Barth telefonisch an, ich würde in etwa 20 Minuten von Herrn Zimmermann angerufen werden. Er würde mir ein Angebot machen, ein Manuskript für eine größere Sendung zu schreiben. Dabei erklärte sie dann zu meiner großen Überraschung etwa folgendes: „Sehen Sie zu, dass Sie ein möglichst hohes Honorar herausschlagen. Es ist wohl selbstverständlich, dass ich an diesem Honorar mit einer Provision beteiligt werde. Ueber die Höhe reden wir noch.“ Und genau so, entrüstet sich Harster über diesen unerhörten Vorgang, sei es vonstatten gegangen: Reuß-Barth habe für die 200 Mark Honorar 40 Mark Provision verlangt, die er freilich nicht gezahlt habe. Nach einer längeren berufsbedingten Abwesenheit habe dann Reuß-Barth telefonisch versucht, das Geld einzutreiben. „Sie erklärte weiter", heißt es in diesem ebenfalls langen Leserbrief, den der *SPIEGEL* vermutlich mit einigem Genuss publizierte, „sie hätte sich mit Herrn Zimmermann über die Nichtausführung ihrer ‚Bitte' unterhalten, der darauf gerügt hätte: ‚Ich habe es Dir ja gleich gesagt, der Harster ist unzuverlässig'." Freilich hat Reuß-Barth dem leidenden Filmschaffenden direkt nach dem Erscheinen des Artikels jene Stellung als Sportredakteur angeboten, die durch den Weggang von Peets frei geworden sei. So jedenfalls die Darstellung Harsters.

Dass es sich aber bei dem *SPIEGEL*-Text wohl eher um einen schlecht maskierten Rachefeldzug handelte, das legt der Schluss dieses Leserbriefes nahe:

> Meine ganzen Schwierigkeiten habe ich nur Frau Barth zu verdanken, der ich bedauerlicherweise die Fähigkeit zutraute, ein gutes Drehbuch schreiben zu können. Sie wusste mich durch Erklärungen, sie sei Dramaturgin bei der UFA mit einem Jahresgehalt von 60 000 Mark gewesen, dazu zu bringen, ihr einen Drehbuchauftrag zu erteilen. Das von ihr gelieferte Drehbuch wurde vom Bayer. Wirtschaftsministerium, der Bayer. Staatsbank und der Bayer. Filmfinanzierungsgesellschaft als unbrauchbar abgelehnt. (...) Der Wintersportfilm wurde zu Wasser. Meiner Firma blieben die Schulden, die zum großen Teil aus der pünktlichen Zahlung an Frau Barth für ein wertloses Drehbuch herrührten.

Während des Prozesses, der ein Jahr später verhandelt wird, legt Zimmermanns Anwalt unter anderem einen UFA-Drehbuchvertrag mit Reuß-Barth aus dem Oktober 1944 im Umfang von 60 000 Reichsmark als Beweismittel vor. Die anderen Vorwürfe sind von Harster und Peets nicht zu belegen. Zimmermann siegt auf der ganzen Linie. Und dieser späte Sieg wird auch in der Öffentlichkeit wahrgenommen. „Herbert Zimmermann rehabilitiert", lautet der Titel einer am 9. November 1952 über den Ticker laufenden Agenturmeldung mit folgendem Inhalt:

> Die Große Strafkammer in Hannover verurteilte nach zweitägiger Verhandlung gegen die Hamburger Journalisten Dr. H. und H. P., die vor etwa einem Jahr die Unterlagen zu einem Artikel in der Zeitschrift ‚Der Spiegel' lieferten, in dem gegen den Hamburger NWDR-Sportfunkleiter Herbert Zimmermann und Frau Auguste Reuß-Barth schwerste, zum teil ehrenrührige Vorwürfe erhoben wurden, wegen übler Nachrede zu je 500 DM Geldstrafe, ersatzweise je 50 Tage Gefängnis. Zimmermann und Reuß-Barth, die bei der Staatsanwaltschaft als Nebenkläger auftraten, haben das Recht, das Urteil innerhalb von vier Wochen in ‚Der Spiegel' und ‚die Welt' veröffentlichen zu lassen.

Dass Harster und Peets den Text allein verursacht haben, wird indes von Zimmermann bezweifelt. Schließlich verraten die Details der SPIEGEL-Geschichte einen intimen Zugang zum NWDR, den sich Zimmermann nicht nur mit diesen beiden Personen erklären kann – dafür sind diese einfach nicht dicht genug am Geschehen. Zimmermann wittert noch andere „undichte Stellen" im Sender, und vor allen anderen hat er dabei Peter Boehnisch auf dem Kieker. Boehnisch, der Mitte 1955 nach einem großen Krach als „Leiter der Verbindungsstelle" (eine Art Referent des Intendanten) aus dem NWDR ausscheidet, ist ebenfalls scharf auf den attraktiven Posten des Sportchefs, das weiß Zimmermann. „Es gab eine leise Konkurrenz mit Herrn Boehnisch", erinnert sich Fritz Klein, ein Schüler und Kollege Zimmermanns, „der hatte auch Interesse an dem Posten beim NDR bekundet". Für Klein ist klar, dass Boehnisch seine guten Kontakte zum *SPIEGEL* ausnutzte und entweder den Text selber schrieb oder ihn wenigstens anschubste. „Der hat Zimmermann dann in diese Ecke geschoben", sagt Klein, „das war einfach ein Versuch, ihn schlecht zu machen. Das war keine neuzeitliche Erfindung: Wer zum gleichen Job strebte, der hat natürlich alle Mittel und Hebel in Bewegung gesetzt, diesen Job zu erreichen." Dem Ehrgeiz von Boehnisch hat diese

Geschichte nicht geschadet: Später wird er Sportchef der *Bild* und irgendwann sogar deren Chefredakteur.

Beim NWDR werden die Akten zu diesem Vorgang freilich erst 1955 geschlossen. Denn die Verurteilten haben Schwierigkeiten, die entstandenen Prozesskosten zu zahlen, die der Sender Zimmermann vorgeschossen hat. Harster, der Pressechef von 1936, kommt erst in den 1960ern als Autor wieder auf die Beine, für seine Biographie über das tödlich verunfallte Rennfahrer-Idol Graf Berghe von Trips erhält er 1962 den renommierten „Theodor-Wolff-Preis". Der eigenwillige Horst Egon Peets, der in der Szene eher als Sportwissenschaftler denn als Journalist gilt, wird 1963 der erste Hauptabteilungsleiter des ZDF. Aber auch er besitzt Mitte der 50er Jahre offenbar hohe Verbindlichkeiten und bittet um Zahlungsaufschub. Als die NWDR-Finanzdirektion Zimmermann um Klärung der offenen Posten (jeweils 400 DM) bittet, schreibt der in einer kleinen Notiz vom 23. Mai 1955: „Trotz der erheblichen Kosten, die ich seinerzeit bei dem Prozess hatte, bin ich persönlich bereit, auf den größten Teil des Betrages zu verzichten, da beide Herren mir gegenüber in den vergangenen Jahren loyal und korrekt waren." Deshalb schlägt er, der durch seine Reportagen mittlerweile unumschränkter Star der Sportfunk-Szene ist, eine symbolische Zahlung in Höhe von 100 D-Mark vor. Die Finanzdirektion nimmt an, und Zimmermann lässt es sich nicht nehmen, die beiden, die ihm knapp vier Jahre zuvor fast die Karriere verdarben, nun seinerseits vorzuführen. Die Finanzdirektion sei auf seinen Vorschlag eingegangen, dass durch Zahlung in Höhe von 100 DM der Anteil an seinen Prozesskosten abgegolten sei. Am Ende der zwei Schreiben vom 3. Juni 1955 an Harster und Peets heißt es: „Hochachtungsvoll, Herbert Zimmermann." Es sind die letzten Worte seiner ganz persönlichen „*SPIEGEL*-Affäre".

Die Olympischen Winterspiele 1952: Karriereknick

Am 14. Februar 1952 erfüllt sich für Herbert Zimmermann der innige Wunsch, den er vier Jahre zuvor in St. Moritz und London beinahe gebetsmühlenartig am Mikrophon wiederholt hat. Deutschland möge endlich wieder zurückkehren auf die olympische Bühne, möge wieder mitrennen und mitspringen gegen die anderen Völker der Welt. An diesem 14. Februar 1952, am Tag der Eröffnungsfeier der Olympischen Winterspiele, läuft also endlich ein deutsches Team in das Bislett-Stadion zu Oslo ein. Die Freude Zimmermann ist dennoch getrübt. Denn er ist nicht derjenige, der diese frohe Botschaft über den Rundfunk in den deutschen Wohnzimmer verbreitet. Es ist das eingetreten, was er nie für möglich gehalten hätte. Er darf nicht mit nach Oslo. Wie alle anderen Hörer auch muss er dieses Ereignis am Radio verfolgen.

Die sportpolitische Situation knapp sieben Jahre nach dem Weltkrieg ist noch überaus prekär. Viele norwegische Bürger, die die nationalsozialistische Besatzung zwischen 1940 und 1945 noch lebhaft in Erinnerung haben, wehren sich mit Leserbriefen gegen die Teilnahme der Deutschen. Das IOC aber nimmt das „Nationale Olympische Komitee für Deutschland" (NOK) im September 1951 wieder auf und stimmt schließlich einer Beteiligung zu. Diese Frage in der olympischen Familie ist auch aus anderen Gründen kompliziert: So entsendet zwar die Bundesrepublik eine Mannschaft nach Oslo, der Osten Deutschlands aber noch nicht, da das DDR-NOK formell nicht anerkannt ist. Die Verbrechen der Nationalsozialisten werfen freilich noch lange Schatten. Voraussetzung für die Teilnahme der BRD: Betagtere Aktive und Verbandsoffizielle haben auf Anforderung des norwegischen Organisationskomitee einen Entnazifizierungsbescheid vorzulegen. Angehörige der deutschen Besatzungsmacht, das ist hinter den Kulissen vereinbart worden, dürfen grundsätzlich nicht nach Oslo fahren. Deswegen bleiben auch die exponiertesten deutschen Funktionäre – der Präsident der Deutschen Olympischen Gesellschaft, Carl Diem, NOK-Präsident Karl Ritter von Halt sowie das deutsche IOC-Mitglied Herzog Adolf Friedrich zu Mecklenburg – zu Hause. Das eingeschaltete Auswärtige Amt fürchtet „wegen der brauen Biographieanteile ihrer Topfunktionäre internationale Verstimmungen", wie der Politologe Tobias Blasius die heikle Situation zusammenfasst.

Auch einige Journalisten, die sich akkreditieren wollen, werden wegen dieser Bedingungen nicht akzeptiert. So darf unter anderem Zimmermanns Opponent aus der *Spiegel*-Affäre, Dr. Hermann Harster, nicht nach Oslo reisen. Seine Funktion als Öffentlichkeitschef der Winterspiele 1936 ist dabei nicht von Belang. Dem freien Mitarbeiter bei der *Welt* wird vor allem seine SS-Karriere vorgeworfen, und seine langjährige Tätigkeit als Pressechef der berüchtigten NS-Charge Arthur Seyß-Inquart, unter anderem Reichskommissar für die besetzten Niederlande. Auch die Journalisten, die schließlich nach Oslo fahren, müssen mit einer Überprüfung durch ihre Sender respektive durch das Auswärtige Amt rechnen. Für die drei jungen Rundfunkjournalisten Gerd Mehl (SWF), Harry Valérien (BR) und Udo Hartwig (RIAS) stellt das keine Hürde dar. Auch die Führerreportagen Rolf Wernickes spielen keine Rolle, genauso wenig wie die Funktion Heinz Maegerleins als Zensor einer Propaganda-Kompanie; Maegerlein arbeitet als schreibender Journalist in Oslo.

An dieser Klippe wäre Herbert Zimmermann ebenfalls nicht gescheitert. Dass er nicht die Reise nach Norwegen antritt und so die zwei Goldmedaillen des deutschen Nachkriegssports verpasst, hat andere Ursachen: Die Nichtberücksichtigung ist auf seine *SPIEGEL*-Affäre zurückführen, darauf deuten jedenfalls die Sitzungsprotokolle der Programmdirektoren in der Vorbereitung auf Oslo hin. Noch im Sommer 1951 geht Zimmermann fest von einer Berücksichtigung für die Winterspiele aus, zumal er sich bereits in St. Moritz als Pionier ausgezeichnet hat und – noch maßgeblicher – der NWDR als verantwortlicher Sender zeichnet. Deswegen hat Zimmermann bereits im August 1951 die Lage beim Norwegischen Rundfunk in Oslo sondiert, hat Leitungswünsche formuliert, Dolmetscher, Übertragungswagen und Studiozeiten organisiert und auch die Frage der Unterbringung geregelt. Mittlerweile aber ist ihm die Kritik aus der „Meiseleritis" entgegengeschlagen, und so verfasst er am 3. Oktober 1951 eine „Gedankenstütze" für die nächste Programmdirektorensitzung, die er den drei Teilnehmern vom NWDR aus Hamburg zukommen lässt. Darin tritt Zimmermann immer noch selbstbewusst auf und spricht, obwohl die Entscheidung noch nicht in trockenen Tüchern ist, von einem „festgelegten Team", in dem sich unter anderem die Reporter Wernicke, Krämer, Maibohm, Jendrich, Günzler und auch Zimmermann befinden. „Sollte man beabsichtigen, gewissen Reporter auszuwechseln", schlägt er ferner einen weiteren Kollegen vor, „so sollte man an Isenbügel denken, der sich im Eishockey und Eiskunstlaufen als Fachmann und guter Reporter erwiesen hat." Isenbügel ist einer seiner besten Freunde.

Es folgt außerdem ein „Kommentar zu den Sportsendungen des vergangenen Sommers", mit dem er seine Vorgesetzten auf eine zu erwartende Diskussion bei der Sitzung instruieren will. Es ist eine Reaktion aus der Forderung der *Radio-Illustrierten* nach einer „dringenden Reform der Sportreportage", die nun, nach dem furiosen Auftritt Meisels beim Länderspiel in Wien, in den Sendehäusern erneut aufgekommen ist. Zimmermann räumt darin ein, dass ein vernünftig praktizierter Programmaustausch auch zu finanziellen Einsparungen führen könnte. Gleichzeitig aber weist er darauf hin, dass auf die Entsendung von Spezialisten zu großen Ereignissen nicht verzichtet werden dürfe. In dieser für ihn kritischen Situation greift er zu harten Mitteln. Er schwärzt die mangelnde Fachkenntnis einiger Kollegen an und nennt auch Namen. Challon und Breuer seien bei den Turnmeisterschaften unangenehm aufgefallen, Maibohms Reportagen bei den Radsport-Stehermeisterschaften in Hannover seien langweilig gewesen, und auch die Motorsportsportfachleute Jendrich und Drechsel bekommen ihr Fett weg. Fast schon impertinent ist Zimmermanns Einschätzung für seinen gleichberechtigten Kollegen aus dem Funkhaus Köln. Den Einsatz Dr. Bernhard Ernsts beim Leichtathletik-Länderkampf gegen Schweden nennt er schlicht „ein Problem". Als Verteidigungsrede sind auch die abschließenden Worte zur

Meisel-Reportage zu verstehen: „Die überaus positive Beurteilung der Meisel-Reportage zeigt jedenfalls sehr deutlich, dass der Hörer nur unbedingte Spitzenleistungen wünscht und für sogenannte Konzessionslösungen keinerlei Verständnis hat. Die Fußballreportage Österreich – Deutschland war ein Beweis für die Zweckmäßigkeit des internationalen Programmaustausches. Die Handballreportage Schweiz – Deutschland am gleichen Tage war der Gegenbeweis. Man sollte daher bei aller Wertschätzung für die Meisel-Reportage nicht das Kind mit dem Bade ausschütten und so glückliche Situationen wie in Wien gibt es nur selten. Die deutschen Sprecher können von Herrn Meisel die Leichtigkeit und Unbekümmertheit lernen. Mehr jedoch nicht, denn schon der Versuch, ihn zu kopieren, würde lächerlich wirken. Es gibt zwei Arten, gute Sportberichte zu sprechen. Einmal die leichte, verbindliche und liebenswürdige Conférence-Form der Österreicher und dann der sachliche, unbedingt fachliche Stil der Engländer. Für den deutschen Sprecher wäre entsprechend der Mentalität der Hörer wohl ein Zwischending die richtige Lösung."

Da sich mittlerweile der Kölner Programmchef Hartmann die grundsätzliche Kritik aus den Medienzeitschriften und auch aus dem *SPIEGEL* zu eigen gemacht hat, ein Sportfunk-Leiter dürfe nicht alle großen Ereignisse reportieren, reagiert Zimmermann auch darauf. Das müsse, so Zimmermann mit Verweis auf den anerkanntesten Sprecher Wernicke listig, „doch zweifellos individuell gesehen werden. An fünf von acht Sendern hat sich in den Nachkriegsjahren diese Regelung bewährt und auch Rolf Wernicke war vor dem Krieg gleichzeitig Sprecher und Sportfunkleiter am Deutschlandsender. Letzten Endes ist dieses Problem eine Persönlichkeitsfrage, außerdem wohl eine interne Angelegenheit der einzelnen Funkhäuser. Der Vorwurf einer Bevorzugung ist durch das Beispiel des letzten Jahres widerlegt. Die Nachwuchssprecher sind in stärkerem Maße als je zuvor für Großveranstaltungen eingesetzt worden. Die kritisierten Sportfunkleiter hingegen haben weniger gesprochen als früher."

Natürlich möchte Zimmermann, das ist eindeutig, nicht auf die attraktiven Reisen ins Ausland verzichten, und schon gar nicht auf seine massive Präsenz im Sportfunk.

Angesichts der schwelenden Diskussion in den Funkhäusern, die durch den *SPIEGEL*-Artikel Ende Oktober noch angeheizt wird, scheitert Zimmermanns Plan. Das Protokoll der Sitzung ist ein *SPIEGEL* der laufenden Debatten, und alarmierend für Zimmermann: „Man war der Auffassung, dass die Frage der Besetzung der Reportermannschaft für die Olympischen Spiele eine Sache von hervorragender Bedeutung für das Ansehen des Rundfunks im In- und Ausland ist. Die deutsche Öffentlichkeit erwartet die Entsendung der objektiv Besten, außerdem stehen die Reporter in Bezug auf Leistung und Auftreten in Oslo und Helsinki im internationalen Blickfeld und werden schärfster Kritik von allen Seiten unterzogen. (...) Die Situation auf dem Gebiet der Sportberichterstattung, wie sie sich heute darstellt, zwingt nach Auffassung der Tagungsteilnehmer ohne Rücksicht auf Einzelpersonen und auf das Prestige einzelner Stationen zu einer scharfen Auswahl." Entschieden wird noch nichts. Erst sollen 13 Reporter bei der im Januar stattfindenden Wintersportwoche in Garmisch getestet werden, und danach soll „nicht die Sportabteilung" das Team festlegen, „sondern von einer gänzlich unparteiischen Stelle aus, also der Programmdirektion bezw. Sendeleitung, erfolgen". Dem jungen Sportchef aus Hamburg ist die Angelegenheit entglitten.

Das zeigt die nächste Programmdirektorensitzung, die am 28. Januar 1952 in München über die Nominierungen befindet. Einer der Wortführer ist Robert Lembke, beim Bayerischen Rundfunk zuständig für das Sportprogramm. Er regt nicht nur an, „die Teamleitung oder die Redaktion einem der Reporter zu übertragen, um insbesondere aus politischen Gründen die Zahl der zu entsendenden Mitarbeiter zu beschränken". Er schlägt sich auch selbst als Teamleiter vor. Am Ende fahren neben ihm die jungen Harry Valérien, Gerd Mehl und Udo Hartwig nach Oslo, dazu Altmeister Wernicke. Der deprimierte Zimmermann bleibt zu Hause. Es ist für ihn ein Schlag ins Gesicht, zumal der NWDR die technische Leitung innehat. Die schlechte Presse hat seinen nächsten olympischen Auftritt verhindert. Fortan wird er vorsichtiger zu Werke gehen.

Die Olympischen Sommerspiele 1952: Stabilisierung

Angesichts der Schmach, nicht dabei gewesen zu sein, muss Zimmermann die Beurteilungen der vier in Oslo tätigen Kollegen mit einem lächelnden Auge wahrgenommen haben. Lembke bezeichnet darin Wernicke als „besten Sprecher, den wir haben", und die „positivste Überraschung der Winterspiele" ist für den Teamleiter Gerd Mehl: „Seine Fachkenntnisse sind erstaunlich. Ich habe noch nie einen Reporter getroffen, der sich so sorgfältig und gründlich auf seine jeweilige Aufgabe vorbereitet. (...) Mehls Stil ist etwas trocken aber überaus sympathisch." Auch Valérien („ein sehr gründlicher und zuverlässiger Mensch") bekommt gute Noten, wiewohl er sprachlich nicht ganz so sicher wie Wernicke und Mehl sei. „Dafür ist seine innere Anteilnahme wieder größer als zum Beispiel bei Wernicke. Menschlich gehört er zu den erfreulichsten Gestalten in der Sport-Journalistik. Auch ihn würde ich unbedingt in das Helsinki-Team nehmen." Udo Hartwig hat seine große Chance vertan, er wird von Lembke als „die schwächste Stelle im Oslo-Team" ausgemacht: „Es fehlt ihm vorerst noch fachlich als auch menschlich der Fundus für Auslandsaufgaben", urteilt Lembke und fordert, dass ein Ausbilder Hartwig „neben seiner sprachlichen und fachlichen Ausbildung noch einen Kursus in Allgemeinbildung und Benehmen geben (müsste)".

Dieser vertraulichen Bericht vom 28. März 1952, den Zimmermann aufgrund seiner guten Kontakte beim NWDR einsehen kann, zeigt dem jungen Hamburger Sportchef zweierlei: Zum einen sind die Zeiten vorüber, in denen die Sportchefs wie Krämer, Busse, Maibohm und er selbst sich die Jobs problemlos gegenseitig zuschanzen können. Andererseits registriert Zimmermann in diesem Moment, dass es, um seinen exponierte

ROBERT E. LEMBKE

JOSEF KIRMAIER

KURT BRUMME

RUDI MICHEL

Dr. BERNHARD ERNST

GERT KRÄMER

Stellung im Sportfunk wieder zurückzuerhalten, auf gute Kontakte zu Robert Lembke ankommt.

Für Helsinki fungiert allerdings noch Dr. Bernhard Ernst vom NWDR in Köln als Teamchef der deutschen Rundfunkexpedition. Wenn Zimmermann nun wieder auf der olympischen Bühne präsent ist, liegt das nicht nur daran, dass mittlerweile ein wenig Gras über die schlechte Presse gewachsen ist. Auch sind für Helsinki insgesamt acht Rundfunkreporter vorgesehen. Und da auch der Fußball eine große Rolle spielt, braucht Zimmermann nicht einmal, wie er in einer Notiz im Juni 1952 an seinen Programmchef schreibt, sein „Standardband" vom Länderspiel Türkei gegen Deutschland vom November 1951 „in den Marsch zu setzen". Diese Reportage, wissen alle, gilt als Glanzstück seines bisherigen Schaffens, die Kritik hat ihn geradezu bejubelt.

Die großen Reportagen indes muss Zimmermann 1952 noch den Kollegen überlassen. Diese müssen, wie noch in London, für die Eröffnungsfeier eine „Sprachgemeinschaft" mit Österreich und dem Saarland eingehen. Gerade bei dieser Veranstaltung wirkt sich das unangenehm für die deutschen Hörer aus, wie Teamchef Ernst später indigniert in seinem Bericht anmerkt. Denn es geht in Helsinki um große Politik. Es ist der erste olympische Auftritt der Sowjetunion, deren Sportsystem damals von Mythen umrankt ist und als perfekt beschrieben wird. Viele befürchten gar eine „feindliche Übernahme" der Spiele durch die Kommunisten, die, wie später die DDR auch, ihre Überlegenheit im Sport als Ausdruck des politischen Systems interpretieren wird. „Zuerst sprachen Finger und Meisel", berichtet Ernst von einem peinlichen Vorfall bei der Übertragung, dann Scholz fürs Saarland, dann Wernicke und Ernst: „Leider war es nicht zu vermeiden, dass Herr Scholz in diesem Rahmen den Einmarsch der russischen Mannschaft in allzu enthusiastischer (wenn auch gut gemeinter) Weise schilderte." Ernst merkt zudem an, dass, wiewohl die DDR immer noch keine Sportler entsenden darf, „die Sowjetzone mit drei Reportern vertreten war", einer von ihnen ist Heinz-Florian Oertel. Die deutsche Frage spielt demnach in dieser Zeit eine wichtige Rolle auch bei den Reportern. Dass sich die damaligen olympischen Reportagen Wernickes in Struktur, Aufbau und Dramaturgie nicht von seinen Führerreportagen unterscheiden, sondern allein im Vokabular, ist in diesem Rechenschaftsbericht, der den „erfreulichen Mannschaftsgeist" bei den Reportern lobt, kein Thema.

Zimmermann also ragt nicht heraus aus der deutschen Reporterschar, und dennoch fühlt er sich ausgesprochen wohl in der finnischen Hauptstadt. Nicht nur residieren die Journalisten standesgemäß im feinen Hotel Carlton „dicht beieinander auf dem Flur, so dass keine Schwierigkeiten bestanden, plötzlich eintretende Änderungen schnellstens zu erledigen", wie der Rechenschaftsbericht von Dr. Ernst erklärt. Denn diese Spiele mit dem „Monstreprogramm" (Dr. Ernst) verlaufen in der Tat außerordentlich harmonisch unter den Kollegen, wenngleich die Neuen gelegentlich unter den Scherzen der etablierten Kräfte zu leiden haben. Einmal kippen Wernicke und Zimmermann einen riesigen Stapel Papiermaterial, mit dem sich Valérien und Mehl auf ihre Einsätze vorbereiten, in die Dusche, was auch davon zeugt, dass sie die Akribie ihre jungen Kollegen nicht gerade schätzen, sondern sich mehr auf ihr Gefühl für die Szene verlassen. Was Zimmermann noch nicht ahnt: Diese Spiele entpuppen sich zwei Jahre später für ihn wie für Bundestrainer Sepp Herberger als unverhoffte Vorbereitung auf die Fußball-Weltmeisterschaft in der Schweiz. Herberger führt 1952 in Helsinki eine Amateurmannschaft auf einen überraschenden 4. Platz. Es triumphieren die Ungarn, die, berauscht von ihrer brillanten Technik und ihrer individuellen Stärke, wie ein Taifun über das olympische Fußballturnier hereinbrechen. Puskas, Hidegkuti, Grosics, Buzánsky, Loránt, Zakárias, Kocsis, Czibor, Bozsik verfestigen mit diesem Olympiasieg den Nimbus ihrer Unbesiegbarkeit, den sie seit zwei Jahren mit sich tragen. Zimmermann bewundert nicht nur den klaren ungarischen 2:0-Endspielsieg gegen Jugoslawien, sondern auch die famose Art, wie er zustande kam. Auch dieses Spiel wird Zimmermann im Hinterkopf haben, als er in Bern nach acht Minuten die ersten Erklärungen hervorkramt, um die sich ankündigende hohe Niederlage der Deutschen zu erklären.

Vorschlagsrecht für große Sportereignisse

Zurück in Hamburg, muss sich Zimmermann erneut mit einer Drohung auseinandersetzen. Zwar äußert sich Dr. Ernst als Teamchef für die Rundfunkexpedition sehr zufrieden mit der Arbeit in Helsinki. Doch drängen die Programmdirektoren auf ein institutionelles Instrument, um die Elite der Sportreporter zumindest ansatzweise zu kontrollieren. Diese Absichten sind einerseits nachvollziehbar, denn tatsächlich findet eine Qualitätsüberprüfung innerhalb der Sender nur selten statt. Genauer: Nur dann, wenn es schlechte Kritiken aus der Presse hagelt. Dieser Vorgang ist demnach immer noch ein später Reflex aus den Debatten des Vorjahres. Andererseits steckt dahinter auch eine große Portion Neid. Denn mittlerweile sind aus den Sportreportern, die nach dem Krieg ein Mauerblümchendasein geführt und nur rund eine halbe Stunde Programm die Woche eingeräumt bekommen haben, populäre Medienstars geworden. Noch dazu gelten Typen wie Zimmermann bei vielen Programmverantwortlichen als Filous und Weltenbummler, die, mit reichlich Spesen ausgestattet, beinahe jeden Monat mit irgendwelchen attraktiven Reisen durch Europa protzen, während etwa die politischen Redakteure in Nordwestdeutschland festgenagelt bleiben.

So wird am 18. September 1952, als die Programmdirektoren den großen Erfolg des Unternehmens Helsinki ausführlich würdigen, von einem NWDR-Programmchef vorgeschlagen, „in der Rundfunkschule Hamburg eine Zusammenkunft sämtlicher Sportreporter und der Programmdirektoren abzuhalten. Zweck einer solchen Zusammenkunft sollte es sein, den Reportern an Hand von Reportagen, deren Auswahl den Reportern selbst überlassen bleiben soll, kritisch aufzuzeigen, welchen Fehlern und Schwächen die Reporter bei jeder Reportage unterliegen. Es soll auf diese Weise versucht werden, durch scharfe Kritik einen Reportagestil zu finden, der den heutigen Vorstellungen von Sportreportagen entspricht, d. h. sachlich bleibt und allzu pathetische Übersteigerungen ausschließt. Davon abgesehen wollen alle Sender erhöhte Aufmerksamkeit der Ausbildung des Sportreporternachwuchses zuwenden. Es soll erreicht werden, dass der Stamm der Reporter, die allein eine Sportreportage übernehmen können, erheblich vergrößert wird." Mit der letzten Forderung sind die Intendanten einverstanden, eine Zusammenkunft in Hamburg allerdings scheitert. Womöglich sehen die Programmmacher auch Gefahren: Die Sportfunkjournalisten sind auch schon damals über alle Maßen selbstbewusst und derartig eitel, dass eine solches Treffen für erhebliche Unruhe gesorgt hätte. Bis heute findet eine bundesweite Klausur für alle Rundfunkreporter, wie sie damals geplant war, nicht statt.

Geregelt wird bis zum Frühjahr 1953 aber endlich ein endgültiger Modus für Sportreportagen, um das ewige Gerangel einzelner Funkhäuser und Sportchefs um Termine in Grenzen zu halten. Man einigt sich nun, wie es nicht nur der *SPIEGEL* bereits Jahre zuvor gefordert hat, darauf, dass nur Spezialisten die Sportereignisse mit überregionaler Strahlkraft übernehmen dürfen. In dieser wichtigen Phase der Entscheidung gelingt es Zimmermann, seine Vorstellungen weitgehend durchzusetzen. In einem „Informationsschreiben" für den zuständigen Programmdirektor Maass schlägt sich Zimmermann selbst für sieben Sportarten vor, unter anderem für Fußball und Tennis. Nur Wernicke bekommt in diesem Paper mehr Nominierungen. Die größten Konkurrenten Zimmermanns, Gerd Krämer vom Süddeutschen Rundfunk und Kurt Brumme vom NWDR in Köln, sind lediglich für vier Sportarten vorgesehen. Wie wichtig Zimmermanns Vorgehen in dieser Zeit ist, zeigt sich am Beispiel Fußball. Knapp zwei Jahre später fahren exakt die von ihm genannten Zimmermann, Brumme und Krämer zur Weltmeisterschaft in die Schweiz. Für den ebenfalls vorgesehenen Wernicke, der im Januar 1953 an einem weiteren Schlaganfall stirbt, darf schließlich Nachwuchsmann Rudi Michel mitreisen.

Der Regelungsbedarf in diesen Fragen ist dringend. Denn gerade zwischen Köln und Hamburg, den größten Funkhäusern in Deutschland, kommt es, solange die Besetzungen noch ausgewürfelt werden, regelmäßig zu heftigen Auseinandersetzungen zwischen den beiden Sportchefs Willi Busse und Herbert Zimmermann. Als Köln das WM-Qualifikationsspiel Deutschland gegen Norwegen am 22. November 1953 für Brumme reklamiert, flippt Zimmermann aus, weil er sein Revier Hamburg bedroht sieht. „Herr Zimmermann stellt ausdrücklich fest", schreibt seine Sekretärin Kamrad in kühlen Zeilen, „dass er bei der mündlichen Besprechung in Köln auf diesen Termin nicht verzichtet hat, sondern lediglich äußerte, dass die Argumente von Köln gleichfalls diskutabel seien." Zimmermann setzt sich durch. Im gleichen Schreiben werden die Reporter genannt, die für die jeweiligen Sportarten ein Erstnennungsrecht besitzen sollen: Dr. Ernst für Hockey, Isenbügel für Motorsport, Mehl fürs Turnen usw.

Dabei hatte Zimmermann am 5. Februar 1953 einen, wie er dachte, abschließenden Brief an seinen Kölner NWDR-Kollegen geschrieben, der die abschließende Vereinbarung aus einer Sitzung der Programmdirektion festhielt. Der wichtigste Punkt: „Der NWDR wird in Zukunft bei den Sitzungen der Programmdirektoren mit einem gemeinsamen Vorschlag aller Funkhäuser aufwarten. Dieser Vorschlag wird von Ihnen und mir gemeinsam ausgearbeitet, wobei ich gegebenenfalls die Berliner Wünsche miteinbeziehe. Dieser Vorschlag wird von Ihnen und mir an die Herren Sendeleiter weitergereicht. In Fällen, wo keine Einigung erzielt wird, entscheidet Herr Maass." Die bisherige Aufteilung der Sportarten bleibe, und „in den Hauptsportarten wurde vereinbart, dass Köln durch Herrn Brumme im Boxen und Hamburg durch mich im Fußball ein Übergewicht haben sollte." Schließlich wird noch festgehalten, dass Michel im Fußball und Eil im Handball gefördert werden sollen. Wie schwer diese Geburt gerät, zeigen die letzten Zeilen dieses Briefes: „Ich glaube, das ist das Fazit unserer Besprechungen, von denen ich genauso wie Sie hoffe, dass sie zu einer weiteren reibungslosen Zusammenarbeit beitragen werden. Sollten neue Termine auftauchen, so werden wir sie telefonisch oder fernschriftlich von Fall zu Fall regeln. (...) Ich freue mich ehrlich, dass es trotz der manchmal schweren Geschütze, die aufgefahren wurden, zu dieser Regelung, bei der wir beide ja viel guten Willen gezeigt haben, gekommen ist, und bin mit herzlichem Gruß Ihr Herbert Zimmermann."

Das Fußball-Länderspiel in Paris 1952

Der Boden ist aufgeweicht, es hat viel und andauernd geregnet, es herrscht, mit einem Wort: „Fritz-Walter-Wetter." Aber dieser 5. Oktober 1952, an dem die deutsche Nationalmannschaft das erste Mal nach dem Krieg gegen Frankreich aufläuft, wird hinterher in der deutschen Presse zu einem Debakel stilisiert. Dabei bleibt unberücksichtigt, dass mit Streitle und Kohlmeyer die beiden etatmäßigen Verteidiger ausgefallen sind, und auch die Auswechslung des brillanten Stürmers Ottmar Walter spielt in der Gesamtbeurteilung kaum eine Rolle. Das 1:3 (1:1) im mit 60 000 Zuschauern gefüllt Stadion Colombes ist den meisten Beobachter Beweis dafür, dass Bundestrainer Herberger einer zu alten Mannschaft vertraut. Speziell der Liebling des Trainers, der 31-jährige Spielführer Fritz Walter vom 1. FC Kaiserslautern, bekommt derart brutale Kritiken, dass Herberger dessen Frau Italia rät, ihm keine Zeitungen zu lesen zu geben und für ein paar Tage die Vorhänge zuzuziehen. Fritz Walter will sofort nach dem Spiel zurücktreten, Herberger überredet ihn zum Weitermachen.

An diesem Tag sitzt auch Herbert Zimmermann, der für den erkrankten Wernicke kurzfristig eingesprungen ist, in Paris und spricht eine „große Oper", eine Vollreportage über das ganze Spiel. Ein halbes Jahrhundert später würdigt Rudi Michel diesen Einsatz als Zimmermanns stärkste Reportage, weil er es verstanden habe, diese furchtbare Niederlage in angemessener Form zu verarbeiten. Michel meint damit vor allem das Ende der Übertragung. „Natürlich ist eine Niederlage kein nationales Unglück", sagt Zimmermann nach dem 1:2 in der 83. Minute, und nach dem Schlusspfiff spricht Zimmermann von einem „fairen, schönen Spiel". Die deutsche Mannschaft sei verdient geschlagen worden, so Zimmermann, sie habe in einem schönen Spiel nach tapferer Gegenwehr den kürzeren gezogen: „Dank an das Publikum und dem ganzen Spiel, der Besuch in Paris hat sich gelohnt." Es sind in der Tat moderate, vorbildliche Töne.

Dennoch leistet sich Zimmermann in diesem Spiel einige heftige Aussetzer. Am Anfang spricht er davon, das Spiel habe mit „Frühzündung" begonnen, obwohl alle Reporter angehalten sind, Termini wie diese möglichst nicht zu benutzen. Und als Ottmar Walter in der 16. Minute den Ausgleich erzielt, jubelt Zimmermann laut über „eine Bombe halbhoch ins kurze Eck". Es ist zudem bemerkenswert, wie selbstbewusst Zimmermann auftritt, denn ganz am Anfang kritisiert er offen die defensive Aufstellung des Trainers: „Wir müssen sagen, dass Herberger sich zu einer eigenartigen Taktik entschlossen hat.“ Und nach dem späten Rückstand zum 1:2 fordert er, dass es nun Zeit werde, „mit dem Riegel aufzuhören“. Solche Sätze ärgern den „Bundessepp“ maßlos. Er hält ohnehin nicht viel von dem selbstbewusst auftretenden Rundfunkmann aus Hamburg, weil dieser „unsere Sprache“ nicht spreche. Und er lässt ihn deswegen auch zuweilen mal auflaufen. „Da müssen Sie morgen eben gut aufpassen“, sagt er einmal zu Zimmermann unter dem Gelächter der anwesenden Pressevertreter, als ihn Zimmermann vor einem Länderspiel nach der voraussichtlichen Taktik fragt. Für den sehr sanften Schlusskommentar des Starsprechers aus Hamburg im Auge der schlimmsten Niederlage der westdeutschen Nationalelf nach 1945 hat ihm Herberger wahrscheinlich gedankt.

Initiator der Konferenzschaltung im Fußball

Es ist ein Experiment, ein Wagnis. Und deswegen wird es schon Vorfeld entsprechend von der Presse gewürdigt. Im seriösen Düsseldorfer „Mittag“ erscheint am 17. September 1952 ein Artikel, der für den kommenden Sonntag Großes aus Funkhaus Hamburg des NWDR ankündigt: „In einer 30-Minuten-Sendung auf der Mittelwelle und 45 Minuten über UKW Nord sollen sechs Sportreporter in Konferenzschaltung jeweils von den wichtigsten Geschehen auf den Fußballfeldern der Oberliga Nord berichten. Sie sollen keine Spielschilderungen in der bisherigen Form geben, sondern das Ergebnis ansagen, eventuell Vorfälle beschreiben, die Witterungsbedingungen erläutern, die Mannschaften kurz kritisieren und so weiter. Diese Blitz-Reportagen werden auf Band aufgenommen und im Hamburger Funkhaus dann abgespielt. Natürlich sollen die Endergebnisse der Spiele jeweils miteingeblendet werden. Falls der Ausgang des Spiels noch ungewiss ist, wird das Funkhaus die Reporter nochmals rufen.“

Dieser Sonntag ist der Beginn dessen, was Millionen von Hörer heute noch fasziniert. Die direkte Information aus vielen Stadien gleichzeitig, die sofortige Reaktion auf neue Spielstände im Fußball. Es zwar noch nicht der direkte Ruf, die sofortige

„Schalte“ zu dem Spiel, in dem eben ein Tor gefallen ist oder eines zu fallen droht, hier aber wird dieses Prinzip erstmals für den Fußball getestet, und der Initiator heißt Herbert Zimmermann. Die Idee dazu ist ihm während der Olympischen Spiele in Helsinki gekommen, als der Teamchef Dr. Ernst für Sonntag, den 27. Juli 1952, eine solche Konferenzschaltung organisierte, um von drei wichtigen Wettkampfstätten quasi gleichzeitig zu berichten. Als die progressiven Hamburger Programmmacher dieses Experiment ankündigen, gibt es viele, die das als totgeborenes Kind betrachten, besonders das Kölner Funkhaus meldet erhebliche Bedenken an. Als stärkstes Argument wird angeführt, dass die Reporter bei Toren nicht zwangsläufig auf dem Sender seien und dann die Entstehung der Treffer stets nachkommentieren müssten, so ginge der Live-Charakter verloren.

Im Rückblick darf Zimmermann jedoch über einen gelungenen Coup jubeln. Ein Jahr später bilanziert er im Jahrbuch des NWDR die Entwicklung der Sportformate und preist die Leistungen vor allem seines Funkhauses Hamburg. „So sprach z. B. der tschechische Weltrekordläufer Emil Zatopek über die Ultrakurzwelle Nord und damit zum erstenmal in einem deutschen Sender. Ferner standen Olympiasieger und Weltrekordler Stanfield, Whitfield, Bob Richards, Pierie, Landy, Marciano, Walcott, um nur einige zu nennen, am Mikrophon. Mit Hilfe des Außenreferats und durch eine ausgedehnte Korrespondenz verfügt die Sportredaktion Hamburg über ausgezeichnete Verbindungen nach allen Erdteilen.“ Noch stolzer ist Zimmermann über die Einführung der Fußballkonferenz, zumal er sie gegen viele Widerstände durchgesetzt hat: „In dem Bestreben, die Hörer möglichst schnell und von allen Sportereignissen zu unterrichten, hat sich im Laufe der Zeit auch die Form der Reportage gewandelt. Dabei hat seit Ende 1952 besonders die Konferenzschaltung ein außerordentlich großes und zustimmendes Echo gefunden. Die Konferenzschaltung verbindet nämlich mehrere Sportplätze gleichzeitig miteinander, so dass jeder Reporter die Möglichkeit hat, sich im entscheidenden Augenblick seiner Veranstaltung zu

Wort zu melden. Im vergangenen Jahr ist die Konferenzschaltung von fast allen deutschen Sendern übernommen worden." Später wird der WDR-Sportchef Kurt Brumme dieses populäre Format als eigene Erfindung ausgeben – und die Widerstände im Funkhaus Köln verschweigen.

Der „Rundfunk-Krieg" im Fußball

In dieser Zeit kommt es allerdings nicht nur zu Reibereien innerhalb der Funkhäuser und Sendeanstalten um die Besetzung und Kontrolle der führende Sportreporter. Es entzündet sich auch ein Konflikt zwischen Sendern und dem Deutschen Fußball-Bund, den die Zeitungen als „Rundfunkkrieg" hochjazzen. Anlass ist die von den Funkhäusern eingeplante Live-Übertragung der zweiten Halbzeit des Fußball-Länderspiels Deutschland gegen Jugoslawien am 21. Dezember 1952 in Ludwigshafen, die der DFB zur Überraschung der Senderverantwortlichen nicht genehmigt. Tausende von Hörern äußern daraufhin in Leserbriefen ihren Unmut, und auch die Sender, die vom Hessischen Rundfunk vertreten werden, protestieren sehr heftig beim DFB. Der Dachverband will lediglich eine zeitversetzte Übertragung zulassen, mit dem Hinweis, dass sonst zahlreiche aktive Mitglieder ihren parallel stattfindenden Einsätzen in den unterklassigen Ligen nicht nachkommen würden. Dort leiden die Vereine, so DFB-Pressesprecher Carl Koppehel in einer Erklärung vom 11. Dezember 1953, „unter dem Ausfall der Männer, die am Rundfunkgerät sitzen wollen, um das Mitreißende der Länderspiele, der Hochfeste des deutschen Fußballsports, zu erleben." Tatsächlich wird die zweite Halbzeit als Konserve angeboten, und dieser Streit entwickelt sich zu einer Debatte mit grundsätzlichem Charakter. Der DFB verlangt nun auch noch vom Rundfunk, dass die anstehenden Gruppenspiele um die Deutsche Meisterschaft zeitgleich übertragen werden, weil man Wettbewerbsverzerrung befürchtet. Diese Debatten dauern bis zum Ende der 50er Jahre an. Erst dann werden die Spielpläne endlich so synchronisiert, dass es zu vernünftigen Kompromissen kommt.

An diesen Auseinandersetzungen, in denen es für die Rundfunkanstalten auch um Aufklärung der bis dahin unbeantworteten Frage geht, ob der DFB überhaupt das Recht besitzt, eine Länderspielübertragung zu verhindern, ist Zimmermann nur indirekt beteiligt. Doch auch er ist als Sportchef auf anderer Ebene mit ähnlichen Fragen konfrontiert worden. Als im Frühjahr 1951 die Spiele um die Meisterschaft der Oberliga Nord anstehen, verlangen einige Vereine auf einmal Geld.

„Wenn der NWDR nicht für jede Übertragung 1 500 DM bezahlt, kommt kein Mikrophon mehr auf norddeutsche Oberligaplätze", fasst der *SPIEGEL* am 11. April die Forderung der Vereine in einem Satz zusammen. In dieser Zeit verhandelt Zimmermann höchstpersönlich mit den Wortführern, die von dem Ehrenvorsitzenden des FC St. Pauli, Henry Rehder, angestiftet worden sind. Die Argumentation der Vereine zielt vor allem darauf, dass bei einer Nichtübertragung mehr Zuschauer kämen, und tatsächlich können sie im Verlaufe des Streits einige Beispiele dafür anführen. Zwar meint NWDR-Generaldirektor Grimme, dass die Forderungen der Sportvereine die im Grundgesetz garantierte Freiheit der Berichterstattung einschränkten, doch Rehder lässt sich dadurch zunächst nicht beirren. Er weiß nämlich, „dass in den USA die Sender auch für ihre Sportreportagen bezahlen. Wir müssen auch kaufmännisch denken. Im übrigen haben wir den längeren Atem."

Im weiteren Verlauf kommt es zu abenteuerlichen Lösungsvorschlägen. „Wir hätten das Spiel HSV gegen FC St. Pauli, wenn wir gewollt hätten, ja vom Fernsehbunker aus – der steht direkt neben dem FC-St. Pauli-Platz – übertragen können", wird etwa Zimmermanns Mitarbeiter Günther Isenbügel zitiert. Am Ende scheitert der Plan der norddeutschen Vereine an der mangelnden Geschlossenheit, woran auch Zimmermann als Verhandlungsführer seinen Anteil hat. Selbst im Norden wollen wichtige Klubs wie Holstein Kiel, der HSV, Werder Bremen, VfL Osnabrück und Eintracht Braunschweig nach einer Visite des taktisch clever agierenden Sportchefs lieber mit dem NWDR so wie bisher zusammenarbeiten. Und der mächtigste Mann im Westen, Franz Krämer vom 1. FC Köln, erklärt nach einem Besuch Zimmermanns ebenfalls, dass sich „nichts an der Handhabung der kostenlosen Berichterstattung ändern würde". Alle reagieren letztlich damit auf die Situation in England. Dort hat die BBC im September 1951 nach entsprechenden Forderungen einiger Clubs schlicht die Übertragungen von Fußballspielen verweigert, im Verbund mit der Sportpresse. Dass die Vereine klein beigeben, ist freilich auch ein stiller Triumph Zimmermanns, der so seine erste Bewährungsprobe als Sportchef besteht. Er hat sogar Bundestrainer Herberger und den DFB-Präsidenten Dr. Peco Bauwens in einem Gespräch in Köln auf seine Seite gezogen. Bauwens, berichtet Zimmermann danach, „sieht einen ungeschickten Versuch" der Vereine und außerdem in der Rundfunkübertragung „keine Beeinträchtigung für die Vereinskassen, sondern im Gegenteil einen Anreiz und eine Reklame". Der Präsident lässt zudem grundsätzlich wissen, dass er bis zur Einführung des Fernsehens eine kostenlose Übertragung für richtig hält. „Dr. Bauwens ließ jedoch keinen Zweifel darüber, dass bei Fernsehübertagungen eine Bezahlung unumgänglich ist", so Zimmermann weiter. So schimmert bereits 1952 eine neue Diskussion durch: Die Diskussion um die Fernsehverträge.

V. Früher Höhepunkt: Das Wunder von Bern

Vorbereitungen

Am 28. März 1954 gewinnt die westdeutsche Nationalmannschaft in Saarbrücken mit 3:1-Toren gegen die seinerzeit noch autonome Saar, die Torschützen heißen Morlock (2) und Schäfer. Es ist das letzte von vier Qualifikationsspielen zur V. Fußball-Weltmeisterschaft in der Schweiz. Mit diesem glanzlosen Sieg steht fest: Deutschland wird wieder auf der ganz großen Fußballbühne auftreten, das erste Mal seit 1938 in Frankreich. Damals hat auch Herbert Zimmermann, in der Panzertruppenschule Paderborn seinen Wehrdienst absolvierend, auf die deutschen und österreichischen Stars gehofft. Reichstrainer Herberger muss damals die sehr unterschiedlichen Fußballkulturen beider Nationen in wenigen Monaten verschmelzen, weil die politische Führung darauf drängt: Kurz zuvor ist Österreich von Hitler-Deutschland „angeschlossen“ worden, und diese Zwangsvereinigung soll auch über den Fußball symbolisiert werden. Die Order, jeweils fünf und sechs Stars aus Wien, Nürnberg, Berlin und Schalke zusammenzuwürfeln, aber scheitert. Deutschland verliert bereits das Achtelfinale, in Paris im Wiederholungsspiel mit 2:4-Toren gegen den großen Außenseiter Schweiz. Auch der 20-jährige Zimmermann, der das Fußballgeschehen enthusiastisch verfolgt, ist maßlos enttäuscht.

Damals hockt Zimmermann noch wie viele Millionen am Volksempfänger. Diesmal aber darf er mit den Stars des Weltfußballs arbeiten, die 1954 vor allem aus Ungarn, England, Österreich, Uruguay und Brasilien kommen. Diesmal verhindert keine *SPIEGEL*-Affäre eine Nominierung für *das* Sportereignis des Jahres. Diesmal hat ihn der Sport-Koordinator für die Rundfunkanstalten, Robert Lembke, ohne Diskussionen als Sprecher durchgesetzt. Bereits auf der Programmdirektorentagung am 24. und 25. September 1953 in Köln schlägt ihn Lembke für die Schweizer Weltmeisterschaften vor. „Berichtort" soll laut Tagungsprotokoll Zürich sein, die Federführung der Expedition soll der BR übernehmen, der „2 Techniker, 1 Ü-Wagen" und den Teamchef stellt. Der Reportervorschlag lautet: „Brumme, Zimmermann, Krämer" sowie ein „Nachwuchsreporter im Wechsel (Michel, Drechsel)". Dass keiner mit einem Erfolg der westdeutschen Fußball-Nationalmannschaft rechnet, zeigen die von Lembke für die WM vorgesehenen Sendezeiten: „München meldet täglich Spielzeit, Reportagen maximal 30 Minuten täglich, direkte Übertragung vorbehalten."

Entschieden wird das alles auf der Sitzung der Programmbosse Anfang Februar. Um ganz sicher zu gehen und eine kurzfristige Nichtberücksichtigung wie vor den Olympischen Winterspielen 1952 zu vermeiden, informiert und instruiert Zimmermann am 14. Januar 1954 noch einmal den NWDR-Programmdirektor Maass. „Auf Grund der Besprechungen mit Herrn Busse, Leiter der Sportredaktion Köln, gebe ich hiermit unsere gemeinsamen Vorschläge für die Programmdirektorenkonferenz Ende des Monats. Größten Wert legen beide auf die Teilnahme von Herrn Brumme und mir bei den Fußballweltmeisterschaften in der Schweiz. Ein entsprechender Vorschlag ist ja auch bereits auf der vorigen Programmdirektorenkonferenz durch den Bayerischen Rundfunk eingebracht, der die Federführung mit Teamchef Kirmaier für sich beansprucht und als Reporter Krämer, Brumme, Zimmermann vorschlug und zusätzlich noch einen Nachwuchssprecher (Drechsel oder Michel) einsetzen wollte."

Diesmal geht alles glatt, zumal Zimmermann in den letzten Monaten mit hervorragenden Reportagen geglänzt hat, seine Qualitäten als lautmalerischer Schilderer sind mittlerweile auch zu den sportignoranten Programmverantwortlichen durchgedrungen. Am 1. und 2. Februar 1954 schließlich bestätigen die Sendeleiter den letzten Lembke-Vorschlag, nach dem nun auch Rudi Michel vom SWF als vierter Mann mitfahren soll. Als Redakteur ist Joschi Kirmaier vom BR vorgesehen, Lembke ist Teamchef. Nur eines ist noch unklar: Das „Entsenden von Nachwuchsreportern ist Sache der einzelnen interessierten Stationen". Dazu kommt es nicht, dafür ist Schweiz immer noch zu teuer: Jeder Reporter-Aufenthalt kostet die Sender ungefähr 2000 Mark, was damals ein Vermögen darstellt.

Generalprobe in der Schweiz

Die Fahrt durch die Vorbereitung auf das Großereignis wird für den Reporter Herbert Zimmermann nun genauso kurvenreich wie für die Herberger-Elf. Zunächst reportiert er zusammen mit Kurt Brumme aus Köln das „VII. FIFA-Jugendturnier", das zwischen dem 10. und 19. April in Westen der Bundesrepublik ausgetragen wird. Dort macht vor allem ein junger Spieler auf sich aufmerksam, der im Norden bereits einen guten Namen besitzt und den Zimmermann selbstverständlich schon gesehen hat: Uwe Seeler. Doch bedeutet dieses Turnier für den rasenden Reporter aus Hamburg nur Zwischenetappe: Am 25. April 1954 schildert Zimmermann im Basler St. Jakob-Stadion mit großer Emphase den bundesdeutschen 5:3-Sieg gegen den Gastgeber Schweiz. Diese Generalprobe verläuft für die deutsche Offensive derart herausragend (nach 31 Minuten führen die Deutschen schon 4:0), dass sich der *Kicker* zu einer gewagten Prognose hinreißen lässt. „Spielt wieder so bei der Weltmeisterschaft, dann schafft ihr es", schreibt das Fachorgan nach diesem Gala-Auftritt. Allein die Abwehrarbeit macht Sorgen, denn mit der schweren Knieverletzung Erich Retters vom VfB Stuttgart fällt der etatmäßige Rechtsverteidiger für die WM aus. Die bereits zu spürende Euphorie schlägt allerdings vier Wochen später in das Gegenteil um. Denn im Endspiel um die Deutsche Meisterschaft, das am 23. Mai in Hamburg stattfindet und von Zimmermann im Hörfunk übertragen wird, unterliegt der 1. FC Kaiserslautern sensationell dem krassen Außenseiter Hannover 96. Dabei stellt diese Mannschaft den Kern des WM-Kaders, die Brüder Walter, Kohlmeyer, Eckel und Liebrich spielen bei dem Mannheimer Fußballtüftler eine zentrale Rolle. Nun wird deren Klub Kaiserslautern von Hannover geradezu hingerichtet: 5:1 endet schließlich die Partie vor rund 76000 am Rothenbaum, und Kohlmeyer hat mit einem Selbsttor die Niederlage eingeleitet. Der Bundestrainer, der den Spielverlauf inmitten der Fans geschockt mitverfolgt, muss sich am Ende hämische „Herberger, Herberger"-Rufe anhören. „Was will denn der Herberger mit den Krampen in der Schweiz?", so fasst der Bundestrainer selbst die Stimmung im Lande zusammen.

In diesem Moment glaubt keiner mehr an eine Chance der deutschen Sportlieblinge in der Schweiz. Nun gelten sie wieder als Außenseiter. Auch Herbert Zimmermann, der dieses Spiel für die Millionen an den Rundfunkgeräten schildert, sieht das so. Deswegen kann er es gar nicht glauben, als ihm der Münchner Unternehmer Hans Schubert, der normalerweise mit Eisen und Schrott handelt, vor dem WM-Turnier ein Angebot unterbreitet: Zimmermann soll, gemeinsam mit seinem Freund Heribert Meisel, den Ton für einen Film über die Weltmeisterschaft in der Schweiz liefern. Schubert hat sich beim Organisationskomitee für rund 100000 Schweizer Franken die Bildrechte an der WM gesichert. Als Zimmermann seinen Reporterkollegen auf der Fahrt in die Schweiz davon erzählt, amüsieren sich die arriviertesten Rundfunkjournalisten Westdeutschlands sehr darüber. „Das gibt eine Riesenpleite", sagt Zimmermann grinsend. Sie alle halten diesen Film für einen Rohrkrepierer, für einen Schuss in den Ofen. Dass Schubert mit diesem Film richtig Geld verdienen sollte, das ahnt zu diesem Zeitpunkt niemand. Auch nicht die Experten vom Rundfunk.

Der WM-Standort Risch

Die Vorfreude ist groß unter den Reportern, als sie am 15. Juni 1954 in einem kleinen Waldhotel in Risch am Zuger See zusammentreffen. Obwohl es ein routiniertes Team ist, das sich seit Jahren gut kennt. Krämer (SR), Zimmermann und Brumme (beide NWDR) sind sich bereits bei der Sportfunk-Konferenz im August 1947 in Köln über den Weg gelaufen, danach bei diversen Länderspielen und Endspielen um Deutsche Meisterschaften. Robert Lembke vom Bayerischen Rundfunk ist seit 1952 Teamchef für alle übergeordneten Rundfunkexpeditionen im Sport. Und sein Kollege aus München, Joschi Kirmaier, nimmt seit einiger Zeit die Aufgaben eines Redakteurs wahr. Allein für den jüngsten in der Runde, Rudi Michel vom Südwestfunk, stellt dieses Turnier eine Premiere bei einem Großereignis dar. Er profitiert von zwei Umständen: Dass sein großer Lehrmeister Rolf Wernicke, der nach dem Krieg als freier Reporter stets den SWF vertreten hat, im Januar 1953 gestorben ist, der Proporz unter den Sendern jedoch beibehalten werden muss. Und natürlich hilft ihm seine Fernseherfahrung. Die vier Rundfunkreporter sollen nämlich, das haben sie vor dem Turnier erfahren, auch einige WM-Spiele für das Fernsehen kommentieren. Diese Übertragungen spielen bei den Hörfunkkollegen dennoch keine so große Rolle, denn in Deutschland sind vor der WM noch keine 20000 Geräte angemeldet. Den Hörfunk hingegen verfolgen Millionen. Keiner kann mit dem „Sehfunk“ oder „Schaufunk“, wie er damals genannt wird, so recht etwas anfangen. Der einzige deutsche Journalist, der sich in der Schweiz wirklich intensiv um das Fernsehen kümmert, ist Dr. Bernhard Ernst. Der Kölner fungiert für die ARD als Fernsehchef im Bereich Sport und kommentiert aus der Schweiz die meisten Partien für das neue Medium. Allerdings muss er oft genug gemeinsam mit einem Kollegen aus der Schweiz auftreten, denn für das Fernsehen stehen nur sehr wenige Leitungen zur Verfügung. Ernst nimmt sich ein Zimmer in Zürich, von wo aus die eidgenössischen TV-Pioniere für dieses WM-Turnier mit dem Fernsehen experimentieren.

Die deutschen Hörfunkjournalisten aber wohnen für die rund 20 WM-Tage in Risch, dazu ein Tontechniker und ein Fahrer. Dieser idyllische Ort am Zuger See ist von Delegationschef Lembke aus mehreren Gründen auserkoren worden. Einerseits ist hier das Logis nicht so furchtbar teuer wie etwa in Zürich, Bern oder Genf. Andererseits liegt dieser Ort als Basislager für die einzelnen Reisen zu den Spielorten nachgerade ideal. Nach Zürich sind es lediglich 47 Kilometer, nach Bern 126, nach Basel 110, und selbst nach Spiez am Thuner See, wo die deutsche Nationalmannschaft während der Weltmeisterschaft Herberge bezieht, fahren die Reporter nur 108 Kilometer. All diese Orte sind also problemlos und schnell zu erreichen für die Journalisten, die mit dem eigenen Wagen angereist sind und für jeden gefahrenen Kilometer 25 Pfennig vom Bayerischen Rundfunk kassieren. Allein für die Strecken zu den drei anderen WM-Standorten Lugano (170 km), Lausanne (228 km) und Genf (280 km) sind längere Reisezeiten einzuplanen. Das erscheint Lembke für den Schweizer Sommer aber ebenfalls als machbar.

In Risch treffen sich die vier Reporter, die morgens sehr früh zu ihrem Einsatz zu den stets parallel stattfindenden WM-Spielen ausschwärmen, jeden Abend wieder. Und auch Lembke und Kirmaier übernachten hier, um dann mit den Reportern vor Ort die Probleme des Tages und die jeweiligen Feinheiten für den nächsten Tag zu besprechen. Für Kirmaier ist die Veranstaltung allerdings nicht so abwechslungsreich wie für alle anderen: Er pendelt jeden Spieltag in das Schweizer Sendezentrum in Zürich, um von dort zunächst die Berichte von den WM-Spielen redaktionell zu verarbeiten und zu schneiden. Dann organisiert und überwacht er die Überspielung der Berichte in die angeschlossenen Funkhäuser. Manchmal begleitet ihn Lembke.

Die jeweiligen Sendezeiten in Deutschland sind selbstverständlich lange schon festgelegt, als die Reporter in Risch ihre Zimmer beziehen (Michel hat ein Doppelzimmer mit Zimmermann, Krämer mit Brumme). Für die Partien ohne deutsche Beteiligung sehen die meisten angeschlossenen Funkhäuser, unter ihnen der RIAS Berlin und Radio Saarbrücken, kurze Nachberichte am Abend vor. Die meisten Sendezeiten dafür liegen zwischen 21.45 Uhr und 22.30 Uhr. Für die beiden deutschen Vorrundenspiele gegen die Türkei und gegen Ungarn sind hingegen Live-Übertragungen auf der Mittelwelle vorgesehen – jeweils aber nur für die zweiten 45 Minuten, mit etwa zehn Minuten Vorlauf in der Spielpause, in der die Reporter das Geschehen der Halbzeit zusammenfassen sollen. Auch die Sendeleiter und Programmplaner rechnen also nicht mit einem Erfolg der Herberger-Elf. Dass sie sich gar für das Viertelfinale qualifizieren könnte, kalkuliert keiner ein.

Eine Münze entscheidet: Brumme oder Zimmermann?

Selbstverständlich sind die beiden deutschen Gruppenspiele die begehrtesten Einsätze bei den Reportern, denn sie wissen, dass dabei Millionen von Fußballfans in Berlin, München, Hamburg, Köln und Frankfurt an den Rundfunkgeräten ihren Stimmen lauschen. Die Besetzung dieser Partien ist allerdings noch nicht geregelt, als die Reporter in Risch ankommen, und deswegen tun sich einige Probleme auf. Klar ist lediglich, dass Herbert Zimmermann und Kurt Brumme als Vertreter des größten Senders NWDR ein Vorrecht genießen und bei diesen ersten Spielen zum Einsatz kommen werden. Wer allerdings das erste Spiel gegen die Türkei reportiert, darüber können sie sich nicht einigen. Dieses Spiel gilt wegen des seltsamen Setzsystems, das sich das Schweizer Organisationskomitee vor der Auslosung ausgedacht hat, als Schlüsselbegegnung für die Walter-Truppe: In Gruppe Zwei sind mit Ungarn und der Türkei zwei Mannschaften gesetzt, die jeweils nur gegen die Ungesetzten BR Deutschland und Südkorea antreten müssen, nicht aber gegeneinander. Diese Rangordnung ist in Deutschland heftig kritisiert worden, weil die FIFA diese bereits vor dem Ende der Qualifikation bekannt gegeben hat. Damals aber sind die starken Spanier als gesetzte Mannschaft vorgesehen – doch die Spanier unterliegen schließlich unerwartet (letztlich per Los!) in der Vor-Ausscheidung den

Türken. Die BRD und Südkorea, das ist mit dem Setzsystem entschieden, würden ebenfalls nicht gegeneinander spielen. Auch die Hörfunkreporter wissen: Herberger legt in der Vorrunde den Schwerpunkt auf das erste Spiel gegen die Türken, um dann, nach einer einkalkulierten Niederlage gegen den hohen Favoriten Ungarn, über ein Entscheidungsspiel gegen die Türkei doch noch das Viertelfinale zu erreichen.

„Diskussionen oder gar Streitereien waren ausgeschlossen", berichtet Zimmermann zwar in einem Buchaufsatz über die Zusammenarbeit der Rundfunkkollegen in Risch, „um so mehr als alle deutschen Reporter untereinander befreundet sind". Doch nun kommt es doch zu einem Zwist zwischen Brumme und Zimmermann. Denn keiner will die angekündigte Niederlage gegen Ungarn schildern, beide reklamieren das Spiel gegen die Türken für sich. Zimmermann nimmt dabei für sich in Anspruch, bereits 1951 in Istanbul von einem Länderspiel berichtet zu haben. Der ehrgeizige Brumme verweist hingegen darauf, dass Zimmermann die WM-Generalprobe der Herberger-Elf im April in Basel reportiert hat, und besteht auf seinem Einsatz. Alle getroffenen Vereinbarungen zwischen den Funkhäusern aus den letzten Jahren sind jedenfalls in diesem Moment hinfällig, und in seiner Not greift Teamchef Robert Lembke zum letzten Mittel: Er wirft eine Münze. Kopf oder Zahl. Der Gewinner heißt Brumme, der sich – still triumphierend – für das Türkei-Spiel in Bern entscheidet. Zimmermann ist der Verlierer. Er ahnt in diesem Moment nicht, dass ihn dieser verlorene Münzwurf berühmt machen wird.

Diese Geschichte zu Beginn ist bezeichnend für das Verhältnis der Reporter untereinander. Alle sind unglaublich eitel und selbstbewusst, aber ohne die Ambitionen Brummes hätte es diesen Streit nicht gegeben. Sowohl Lembke als auch die anderen Reporter nämlich akzeptieren ohne weiteres Zimmermann als ihren besten Mann. „Für Lembke war Zimmermann ganz klar die Nummer Eins", sagt Gerd Krämer, was auch Rudi Michel bestätigt. Die beiden aus dem Südwesten schätzen außerdem an Zimmermann die Selbstironie, die nicht vielen Reportern seiner Qualität zu eigen ist. Der Münchner Kirmaier, der für den Live-Einsatz völlig ungeeignet ist, zweifelt ebenso wenig an der herausragenden Stellung Zimmermanns. „Der Star der damaligen Zeit ist unzweifelhaft Herbert Zimmermann gewesen", sagt Rudi Michel, „Kurt Brumme und Gerd Krämer waren gestandene Reporter mit Erfahrung, denen Du eine solche Aufgabe übertragen konntest, die niemals ausgeflippt sind, die das Ereignis als solches wahrgenommen haben, und die keine Emotionen nationaler Art wecken wollten, das sei mal klar festzuhalten. Und ich war die Nummer Vier. Aber ich hatte den Vorteil, dass ich von allen schon eine gewisse Fernseherfahrung als Kommentator hatte." Jeder weiß um seinen Stellenwert in dieser Gruppe, und so kommen die in Risch wohnenden Journalisten tatsächlich sehr gut miteinander aus. Sie lachen auch viel miteinander in diesen Tagen, erzählt Krämer, der mit Zimmermann und dessen Freundinnen auch öfter privat verkehrt. Auch zwischen Michel und Zimmermann entwickelt sich in der Schweiz eine lange Freundschaft. Einzig Brumme, dem ein Ruf als Intrigant vorauseilt, gilt als Außenseiter und steht ein wenig abseits. Die anderen mögen ihn nicht so, seine Freundlichkeit wirkt oft gespielt. Sie finden sein Wesen falsch. Nicht völlig ohne Grund: Brumme wird später mit seinen Kollegen seinen Chef im Funkhaus Köln, Willi Busse, aus dem Job herausmobben, um ab 1963 selbst die Sportredaktion des WDR zu leiten. Brumme, so sehen es viele damals, tut alles, um seine ehrgeizigen Ziele zu erreichen.

Der erste Einsatz: Österreich vs. Schottland

Letztlich aber bekommt Zimmermann kaum Gelegenheit, sich über Brumme zu ärgern. Am ersten Tag der Weltmeisterschaft reist er nach Zürich, um dort seine erste Kurzreportage abzuliefern. Am Hardturm treffen die hocheingeschätzten Österreicher auf die Altmeister aus Schottland, und sie gewinnen mühsam mit 1:0. Bei seinem ersten Einsatz nimmt der NWDR-Mann aus Hamburg einigermaßen irritiert zur Kenntnis, dass er als

Reporter in der Schweiz gewissermaßen nur der zweiten Klasse angehört. Zwar verhalten sich Schweizer Pressebetreuer vorbildlich, wie er findet. Nur sind die vielen Hörfunk-Kollegen aus Brasilien eindeutig privilegiert, denn ihnen gewährt das Schweizer Organisationskomitee besondere Wünsche und richtet sogar extra Arbeitsplätze ein. Die insgesamt 31 Reporter aus Brasilien jedenfalls besitzen zunächst in allen Stadien die beste Sicht auf das Spiel. Die sechs kommerziellen Radiosender, für die sie berichten, haben dafür allerdings auch eine hübsche Summe an die Organisatoren bezahlt, während die europäischen Sender, die der UER (Union Européenne des Sociétés de Radiodiffusion) angeschlossen sind, die Spiele gratis übertragen dürfen. Das erklärt, warum die anderen rund 1000 akkreditierten Medienvertreter, darunter 171 aus Deutschland, mit billigeren Plätzen vorlieb nehmen müssen.

Von der Auftaktpartie in der Gruppe 3 kann Zimmermann keinen berauschenden Fußball nach Deutschland berichten. Aber er freut sich sehr über ein kurzes Gespräch mit den beiden fußballbegeisterten Schauspielern Hans Albers und Gustav Knuth, die unter den 24000 Zuschauern weilen und schon in Vorfreude auf das erste Deutschlandspiel sind. Was Zimmermann am Ende bleibt, ist ein Interview mit den Stars des damaligen Fußball-Giganten Österreich: „Als bleibende Erinnerung ist mir ein Gespräch mit Ocwirk, Stojaspal und Trainer Frühwirth haften geblieben. Kein Startum, keine Verschlossenheit! Offen und freimütig sind die Wiener Fußballer. Als ich Ocwirk, den Kapitän der Österreicher, zu seinem Spiel beglückwünsche und ihm versichere, noch nie einen besseren Offensiv-Außenläufer gesehen zu haben, meinte er lächelnd: ‚Was nützt das, wenn die Wiener Zuschauer nicht das gleiche sagen. Seit ich Fußball spielen kann, habe ich die gleiche Spielweise. Die weiten, haargenauen Pässe liegen mir nun einmal im Blut. In Wien fallen sie keinem Menschen mehr auf. Im Gegenteil! Misslingt einmal ein solcher Pass, dann sagen alle: Jessas, ist der Ocwirk heute schlecht.'“

Der zweite Einsatztag entwickelt sich für Zimmermann zu

einer Katastrophe, und das in mehrfacher Hinsicht. Er ist eingeteilt für das England-Spiel in Basel. Viel lieber aber würde er nach Bern reisen, um dort das Türkei-Spiel zu reportieren. Obwohl die Aussichten düster sind: Fritz Walter, dieses Gerücht dringt durch zu den Reportern, sei nicht fit. Das verrät auch ein Brief Brummes an seinen Intendanten Hartmann kurz vor dem Spiel: „Es kann natürlich gut gehen, aber man spricht davon, dass der Fritz nicht in Schuss ist. Nur auf Bitten Herbergers hin, soll er mit in die Schweiz gefahren sein! Sollte das wirklich so sein, könnten wir schlecht aussehen!" Am Ende springt ein deutscher 4:1-Sieg heraus. Zimmermann aber bekommt das Endergebnis lange Zeit nicht mit. Er kommentiert die parallel laufende Begegnung England gegen Belgien im Fernsehen (das deutsche Spiel wird ausschließlich im Hörfunk übertragen), sitzt dabei indessen auf glühenden Kohlen: „Zwischendurch hörte ich mit klopfendem Herzen die Zwischenresultate vom Spiel Deutschland-Türkei. Ob man sich vorstellen kann, wie schwer es ist, mit voller Konzentration beim Spiel in Basel zu sein, wenn die eigene Mannschaft gleichzeitig einen schweren Kampf in Bern bestreitet und 60 Minuten lang niemand in Basel weiß, wie dieser Kampf ausgeht?"

England – Belgien: Fernsehzuschauer ohne Kommentar

Da es im neuen Stadion St. Jakob zu einer Verlängerung kommt (das Spiel endet schließlich 4:4), gerät Zimmermann in unerwartete Schwierigkeiten. Denn so ist der eigentliche Plan gestorben, rund 30 Minuten nach dem Fernsehkommentar auch eine kurze Zusammenfassung des Spiels für den Hörfunk zu sprechen. Als Zimmermann das nach dem 3:3-Ausgleich der Belgier kurz vor dem Ende der regulären Spielzeit realisiert, gerät er in Hektik. Die Lösung in höchster Not, die Zimmermann nach der WM schildert, wäre heute unvorstellbar: „Die notwendige Verlängerung bewirkte bei diesem Spiel, dass ich meinen Rundfunkkommentar, der eigentlich 30 Minuten nach der Fernsehreportage fällig war, als Original-Kurzreportage die letzten fünf Minuten sprechen und gleichzeitig meine Fernsehhörer mit dem Bild allein lassen musste.“ Nicht nur an diesem Detail wird klar, wie unwichtig den Hörfunkleuten das Fernsehen seinerzeit noch ist. Im Notfall wird auf einen Kommentar des Bildes eben verzichtet. Der Bericht für den Hörfunk hingegen darf keinesfalls warten. Aber Zimmermann entschuldigt sich hinterher dennoch artig bei seinen Zuschauern: „Muss das sein?, wird man fragen. Nun, wenn man weiß, dass das deutsche Fernsehen erst am Anfang seiner Entwicklung steht und dass eine Fernsehminute um ein Vielfaches teurer ist als eine Rundfunkminute, dann wird man zweifellos Verständnis dafür haben, dass die Programmleitung des Fernsehens neben dem fest eingeteilten Fernsehsprecher Dr. Ernst auf weitere eigene Sprecher verzichtete und auf die ohnehin in der Schweiz befindlichen Rundfunkreporter zurückgriff.“

Panne bei Uruguay vs. Schottland

Natürlich sorgt diese Begebenheit aus der Pionierzeit des Sportfernsehens, so unvorhersehbar sie ist, am darauffolgenden spielfreien Tag für große Heiterkeit unter den Reportern. Freilich ist sie nicht vergleichbar mit der schlimmen Panne, die Zimmermann – wiederum in Basel – am 19. Juni beim Spiel Uruguay gegen Schottland unterläuft. Geplant ist dort eine Kurzreportage am Ende der Partie. Eigentlich. Doch man hat Zimmermann, wie er später schmunzelnd berichtet, „einen Aushilfstechniker zugeteilt, der normalerweise nicht zum Schweizer Radiodienst gehört. Der junge Mann war begeistert und zweifellos ein Fußballfachmann. Wir unterhielten uns 80 Minuten lang angeregt bei dem herrlichen Spiel. Als ich dann jedoch mit meinem Bericht beginnen wollte, hatte mein guter Techniker vor lauter Begeisterung Aufnahmezeit, Überspielzeit und die Bedienung seiner Geräte völlig vergessen. Erfolg: Aus der Spielreportage wurde mit Mühe und Not ein Kurzbericht 15 Minuten nach Spielende. Welch ein Glück für mich und vor allem für die Hörer in Deutschland, dass es sich nicht um ein Deutschlandspiel handelte.“ Vielleicht hat den Jungen das betörende Kombinationsspiel des Titelverteidigers aus Uruguay verwirrt, der die Schotten mit 7:0 vom Platz fegt. Nicht nur Fachmann Zimmermann ist nach diesem Nachmittag „fest überzeugt, den neuen Weltmeister zu sehen“. Es ist nicht das letzte Mal, dass sich Zimmermann im Verlauf dieser Weltmeisterschaft irren sollte.

Desaster: Das 3:8 in der Vorrunde gegen Ungarn

Es sollte sein großer Tag sein bei dieser Weltmeisterschaft. Doch für den Reporter Zimmermann ist die Spielsituation, bevor er überhaupt in Aktion tritt, eine Katastrophe: Als er am 20. Juni aus dem überfüllten Stadion St. Jakob in Basel den deutschen Hörern zugeschaltet wird, ist die WM-Vorrundenpartie zwischen der Herberger-Elf und den Ungarn bereits so gut wie entschieden. Daran lässt der Überbringer der schlechten Nachricht schon in seiner Einführung kaum einen Zweifel: „Die erste Halbzeit ist vor 60 Sekunden zu Ende gegangen. Und ich melde mich leider nicht als Weihnachtsmann, der die Gaben auf den Weihnachtstisch legt. Es steht 3:1 für Ungarn. Vielleicht hatten die meisten unserer Hörer in Deutschland das erwartet. Aber ich muss Ihnen sagen: Dieses 3:1 war nicht notwendig. Denn hätten wir nicht einen so nervösen Start gehabt, und hätte Torwächter Kwiatkowski aus Dortmund nicht gleich in der dritten Minute einen verhängnisvollen Fehler bei der ersten Ungarn-Ecke gemacht, dann könnte es jetzt 2:1, vielleicht sogar 2:2 stehen. Unser deutscher Sturm hat gut gespielt. Auch die Läuferreihe verdient das Vertrauen, das man in sie gesetzt hat. Die Verteidigung war unterschiedlich, und leider haben wir im Tor mit Kwiatkowski unseren schwächsten Mann. Ich muss das sagen, auch auf die Gefahr hin, dass uns die Hörer aus Dortmund böse sind. Wir alle wissen, dass Kwiatkowski ein prächtiger Torsteher ist. Aber heute, da war er nicht so, wie wir ihn in so und so vielen, Dutzenden von Spielen gesehen haben.“

Bevor Zimmermann in der Spielpause die Tore und die wichtigsten Passagen des Spiels zusammenfasst, vermittelt er den Hörern – wie immer – eine wunderschöne Lautmalerei, ein Bild der Szenerie um das Stadion herum: „Heute ist eine Gluthitze, ich glaube 3 oder 34 Grad, und das ist natürlich ein großes Handicap für alle Beteiligten, auch für die Zuschauer, die ein buntes Bild hier abgeben. Dort drüben: die Gegengerade, die Gegenkulisse. Und auf dem Abstellgleis ein langer, extra reservierter Zug mit zehn Wagen und rund 800 Menschen, die zum Extrapreis von neun Franken da drüben Zaungäste spielen. Sechs Kilometer dahinter der Rhein, und weitere sechs Kilometer die Schwarzwaldberge, die durch den blauen Dunst herüberschimmern." Dass die rund 30 000 angereisten deutschen Zuschauer bei der deutschen Mannschaftsaufstellung gepfiffen haben und nur Jupp Posipal und Fritz Walter davon ausnehmen, das erzählt Zimmermann nicht. Sie alle sind maßlos enttäuscht, dass Herberger nur mit einer B-Elf antritt und das Spiel zwar nicht von vornherein verloren gibt, aber damit doch dokumentiert, dass er nicht unbedingt gewinnen will. Es wird in den Tagen danach Proteste hageln für diese taktische Maßnahme: Die Zeitungen überbieten sich in ihren Verrissen und fordern vehement Herbergers Rücktritt. Einige Fußballfans sind so empört, dass sie den Bundestrainer in boshaften Briefen als Verbrecher und Vaterlandsverräter bezeichnen.

Zimmermanns Kritik hingegen fällt zunächst noch moderat aus. Seine Reportage versucht alles, dem Zuhörer diese Maßnahme verständlich zu machen. Nach der Aufzählung der einzelnen Spieler sagt er: „Sie haben es sicherlich schon selbst gemerkt, liebe Hörerinnen und Hörer, dass das eine sonderbare Aufstellung ist. Aber Dr. Bauwens, der DFB-Präsident und Bundestrainer Herberger sagten übereinstimmend: Was sollen wir machen? Sollen wir mit unserer besten Mannschaft, zum Teil angeschlagen, Laband und Morlock vom schweren Türkenspiel, hier spielen, und vielleicht ganz knapp verlieren, um dann ausgebrannt in das entscheidende Spiel am Dienstag oder Mittwoch gegen die Türken zu gehen? Die Entscheidung war schwer, und Herberger und der DFB haben sich anders entschieden. Sie haben gegenüber dem Spiel von Bern, diesem großartigen 4:1-Sieg gegen die Türkei, sieben neue Leute in die Mannschaft hinein genommen. Sie haben geglaubt, dass Posipal der ideale Stopper für Puskas, den ungarischen Major und Spielführer auf halblinks, ist. Und sie haben geglaubt, dass Liebrich ein hervorragender Stopper sei. Das war auch alles in Ordnung. Aber weiter hinten hatten wir zunächst einen nervösen Bauer aus München, und wie gesagt einen Kwiatkowski, der, schön, gegen die Sonne spielend, das müssen wir ihm zu Gute halten und die Sonne sticht sehr, bisher einen recht schwachen Tag hatte. Die Ungarn spielen in stärkster Aufstellung, seit viereinhalb Jahren ungeschlagen. Dass müssen wir bedenken, und dann wissen wir selbst dieses unglückliche 3:1 richtig zu würdigen. Sie spielen mit der Aufstellung, mit einer Ausnahme, nämlich mit dem Rechtsaußen Mihaly Toth, die in Helsinki 1952 Olympiasieger wurde. Sie spielen mit ihrer Standardmannschaft, die seit viereinhalb Jahren ungeschlagen ist, und gegen diesen Weltmeisterfavoriten haben wir heute hier in Basel zu spielen."

Interessanterweise hat der Hörfunk-Reporter trotz des Rückstandes die Hoffnung noch nicht aufgegeben. „Die Ungarn müssen jetzt gegen die Sonne spielen", führt er zu Beginn der zweiten 45 Minuten an, „und vielleicht gibt es jetzt noch einmal ein kleines oder ein großes Wunder, vielleicht gibt es einen Umschwung". Als Argument dafür dient ihm die Statistik, verbunden mit einem kurzen Ausflug in die Geschichte. Zwar sind die Ungarn lange ungeschlagen und gelten als Übermannschaft, sagt Zimmermann. Aber die deutsche Fußball-Nationalelf hat vor diesem WM-Vorrundenspiel die letzten vier Spiele nicht gegen Ungarn verloren. Zweimal, weiß Zimmermann zu berichten, hat es dabei unglaubliche Wendungen gegeben: 1930, als Deutschland einen 0:3-Rückstand in Dresden in ein 5:3 verwandelt. Und 1942 in Budapest, als die Herberger-Truppe ebenfalls zur Pause 1:3 zurückliegt und dennoch mit 5:3 gewinnt. Zweifacher Torschütze damals: Fritz Walter, der einzige Spieler, der jetzt noch dabei ist. „Und diese Elf dort unten soll und will nun versuchen, aus dem 1:3 in dieser Verlegenheitsaufstellung, wenn auch der Ausdruck ein bisschen hart ist, das Schicksal zu wenden“, sagt Zimmermann beim Wiederanpfiff durch den englischen Schiedsrichter Ling.

In den ersten Minuten der zweiten Halbzeit ist Zimmermann trotz des Rückstandes in der Verfassung, für die ihn viele deutsche Zuhörer verehren. Er ist stets auf Ballhöhe, die Vokabeln und Spielfolgen purzeln ihm nur so aus dem Mund. Ein Ungar stürmt nach vorn, „aber er bleibt an Eckel hängen, unserem Windhund aus Kaiserslautern“. Kurz danach beschreibt er die Wucht des ungarischen Angreifers Hidegkuti so, dass der Hörer die Gefahr geradezu im Nacken spürt: „Der Mittelstürmer ist nach außen durchgebrochen.“ Und er lobt die wiederholt famosen Defensivleistungen des Lauterers Liebrich: „Der eiserne Werner Liebrich ist wirklich unser bester Abwehrspieler heute“ – gegen „Puskas, den Major der Honved-Armee.“ Spätestens aber mit dem 4:1 durch Hidegkuti lässt Zimmermann alle Hoffnungen auf ein Remis, dass das Weiterkommen bedeuten würde, fahren. Und er blickt schon mit Zuversicht auf das Entscheidungsspiel gegen die Türken, deren Führung im Spiel gegen die Südkoreaner er laufend weitergibt. Sein Zwischenfazit: „Es steht 4:1, und ich glaube, Sie sind enttäuscht an den Lautsprechern in Deutschland, liebe Hörerinnen und Hörer. Nun ja, man muss auch verlieren können, und unsere elf Jungens dort unten zeigen das in fairer Weise. 4:1 steht es für Ungarn, und wir haben ja den Trost, dass wir in der kommenden Woche gegen die Türken aller Voraussicht nach ein Entscheidungsspiel spielen können. Dann können wir unsere normale Mannschaft wieder aufstellen, vor allem eine bessere Hintermannschaft und einen besseren Tormann. Hoffen wir, dass die Elf dann aber sich wieder so findet, wie sie das in der vorigen Woche demonstriert hat.“

Nach dem 5:1 in der 55. Minute hat er dann endgültig allen Mut verloren, er sagt deprimiert: „Ich glaube, wir können für heute unsere Aussichten begraben. Das kleine, beziehungsweise Riesenwunder wird heute nicht mehr passieren. Ja, liebe Hörerinnen und Hörer, ich hätte Ihnen lieber was anderes aus Basel erzählt. Aber meine Schuld ist es nicht, außerdem: Wenn ich mitspielen würde, stände es sicherlich 10 oder 15:1." Aus journalistischer Sicht ist es ein Desaster. Die erste Halbzeit hat er nicht reportieren dürfen. Und die zweite Halbzeit dauert gerade einmal zehn Minuten, und alles ist entschieden, alle Spannung ist passé. Es bleiben ihm nun 35 Minuten, neue Hoffnungen für das Entscheidungsspiel aufzubauen. Aber selbst das ist schon fast unseriös, weil die Ungarn weiter pausenlos das deutsche Tor berennen. Zwischendurch betet Zimmermann dafür, dass es kein zweistelliges Ergebnis wird („Haltet die Daumen, wir wollen nicht 10:2 verlieren"), einen solchen Furor entwickeln die Ungarn im Spiel nach vorn. Zwanzig Minuten vor Spielende kritisiert er dann auch Herberger, wenn auch mit großer Vorsicht: „Der Bundestrainer begibt sich jetzt höchstpersönlich an die Seitenlinie und gibt einige Anweisungen. Vielleicht fühlt er sich jetzt, beim Stand von 1:6, in der veränderten Aufstellung doch nicht ganz so wohl in seiner Haut. Ich übrigens auch nicht, aber ich kann ja nichts dazu. Ich hätte Ihnen lieber sechs deutsche Tore geschildert, liebe Hörerinnen und Hörer in Deutschland, das können Sie glauben. Und meine Rundfunkkollegen sitzen hier um mich herum, soweit sie nicht auf anderen Plätzen sind, und tätscheln mir gelegentlich die Schulter, als wollten Sie sagen: Hoffentlich musst Du nicht noch sechs schildern." Nach dem 1:7 sagt er, nun wesentlich entschlossener in seiner Kritik: „Josef Kirmaier neben mir schüttelt sein Haupt. Ich glaube, er hat drei oder sieben Falten mehr in diesem Spiel bekommen. (...) Aber, ich muss Ihnen das sagen, ich bin ganz verzweifelt. Ein solches Spiel, in dem wir so eindeutig gegen einen solchen Gegner verlieren müssen und verlieren sollen, habe ich selten gesehen."

Am Ende fallen ihm tatsächlich noch versöhnliche Sätze für die Millionen Fußballfans ein, die entsetzt das Geschehen verfolgen. Zwar ist der Endstand 3:8 die höchste Pflichtspielniederlage einer deutschen Fußball-Nationalmannschaft in der Geschichte (sie ist es bis heute). Doch der Treffer zum 3:8 durch den Frankfurter Herrmann in der 83. Minute bleibt für Zimmermann „immerhin auch ein Trost: Wir haben mit diesem Sturm, den wir ja von Anfang an lobten, gegen Ungarn drei Tore erzielt. Das soll erst mal einer nachmachen. Im Vertrauen gesagt: Dass wir acht Tore bekommen haben, brauchen wir ja nicht zu laut weiterzuerzählen." Rein spielerisch, konstatiert auch der Hörfunkreporter bei Spielende, „sind die Ungarn eine Klasse überlegen". Abschließend urteilt er, dass die Deutschen „gegen eine großartige, homogene Mannschaft einwandfrei und verdient verloren" haben.

Entschuldigungen: Kwiatkowski und das Liebrich-Foul

Zimmermann verabschiedet sich mit Anstand von dieser Reportage, die eine Schmach schildern muss. Seine letzten Sätze sind überaus fair: Er schätzt die Spielkunst der Ungarn, und die Kritik an den Deutschen fällt lange nicht so radikal und vernichtend aus wie danach in den deutschen Zeitungen. Dennoch sind ihm nach der Weltmeisterschaft besonders zwei Dinge aus seiner Reportage über dieses Vorrundenspiel gegen die Ungarn äußerst unangenehm, für die er sich – ganz Gentleman – in aller Form in einem Buchtext entschuldigt. Da ist zum einen die harsche Kritik an dem bedauernswerten Dortmunder Keeper Kwiatkowski, der in diesem Spiel Toni Turek vertritt. „Bundestrainer Herberger hatte aus taktischen Gründen einen Teil der zweiten Garnitur aufgestellt", schreibt Zimmermann, „das war zuviel für Zuschauer, Spieler und Rundfunksprecher. Ein Blitzstart war der Auftakt zu einer glanzvollen ungarischen Fußballdemonstration und einem hoffnungslosem Verzweiflungskampf unserer Elf. Kwiatkowski, einer der besten Torhüter Deutschlands, hatte ausgerechnet in seinem ersten Länderspiel einen schwarzen Tag. Aber vielleicht habe ich bei meiner Rundfunkkritik dem Ärmsten doch ein wenig Unrecht getan, denn was sollte er bei diesem Angriffswirbel der Ungarn und unserer nervösen Hintermannschaft schon machen? Der Torwächter steht für jeden

Zuschauer und Kritiker immer im Blickpunkt. Spielt er gut, erhält er mehr Lob als jeder andere. Spielt er schlecht, trifft ihn der Tadel härter als jeden Feldspieler. Ich jedenfalls habe nach diesem ersten Ungarnspiel tatsächlich davon geträumt, dass ich das gleiche Spiel noch einmal zu übertragen hätte und dass der arme Kwiatkowski dabei als Rechtsaußen seine eigenen schwachen Torwartabschläge verwerten müsse."

Die zweite Begebenheit betrifft das fast schon legendäre Foul Werner Liebrichs am ungarischen Kapitän Ferenc Puskas – „der Tritt, der die WM gewann", so der renommierte britische Fußballhistoriker Brian Glanville in seiner bissigen Analyse für die WM 1954. Hier jedenfalls leistet sich Zimmermann in der Tat – sozusagen im Doppelpass mit dem von ihm sehr gelobten Liebrich – einen gehörigen rhetorischen Fehltritt. Interessanterweise dokumentiert die Hörfunkreportage, dass Liebrich schon vor besagtem Foul in der 61. Minute den zentralen Angriffspieler der Ungarn mehrere Male vehement attackiert. In der ersten Szene verweigert Schiedsrichter Ling dem Ungarn noch einen Elfmeter, übrigens zur Verwunderung Zimmermanns. Beim zweiten brutalen Einsteigen geschieht ebenfalls noch nichts. Die dann folgenreiche Aktion aber, die Puskas schließlich zu einer Verletzungspause zwingt, versucht Zimmermann noch zu entschuldigen: „Und da ist Puskas in Höhe der Mittellinie hart von Liebrich genommen worden. Und Schiedsrichter Ling gibt eine Verwarnung. Nun, das war zweifellos ein Foul. Aber was sollte Liebrich machen? Puskas wäre zweifellos alleine durchgegangen." Aber es nicht diese Formulierung, die Zimmermann hinterher ziemlich peinlich ist, auch nicht vor dem Hintergrund des Spielstandes von 5:1 für Ungarn. Es ist seine krasse Fehleinschätzung zu den folgenden Behandlungspausen. Zunächst humpelt Puskas wieder aufs Spielfeld, um aber sofort wieder zurückzuhinken und sich erneut von einem Betreuer behandeln zu lassen. Recht aufgebracht, unterstellt ihm Zimmermann sodann: „Ungarn also immer noch ohne Spielmacher, Spielführer, Rekordinternationalen, Major Puskas. Er ist verletzt draußen, aber wir wissen, dass Puskas auch ein hervorragender Theaterspieler sein kann. Und vielleicht sagt er sich, beim 5:1 macht es keinen schlechten Eindruck, wenn du mal für 'ne Weile nach draußen gehst, es kann ja nicht mehr viel passieren." Puskas kehrt danach indes nicht mehr zurück, und er fehlt seiner Mannschaft in den nun folgenden Finalspielen gegen Brasilien und Uruguay, bevor er, noch längst nicht wieder fit, erst wieder im Endspiel zum Einsatz kommt. Auch Zimmermann ist sich, wie seine entschuldigenden Einlassungen nach der WM erahnen lassen, der Bedeutung dieses Ausfalls gewiss: „Und noch ein Wort zu Deutschland-Ungarn. Liebrich beging ein unbeabsichtigtes Foul an Puskas, dem Fußballmajor aus Budapest. Niemand wird das mehr bedauert haben als der Lauterer, denn er entschuldigte sich bei einem Besuch im Trainingslager der Ungarn persönlich bei seinem Gegenspieler. Vielleicht hat diese Verletzung Ungarn die Weltmeisterschaft gekostet. Wer weiß es? Im Augenblick der Verletzung jedoch konnte niemand sich ein endgültiges Urteil erlauben, denn Puskas schied zwar aus, lag aber noch geraume Zeit, voller Interesse dem Spiel zuschauend, am Spielfeldrand. So stieg in mir der Verdacht auf, dass Puskas nicht nur beste Fußballspieler der Welt sei, sondern vielleicht auch noch ein guter Schauspieler sei. Nun, in diesem besonderen Falle muss ich dem ungarischen Mannschaftskapitän Abbitte leisten, was hiermit geschieht."

In Bern begegnet Zimmermann übrigens auch zum ersten Mal dem zweiköpfigen Hörfunk-Team von Radio DDR, Heinz-Florian Oertel und Wolfgang Hempel, die um einiges jünger sind als er. Die beiden reportieren für den DDR-Funk in erster Linie die Spiele der Ungarn und sind sehr angetan von den Leistungen des Titelfavoriten. Das aber nicht allein, weil Puskas, Boszik & Co. höchstwahrscheinlich Weltmeister werden, sondern weil es von oben angeordnet ist; es gilt, vom großen Erfolg des sozialistischen Bruders zu berichten. Die DDR-Mannschaft kann schließlich noch nicht antreten bei einer Fußball-WM, da der Deutsche Fußball-Verband (DFV) von der FIFA zu spät anerkannt worden ist. Oertel und Hempel wohnen selbstverständlich nicht mit in Risch. Sondern sie logieren in der Hauptstadt Bern, wie sich Hempel zu erinnern glaubt, „in einem Hotel, das sehr preiswert war und italienischen Zug trug“, während die Westdeutschen seinem Gedächtnis nach die WM in einem „5-Sterne-Hotel“ verbringen. Das Verhältnis untereinander sei gut gewesen, sagt Hempel heute, sie hätten sich „immer wieder getroffen und gute Gedanken ausgetauscht, und ich muss sagen, das die westdeutschen Reporterkollegen interessiert waren an Informationen aus dem Osten, Ungarn, Jugoslawen und da konnte ich ihnen immer etwas erzählen beim Bierchen abends“. In Wirklichkeit aber stehen sie dem ungarischen Reporter Szepesi näher, und das nicht nur äußerlich sichtbar auf der Pressetribüne, wo sie zumeist nah beisammen sitzen. Das persönliche Verhältnis zu Zimmermann ist laut Hempel eher distanziert; wenn sie mal zusammensitzen und reden, dann hält sich der Star der westdeutschen Reporterzunft vornehm zurück. Für Oertel ist die Reportage aus dem Vorrundenspiel übrigens seine letzte in der Schweiz: Er wird kurz danach mit einer schweren Blinddarmreizung in ein Berner Krankenhaus eingeliefert und muss von dort aus die WM über die Reportagen der Schweizer Kollegen verfolgen. Den rhetorischen Lapsus von Zimmermann erklärt er damit, dass der westdeutsche Kollege keine Zeit zur Einordnung hat: „Das sind emotionale Situationen, die entstehen, die einen häufig zu einer unglücklichen Wortwahl verführen. Das ist alles menschlich.“ Dass sich Zimmermann hinterher entschuldigt, nennt Oertel eine generöse Geste. Freilich eine, die einem als Journalisten aus dem Land des Sieges leichter von der Feder geht.

Heute nennt Michel seinen ostdeutschen Kollegen Hempel seinen Freund. Dass sich 1954 die politischen Gräben zwischen der BRD und der DDR aber auch bei den Fußballreportern bemerkbar machen, ist selbstverständlich. Jedenfalls ist das Verhältnis lange nicht so kollegial, wie Michel das heute in seinen Erinnerungen stets erzählt. Wie sehr sich auch Zimmermann, Hempel & Co. seinerzeit beäugen und einander misstrauen, zeigt der publizistische Seitenhieb des Hamburger Sportchefs nach der WM 1954, in dem freilich auch ein bisschen Neid mitschwingt. Denn Radio DDR überträgt das Vorrundenspiel Ungarn-Deutschland über die vollen 90 Minuten, anders also als sein Arbeitgeber, die westdeutschen Rundfunkgesellschaften. Zimmermann: „Überzeugt vom Sieg der Ungarn waren unter anderem auch die Kollegen vom Ostzonenrundfunk. Daher auch der Entschluss, das Länderspiel Deutschland-Ungarn original und ganz zu übertragen. In der deutschen Presse wurde das, allerdings etwas voreilig, als eine Verbeugung vor Deutschland bewertet." Ist es nicht, findet Zimmermann. Sondern eher eine Verbrüderung mit den Ungarn, für die er, ganz Patriot, nur wenig Verständnis aufbringt.

Vor dem zweiten Türkei-Spiel: Böse Vorwürfe

Der Beweis für die „falsche Parteilichkeit" des DDR-Funks ist in Zimmermanns Augen bald erbracht: Schon mit dem nun folgenden Entscheidungsspiel um den Einzug in das Viertelfinale zwischen der BRD und der Türkei. Diese Schlüsselpartie überträgt Ost-Berlin nämlich nur knapp 20 Minuten. Offenbar aber empfinden viele westdeutsche Fußballfans es als handfesten rundfunkpolitischen Skandal, dass der DDR-Funk das ganze Ungarn-Spiel übertragen hat, die westdeutschen Sender hingegen erst am Ende der ersten Halbzeit eingestiegen sind. Die außerordentliche große Resonanz darauf hat Folgen: „Nutznießer der Aufregung", beschreibt Zimmermann die Situation in diesen Tagen, „waren aber wieder die westdeutschen Hörer, denn die Sender der Bundesrepublik reagierten entsprechend und übertrugen von der Zwischenrunde an alle deutschen Spiele original und ungekürzt." Für die erste Halbzeit am Mittwoch, den 23. Juni, wird eine Sondersendung vom Züricher Hardturm anberaumt, unterbrochen wird die Fußball-Übertragung nur von einer fünfminütigen Nachrichtensendung aus Deutschland. Diese schnelle Reaktion ist allein politisch motiviert. Den Generalvorwurf, der DDR-Rundfunk berichte mehr über die

Herberger-Elf, wollen die Sendeverantwortlichen ganz offenbar nicht auf sich sitzen lassen. Sportlich ist dies jedenfalls nicht zu rechtfertigen. Die deklassierende Niederlage der deutschen B-Elf in Basel kann dafür nicht verantwortlich gemacht werden.

Es ist Rudi Michel, der vom Ausbau der Live-Berichterstattung profitiert, denn Michel ist als Nächster vorgesehen in der westdeutschen Reportergarde. Sein Kollege aus Stuttgart, Gerd Krämer, soll dann das mögliche Viertelfinale gegen Brasilien oder Jugoslawien reportieren. Michel ist überhaupt derjenige, der in diesem Moment so etwas wie Weitsicht entwickelt. Es fallen in diesen Tagen vor dem zweiten Türkei-Spiel harte Worte gegen Herbergers Taktik. Auch im deutschen Reporterlager in Risch. Auch durch Zimmermann, der sich darüber echauffiert, ein Spiel im Vorhinein verloren zu geben. Dass Herberger selbst mit einer solch herben Pleite und den Reaktionen darauf nicht gerechnet hat, das weiß in dieser Situation keiner. Michel aber vertraut vollends dem Vorgehen des Bundestrainers, den er sehr verehrt und oft umschmeichelt. Zimmermann schildert diese Diskussionen untereinander und würdigt den Fußballverstand seines Kollegen in einem Beitrag über seine Arbeit in einem WM-Buch über 1954: „Der einzige, der im Rundfunklager steif und fest an Deutschlands Sieg, ja an die Deutschlands Vordringen in die Vorschlussrunde glaubte, war Rudi Michel vom Südwestfunk. Ungläubig, aber nur allzu gern hörten die anderen seine Versicherungen an, dass Deutschlands eventueller Zwischenrundengegner Jugoslawien zwar wunderschön spiele, aber keinesfalls mehr als ein Tor fertig brächte."

Die weiteren Nominierungen werden ausgehandelt

Natürlich spielen diese Überlegungen auch für den weiteren Fortgang der Spiel-Besetzungen eine wichtige Rolle. Denn falls, so Zimmermann, „diese Voraussagen eintreffen würden, war ja klar, dass jeder von uns noch ein Deutschlandspiel übertragen würde. Und was gibt es Schöneres für einen Rundfunksprecher, als ein Länderspiel der eigenen Mannschaft zu übertragen?"

In diesen Momenten hat Meisel, der Freund aus Wien, der mit seiner westfälischen Frau im gleichen Hotel wie Zimmermann & Co. sein Quartier bezogen hat, wie Michel, eine Ahnung. Eine allerdings, die Zimmermann überhaupt nicht gefällt: „Heribert Meisel, unser Freund aus Wien, machte mir allerdings Angst und Bange, als er mit prophetischer Gabe ein zweites Spiel Deutschland gegen Ungarn voraussagte und mir erklärte, das könne nach dem 3:8 der ersten Partie natürlich niemand besser übertragen als ausgerechnet ich." So ist die Aufgabenverteilung für den Fall, dass die BRD das Viertelfinale tatsächlich erreicht, bald von Lembke geklärt. Nach dem Viertelfinale übernimmt Zimmermann das mögliche Halbfinale dann, wenn es gegen Ungarn geht. Im anderen Fall kommt erneut Brumme zum Einsatz. Es kommen viele Zufälle zusammen, dass Zimmermann den wichtigsten Einsatz – den beim Finale – bekommt.

Nach dem klaren 7:2-Sieg über die Türken lobt Zimmermann den Junior Michel im Team, auch Lembke ist angetan von dem ersten Großeinsatz des jungen Reportertalents. Nachdem über 25 000 deutsche Zuschauer die 3:8-Niederlage in Basel miterlebt haben, findet dieses entscheidende Spiel in Zürich fast unter Ausschluss der Öffentlichkeit statt: Die Partie am Hardturm verfolgen lediglich 16 400 Zuschauer, nicht einmal die Hälfte davon sind Deutsche. Dieser Sieg aber entfacht zu Hause eine Euphorie wie vor dem Ungarn-Spiel. Doch zum Viertelfinale gegen die Jugoslawen, das am folgenden Sonntag im entlegenen Genf stattfindet, reisen ebenfalls nur wenige Anhänger. Weil der Ort in der äußersten Südwestschweiz in dieser Hinsicht die unglücklichste Ansetzung ist, vermutet DFB-Präsident Peco Bauwens im übrigen eine Verschwörung des Weltverbands FIFA, der, so seine Ansicht, einen deutschen Erfolg bei dieser WM mit allen Mitteln verhindern will. Schon gegen die Schiedsrichteransetzung für das Ungarn-Spiel hat Bauwens indes erfolglos interveniert. Der Engländer Ling ist ein rotes Tuch für den DFB, seit er ein deutsches Länderspiel 1951 in Dublin geleitet hat. Dort hat er das Spiel in dem Moment abgepfiffen, als ein Kopfball von Streitle ins Tor segelte, und so die 2:3-Niederlage besiegelt. Das hat, drei Jahre später, keiner vergessen.

Österreich vs. Schweiz in Lausanne

Einen Tag vor dem deutschen Viertelfinale reist Zimmermann nach Lausanne. Aus dem Stade de Chamille berichtet er vom Spiel Österreich gegen die Schweiz, dessen fantastisches Ergebnis 7:5 als torreichstes Spiel in die WM-Geschichte eingeht. Bevor aber dieses Sturmspiel losgeht, betrachtet Zimmermann fasziniert den idyllischen Genfer See, den er von dem „beängstigend dünnen Tribünendach", auf dem er steht, beobachten kann. Überhaupt ist er beeindruckt vom frankophonen Lausanne, dem Sitz des IOC. „Welcher Kontrast zum ruhigen, sachlichen Bern oder Basel! Hier ist alles temperamentvoll, unruhig und voller Lebensfreude. Auf dem nächtlichen Blumenfest, das die halbe Innenstadt blockiert, spricht alles französisch. Glückliche Schweiz, die solche Gegensätze so harmonisch zu verschmelzen versteht." Hinterher benötigt er für die Aufzählung der zwölf Tore fast die gesamten sieben Minuten seiner Kurzreportage. Dann verlässt er, benommen vom wilden Spiel, das Stadion. Und dabei bestaunt er die Unaufgeregtheit, mit der ein Schweizer Akteur das eben vollzogene WM-Aus seines Teams zur Kenntnis nimmt: „Der erste ruhige, besonnene Mensch ist der Linksaußen der Eidgenossen, Fatton, der seinen Sprössling an der Hand hält und lächelnd mit Eis füttert. Hut ab, Monsieur Fatton, Sie haben erkannt, es war ja schließlich nur ein Spiel, das verloren ging."

Krämers Meisterreportage vom Viertelfinale

Vor dem deutschen Viertelfinale ist Zimmermann Angst und Bange. Die Jugoslawen gelten mittlerweile als Geheimfavorit auf den Titel, während die Deutschen keiner auf der Rechnung hat. Auch deswegen gerät dieses Spiel für den deutschen Reporter Gerd Krämer zum Höhepunkt seiner Journalisten-Karriere. Er versteht es, die sensationellen Geschehnisse auf dem Spielfeld meisterhaft in die deutschen Wohnzimmer zu transportieren. Natürlich hilft ihm dabei – wie später Zimmermann im Finale – die grandiose Dramaturgie des Spiels: Die Deutschen gehen durch ein jugoslawisches Eigentor früh in Führung, und fortan rollt eine Angriffswelle nach der anderen auf das deutsche Tor. Krämers Stimme signalisiert nun in jedem Moment Gefahr. Er selbst ist so aufgeregt, dass er die Flasche Mineralwasser, die vor ihm steht, vom Tisch fegt. Es ist eine Verteidigungsschlacht, so nennt sie Krämer immer wieder, aber die deutsche Abwehrmauer hält. Oft genug rettet Kohlmeyer auf der Linie, Mittelläufer Werner Liebrich spielt ebenfalls überragend. In der 86. Minute dann gelingt Rahn mit einem fabelhaften Weitschuss das 2:0. In den Tagen danach schreiben deutsche Zeitungen vom diesem Spiel als „Wunder von Genf", was auch ein Verdienst Krämers ist. Kollege Zimmermann jedenfalls ist geradezu begeistert von Krämers Handwerk, er gratuliert ihm abends in Risch. Er bezeichnet diese Reportage später als „wohl eine der besten, die es je im deutschen Rundfunk gegeben hat" – und dennoch wird sie vor der Rundfunkgeschichte nicht bestehen, weil es „nur" das Viertelfinale ist. Zimmermann hat diese Übertragung selbst am Radio verfolgt, als er gemeinsam mit Kurt Brumme das parallel laufende Schlagerspiel des Viertelfinals, Ungarn gegen Brasilien, im Berner Wankdorfstadion verfolgt. Dort beobachtet er auch die Schlägereien nach dem 4:2 n.V. für die Ungarn, in die Spieler und Betreuer verwickelt sind. Aber nicht sie sind für seine Versprecher bei der Aufzeichnung der Kurzreportage verantwortlich, sondern Krämers virtuose Sprache aus Genf: „Wen wundert es", räumt Zimmermann im Rückblick ein, „dass ich meine Bandreportage zweimal beginnen muss, weil ich Ungarn und Jugoslawien im Einleitungssatz miteinander verwechsle?"

Angesichts der ungefilterten Begeisterung der südamerikanischen Fans in Bern überkommt Zimmermann so etwas wie Wehmut. Hier äußert sich auch sein starker deutscher Patriotismus, den die deutschen Fans in diesen Jahren nicht so unbekümmert wie die Brasilianer äußern. „Wir sehen auch die Fahnen und

Wimpel der brasilianischen Zuschauer", schreibt Zimmermann in den Wochen nach der WM, „niemand findet etwas dabei. Warum ist man wohl immer bei uns Deutschen so argwöhnisch? Zu Recht? Nein!, muss ich sagen, wenn ich an das sportliche Verhalten der deutschen Besucher auf dem Platz in Basel beim Österreich-Spiel denke. Ja!, muss ich allerdings sagen, wenn ich den Schutzmann vor dem Platz klagen höre, als ich parken will, um schnell meine Pressekarte zu holen. ‚Alle sagen sie: Nur einen Moment!', ruft er böse. ‚Und keiner kommt wieder. Jetzt stehen hier zwanzig deutsche Wagen und versperren die Ausfahrt. Wem soll man noch glauben.' Kleine Ursachen, große Wirkungen."

Halbfinale in Basel: Zimmermann als Fernsehsprecher

Nach dem Erreichen des Halbfinals interessiert auch die deutschen Reporter in Risch nur Eines: Wer ist der nächste Gegner der Deutschen? Sie erfahren es Montag früh: Österreich. Die Reaktionen darauf können unterschiedlicher nicht sein: „Meisel strahlt", berichtet Zimmermann, „wir Deutsche sind nicht begeistert. Kurt Brumme hätte sich zur Übertragung lieber Deutschland-Uruguay gewünscht. Nur Frau Meisel, geborene Risse, aus Westfalen, tippt gegen ihren Mann auf Deutschland. Das gibt uns etwas Mut." Mit dieser Auslosung ist aber gleichzeitig entschieden, dass Brumme das deutsche Halbfinale reportiert, das andere Halbfinale in Lausanne, Ungarn gegen Uruguay, übernimmt Rudi Michel, assistiert von Gerd Krämer. Natürlich ist die Euphorie nicht nur in Deutschland groß, sie erreicht nun auch das abgeschiedene Hotel am Zuger See. Die Zeit der Depressionen nach dem Vorrundenspiel gegen Ungarn ist endgültig vergangen, das spürt nun auch Zimmermann am eigenen Leib: „Die Anrufe aus Deutschland blockieren das Telefon. Der Tag von Basel ist vergessen. Alles will Karten. Aber das ist gar nicht so einfach. In der Schweiz eine Kartenvorverkaufsstelle zu entdecken und dann auch noch die Karten zu bekommen, ist fast so schwierig wie eine richtige Tippreihe im

Toto." Er kann keine Ticketwünsche erfüllen, so gern er es auch möchte. Als er gemeinsam mit Brumme und Heribert Meisel in Basel ankommt, ist er deswegen um so verblüffter: Dort sind noch relativ einfach Karten zu ergattern.

Dieses Halbfinale in Basel, das 57 400 Zuschauer und schon über zehn Millionen an den Radios und Fernsehgeräten miterleben, gerät zu einem Triumphzug. Nach anfänglichen Problemen demontiert der dynamische und technisch brillante deutsche Angriffsfußball die Österreicher geradezu. Am Ende steht es 6:1, es ist bis dato das beste Spiel einer deutschen Mannschaft bei einer Weltmeisterschaft. Zimmermann ist begeistert davon, doch für seinen Begriff sitzt er an diesem Tag auf dem falschen Stuhl: Er kommentiert dieses Spiel für das Fernsehen, das kaum Zuschauer in Deutschland erreicht und das vor allem, findet Zimmermann, auch dem Ereignis als Medium nicht ansatzweise gerecht zu werden vermag. Immerhin, erklärt er den Fußballfans später, sei die ganze Überlegenheit der Herberger-Elf doch auch im Fernsehen zum Ausdruck gekommen: „Selbst am Fernsehschirm kann ich dem Zuschauer deutlich zeigen, wie überlegen und souverän unsere Elf spielt." Dieser Satz Zimmermanns ist verräterisch. Er dokumentiert, wie wenig Beachtung er in dieser Zeit dem Fernsehen schenkt. Zugleich ist er Dokument für die noch archaische Bildregie, Auflösung und Kameraeinsatz bei dieser WM. Zudem ist das Personal so gut wie gar nicht ausgebildet, wie eine Anekdote von Rudi Michel beweist: „Viele hatten überhaupt keine Ahnung. Bei der Anweisung ‚Gehen Sie auf Corner', fragte einer: ‚Was hat Corner für eine Rückennummer?'." Corner ist in der Schweiz der Fachausdruck im Fußball für eine Ecke.

Süffisant berichtet Zimmermann auch von den plötzlich gewandelten Verhältnissen auf der Reportertribüne, die den deutschen Erfolgen immer mehr entsprechen. „Ein Königreich für eine gute Kabine", heißt es zunächst ein wenig jammervoll im Lager in Risch. Die deutschen Reporter haben sich echauffiert über die Privilegierung der brasilianischen Kollegen. Jetzt, da

Brasilien abgereist ist, werden die Arbeitsbedingungen spürbar angenehmer, wie Zimmermann findet: „Nun, für uns Deutsche wurde die Situation von Spiel zu Spiel besser, und bei der Vorschlussrunde bzw. dem Endspiel saßen Kurt Brumme und ich gewissermaßen in der Proszeniumsloge der Weltmeisterschaft. Entsprechend den Leistungen seiner Mannschaft hatte Englands bekanntester Rundfunksprecher Raymond Glendenning meist eine Kabine in der ‚zweiten Frontlinie'. Das dürfte dem Meistersprecher Englands noch nicht allzu oft vorgekommen sein. Aber in der Schweiz ging man eben absolut korrekt und neutral vor." Das deutsche Abschneiden ist auch ein Triumph für die deutschen Reporter.

So perfekt auch die Reportage Kurt Brummes in die deutschen Wohnzimmer fließt und damit eine Sensation nach Deutschland übermittelt, so liegt in dieser Übertragung aus Basel auch journalistische Tragik. Mit dem Finaleinzug ist für Brumme schließlich klar, dass nun der Konkurrent aus Hamburg das Sahnehäubchen dieser Weltmeisterschaft reportiert, und das nur, weil er unbedingt diesen Münzwurf provozieren musste. Egal, wie das Finale auch ausgeht, Herbert Zimmermann wird auf ewig mit dieser Weltmeisterschaft assoziiert werden, für den Fall des Sieges wird er in den Köpfen der Fans sogar unsterblich werden. Das weiß auch Brumme in diesem Moment des Sieges in Basel. „Ich habe mich selber verschaukelt", wird Brumme kurz vor seinem 80. Geburtstag verbittert sagen. Gemeint ist damit der Münzwurf vor über einem halben Jahrhundert, der Zimmermann letztlich die Finalreportage bringt. Brummes Stimme verrät im Rückblick Niedergeschlagenheit. Immerhin: „Der Herbert hat seine Sache großartig gemacht."

Die Sternstunde: Das Finale von Bern

Am Ende des Spiels, das an jenem 4. Juli 1954 vor ihm liegt, wird Zimmermann in Ekstase geraten. Er wird schreien. Er wird brüllen. Seine Stimme wird sich überschlagen – und sie wird damit für immer verbunden sein mit dem größten Triumph in der deutschen Sportgeschichte. Die wirkungsvollsten Stunden seines Reporterlebens beginnen für Zimmermann jedoch mit dem größtmöglichen Gegensatz: mit kontemplativer Muße. Fast die ganze Nacht liegt er wach und grübelt. Er steht dann früher auf als üblich, so als wolle er sagen: Lieber Gott, lass' diesen Tag doch zeitiger beginnen. Seine Kollegen schlummern noch, da hat er sein Frühstück bereits hinter sich gelassen, er kann ohnehin kaum etwas herunter kriegen. Dann tritt er aus dem Hotel. Es ist herrliches Wetter, die Sonne geht gerade hinter dem See auf. Zimmermann geht ein paar Schritte, hinein in die kleine Kirche in Risch. Es ist die Ruhe vor dem Sturm, er genießt die Stille. Als er aus dem Kirchenportal heraustritt, erblickt er Rudi Michel, der ihn gesucht hat. Ihre Gesichter strahlen. Das letzte Abenteuer dieser famosen Weltmeisterschaft kann beginnen.

Bereits in diesem Moment ist die Spannung nicht mehr zu steigern. Aufregung und Auftrieb sind schon enorm in den Stunden nach dem glorreichen Sieg gegen Österreich. Wieder ist von einem Wunder die Rede, diesmal ist Basel der Ort des Mirakels. Doch bald sprechen alle Experten des Fußballs in den Zeitungen nur noch von der Unmöglichkeit eines Sieges gegen die Ungarn. Die Chancen stehen bei 10:90. Das ist auch die Einschätzung bei den deutschen Reportern, die sich in den zwei freien Tage nach den beiden Halbfinalspielen am Mittwoch ein wenig Ruhe gönnen. Am Samstag fahren sie alle nach Zürich und schauen dort das Spiel um den dritten Platz, das Österreich 3:1 gegen Uruguay für sich entscheidet. Krämer kommentiert am Hardturm für das deutsche Fernsehen, Brumme übernimmt die Hörfunkreportage. Aber eigentlich denken alle schon an Bern. An das Wankdorf-Stadion. An den nächsten Tag. An das große Finale.

Abends zuvor sitzen die Reporter im Restaurant ihres Hotels und diskutieren. „Was würdest Du denn sagen, wenn wir wieder 3:8 verlieren?", wird Zimmermann von Michel gefragt. Natürlich muss er sich auf solch eine Wiederholung gedanklich einstellen. Wie alle deutschen Fußballfans, wägen auch die

Rundfunkleute die Chancen der deutschen Mannschaft ab. Eines ist deutlich: Zimmermann leidet sehr unter seiner Reportage vom ersten Ungarn-Spiel in Basel, unter dieser verheerenden Niederlage. Er spielt nicht gern der Überbringer der schlechten Nachricht. Es hat Völker gegeben, weiß er, die haben die Boten schlechter Nachrichten geköpft. So schlimm wird es nicht werden, natürlich nicht. Und vielleicht, den Gedanken wagt er, kommt es ja ganz anders. Wie Bundestrainer Herberger, so hat auch Zimmermann nicht nur beim Vorrundenspiel gegen diese Übermannschaft einige Möglichkeiten für die kommenden Gegner erkannt. Trotz des insgesamt katastrophalen Resultats. Zimmermann hat in Basel die Ungarn zwar für ihr „großartiges Verständnis" und „herrliche Zusammenarbeit" gelobt: „Aber, ich muss sagen, ohne Schwächen sind auch sie nicht. Und ich kann mir vorstellen, dass die Ballartisten aus Südamerika, vor allem die Uruguayer, doch vielleicht auch eine Gefahr für die Ungarn sein können." Die hochgelobten Ungarn, hat er bemängelt, haben zu viele Torchancen vergeben. Bei den Deutschen dagegen ist der Angriff im Halbfinale geradezu heißgelaufen. Es ist bei Zimmermann wie bei jedem Fußballfan auch, bevor David gegen Goliath den ungleichen Kampf antritt: Die Hoffnung auf den Außenseitersieg ist immer da. Dennoch, seine Professionalität gebietet es ihm, um hilfreiche Gedankenstützen für den schlimmsten Fall zu bitten. Der Austausch mit seinen Kollegen dauert bis in die tiefe Nacht. „Ich sollte ihm die Argumente liefern", erzählt Michel Jahrzehnte später. Die Essenz lautet: Herausstellen, wie positiv es ist, überhaupt das Finale erreicht zu haben. Betonen, welch starke Mannschaft die Ungarn besitzen. Dass sie eigentlich nicht zu schlagen sind. Als Zimmermann den Abend abbricht, ist er gefüttert mit Material. Er weiß nur noch nicht, in welcher Reihenfolge er es am nächsten Tag ausspucken muss. Es wird abhängen von der Leistung der Mannschaft um Fritz Walter.

Die Spannung in dem Kleinwagen, der Zimmermann und seine Kollegen Michel, Krämer und Brumme am frühen Nachmittag vom Zuger See in die Hauptstadt Bern bringt, ist geradezu spürbar. „Da ist fast kein Wort gesprochen worden“, erinnert sich Michel, „vor Anspannung, vor Vorbereitung, aus Konzentration, wir wollten Zimmermann nicht stören.“ Fast gleichzeitig mit dem Mannschaftsbus der deutschen Mannschaft kommen sie an. Mittlerweile regnet es in Strömen, eine gute Nachricht: das ersehnte „Fritz-Walter-Wetter“. Zimmermann eilt zu den Spielern und wünscht ihnen Glück für das Spiel. Unter denjenigen, die es ihm gleichtun, ist auch Hans Albers, der berühmte Schauspieler aus Hamburg, der sich dieses Spektakel natürlich nicht entgehen lässt. Auch Zimmermann und Albers halten einen Small Talk und schätzen die Lage ein. Noch immer heißt es: Nur nicht wieder so hoch verlieren. Draußen, vor dem Stadion, sehen sie viele deutsche Fans, die es zwar irgendwie bis zum Spielort gebracht haben, aber vom Spiel nichts mitbekommen werden. Teilweise liegen sie in den tiefen Pfützen und schlafen dort den Rausch aus, den sie sich auf der Fahrt nach Bern angetrunken haben. Mittlerweile quietscht das Gras, wenn man auftritt. So schlimm hat es geschüttet.

Teamchef Lembke hat den Kollegen Krämer, Brumme und Michel ganz normale Kaufkarten organisiert. Sie verfolgen das Spiel von der zweiten Reihe aus. Ganz nah am Spielfeld. Mitten im Regen. Entsetzt sind sie, als sie bemerken, dass das Protokoll vor dem Spiel nicht stimmt. „Wo ist unsere Fahne?“, fragt Michel, denn der rechte Fahnenmast ist leer. Was mit dem schwarz-rot-goldenen Symbol der BRD passiert ist, weiß aber keiner so recht. „Das war schon ein Schock“, berichtet Michel, aber nicht zu ändern. Bevor Zimmermann sich mit seiner Pressekarte in die Reporterkabine begibt und sich dort einrichtet, präpariert er sich noch mit einer Umfrage unter insgesamt 40 Kollegen aus dem Sportjournalismus. Fast alle glauben an die Ungarn, darunter der ungarische Hörfunkreporter Györgi Szepesi und der DDR-Mann Wolfgang Hempel, und auch Dr. Bernhard Ernst, der für das deutsche Fernsehen kommentiert. Nur zwei Experten rechnen fest mit einem deutschen Sieg:

Der Nürnberger Sportverleger Gerhard Bahr, den Zimmermann schon seit den Olympischen Winterspielen 1948 kennt. Und der Schweizer Pressechef Schneider aus Basel. Beide tippen auf ein 3:2. Sie werden nicht ernstgenommen.

Zimmermann ist nervös vor seinem grandiosen Auftritt. Nie wieder, weiß er, werden ihm so viele Hörer ihre Aufmerksamkeit schenken. Aus Deutschland ist eine Begeisterung wie noch nie vor einem Sportereignis gemeldet worden. Viele Fußballfans amüsieren sich an diesem Tag über die Programmhinweise in den Funkzeitschriften, in denen die Übertragung des Endspiels um die Weltmeisterschaft in kleinen Anzeigen angekündigt wird. In der *Hör zu* steht: „Der NWDR gibt Ihnen die Möglichkeit, die zweite Halbzeit um 17.50 Uhr am Lautsprecher mitzuerleben." Längst aber haben die Sondersendungen aus der Schweiz das Programm umgeworfen. Es ist 16.55 Uhr, als die deutschen Sender zu dem Finale nach Bern schalten. Dort empfängt Teamchef Robert Lembke die Millionen Hörer aus Deutschland mit dem Ton eines Buchhalters: „Hier sind alle Sender in der Bundesrepublik Deutschland und West-Berlin. Angeschlossen Radio Saarbrücken. Wir übertragen aus dem Wankdorf-Stadion in Bern das Endspiel um die Fußball-Weltmeisterschaft zwischen Deutschland und Ungarn. Reporter ist Herbert Zimmermann." Es ist der trockene Auftakt zu einer Reportage, die in die deutsche Geschichte eingehen wird.

Zimmermann packt den Hörer sofort mit einer pathetischen Einführung in dieses Spiel. Er erobert sich das Ohr der Deutschen, indem er mit seiner faszinierend frequenzreichen Stimme spielt, indem er Höhen und Tiefen einsetzt, indem er bewusst verlangsamt und beschleunigt. Zunächst beginnt er langsam und getragen, obwohl er eigentlich keine Zeit dazu hat, hat das Spiel doch bereits begonnen: „Deutschland im Endspiel der Fußball-Weltmeisterschaft – das ist eine Riesen-Sensation, das ist ein echtes Fußball-Wunder! Ein Wunder, das allerdings auf natürliche Weise zustande kam und das wir dem Fußballverstand unserer Spieler und der Vollkommenheit ihres Spiels verdanken.

Und dieses Spiel hier hat bereits vor einer Minute mit sieben Minuten Frühzündung begonnen."

Unvorstellbar heute, dass die angeschlossenen deutschen Funkhäuser ohne jede Vorlaufzeit zu einem WM-Endspiel schalten. Aber Fußball besitzt, obwohl er neun Jahre nach dem Zweiten Weltkrieg ein Millionenpublikum hinter die Rundfunkgeräte versammelt, in den Sendern in Hamburg, Köln, Frankfurt und Stuttgart immer noch keine Lobby. Zimmermann ist daher gezwungen, die einzelnen Spieler während der ersten Spielzüge vorzustellen: „Deutschland in der Aufstellung, die Österreich mit 6:1 im Vorschlussrundenspiel schlug (muss eine Spielszene schildern) Deutschland also mit Turek aus Düsseldorf im Tor. Posipal aus Hamburg und Kohlmeyer aus Kaiserslautern in der Verteidigung. (muss erneut wegen einer gefährlichen Situation die Aufstellung unterbrechen) Die Läuferreihe der Deutschen: Eckel und Liebrich aus Kaiserslautern und Mai aus Fürth. Der Sturm mit Rahn auf Rechtsaußen, aus Essen ist er, halbrechts Morlock, Nürnberg, dann die beiden Brüder Walter aus Kaiserslautern, und Schäfer aus Köln."

Fünf Minuten läuft alles, so wie von Zimmermann und Trainer Herberger erwünscht. Die deutsche Verteidigung hält das 0:0. Die Deutschen besitzen durch Schäfer sogar schon in der 3. Minute eine gute Torchance. Dann jedoch schießt Puskas, der wieder genesene Kapitän der Ungarn, ein zur Führung des Favoriten. Liebrich hatte schlecht abgespielt. Zimmermann ist mit seiner Reportage auf der Höhe des Geschehens, er zeigt seine Fähigkeiten und schildert das Tor parallel zum Jubel der Zuschauer in Wankdorf. Er selbst ist entsetzt über den frühen Rückstand, es kommen ihm dabei die ersten Erinnerungen an die unselige 3:8-Niederlage in Basel. Er lässt eine lange Pause und sagt dann in einem extrem langsamen Tempo: „Was wir befürchtet haben, das ist eingetreten. Der Blitzstart der Ungarn hat ihnen die Führung eingebracht." Bereits jetzt greift Zimmermann auf jene Überlegungen zurück, die er mit seinen Kollegen am Abend zuvor angestellt hat. Er startet einen ausführlichen Ausflug in die Vergangenheit, um die Leistungen des deutschen Teams einzuordnen – unabhängig vom Ausgang dieser 90 Minuten: „Nun, vergessen wir nicht: Deutschland hat noch nie einen ähnlichen Erfolg errungen. Seit 100 Jahren spielt man organisiert Fußball, seit 50 Jahren gibt es einen Weltfußballverband, seit 1930 Weltmeisterschaften. Und nie war Deutschland im Endspiel. Es ist ein großer Tag, es ist ein stolzer Tag. Seien wir nicht so vermessen, dass wir glauben, er müsste erfolgreich ausgehen. Danken wir in jedem Fall, auch wenn wir verlieren sollten, unseren tapferen Jungens für diese großartige Leistung."

Zimmermann hat diese Sätze kaum ausformuliert, da droht bereits neues Unheil. Nicht nur die Mannschaft, zeigt sich in diesen Minuten, auch der Reporter ist schwer angeschlagen. Die Ungarn berennen das von Turek behütete Tor weiter, und ihre wellenförmigen Angriffe irritieren Zimmermann so sehr, dass er für einen Moment die Fassung verliert und das Geschehen nicht nach Deutschland übermittelt: „Doch (es vergehen einige Sekunden der Sprachlosigkeit) Glück für Deutschland! Und jetzt: Torrr! Einmal hatten wir Glück, als Koscis hinfiel, Kohlmeyer spielte schlecht zurück zu Turek, der schon im Hinauslaufen war. Turek konnte das Leder nicht festhalten. Czibor, wie der Wirbelwind vom rechten Flügel aufgetaucht, dribbelt nach links hinüber, erzielt das zweite Tor für Ungarn. Ungarn führt mit 2:0, eine unerhörte Nervenbelastung für unsere Mannschaft."

Zimmermann ist bekannt für seine dramaturgischen Fähigkeiten und für die formale Perfektion seiner Reportagen, und zumeist befindet er sich auch auf Ballhöhe. Hier aber hat er versagt, weil ihn die Dramatik des Spiels gefangen genommen hat. „Schemenhaft sehe ich durch vier Glasscheiben hindurch Szepesi, meinen Kollegen aus Budapest. Er gestikuliert, strahlt und redet wie ein Buch. Ich aber muss Worte und Konzentration mühsam suchen", hat Zimmermann später die eigene Zerschlagenheit beschrieben. „Beim ersten Tor war Herbert noch Herr der Situation", analysiert Michel diese Situation, „er war zeitgleich, das höchste, was man von einem Reporter erwarten kann." Aber danach sei Zimmermann „im Grunde genommen das Opfer des Tenors der Nachtgespräche“ gewesen, die sie am Abend zuvor geführt hatten. Es ist ja auch für den Live-Reporter eine fatale Spielsituation: Erst acht Minuten sind vorüber. Und dass ein ähnliches Ergebnis droht wie in Basel, das denken nach dem 2:0 alle Beobachter, auch die Ungarn. Schiedsrichter Ling hat noch nicht wieder angepfiffen, da winkt der ungarische Trainer Sebes angeblich den Kopf der Mannschaft Puskas, zu sich. Er bittet ihn, dieses Endspiel nicht ähnlich überlegen wie beim 8:3 zu gestalten. Weil man das dem Weltverband FIFA nicht antun könne. So jedenfalls erzählt es Wolfgang Hempel, der das Endspiel für Radio DDR überträgt.

Die deutschen Spieler beschimpfen sich gegenseitig, vor allem Kohlmeyer und Turek machen sich Vorwürfe. Sie sollten das unterlassen, mahnt der Reporter, der aber schon zwei Minuten später neue Hoffnungsschimmer nach Deutschland senden kann. „... Abschlag bleibt bei Eckel aus Kaiserslautern hängen, der zu seinem Klubkameraden Fritz Walter, von dort zu Rahn, Rahn ... und Tor! Tor für Deutschland! Tor! Es steht nur noch 2:1, zehn Minuten sind gespielt. Der Schuss von Rahn aus Linksaußenposition wurde abgefälscht von einem Abwehrspieler der Ungarn. Im Spagatschritt warf sich Maxl Morlock aus Nürnberg in die Schussbahn. Und mit allerletzter Kraft schiebt er den Ball am ungarischen Torsteher vorbei in das äußerste linke Eck, von uns aus gesehen. Gott sei Dank! Es steht nicht mehr 2:0, es steht 2:1 nur noch für Ungarn, und das sollte unserer Mannschaft Mut und Selbstvertrauen geben.“ Diesmal ist Zimmermann im Spiel, er hat den Moment des Torschusses nicht verpasst. Wenn man so will: Auch er hat sich zurückgekämpft in diese Begegnung.

Wie sehr das Vorrundenspiel dennoch weiterhin in seinem Kopf herumspukt, belegt der Vorspann Zimmermanns vor dem Ausgleich durch Rahn in der 18. Minute: „Heute ist es kein 3:8, heute ist es keine B-Mannschaft, heute spielt Deutschlands stärkstes Aufgebot ... Tor! Tor! Eckball von Fritz Walter! Tor von Rahn! Genauso war es: Deutschlands A-Mannschaft, der großartige Sieger gegen Österreich, hat aus 0:2 2:2 gemacht ... Rahn schießt aus drei Metern Entfernung ein. Es steht 2:2! Ja, ist es zu glauben, wir haben ausgeglichen!" Nach dieser erstaunlichen Wende sind auch Brumme, Krämer und Michel, die sich berechtigte Sorgen um Zimmermanns Rhetorik gemacht haben, erleichtert. „Dann war das klar, dass er der Ausnahmesituation gerecht werden würde", gibt Michel die Stimmung bei den Kollegen wieder. Zimmermann wird seiner Aufgabe nicht nur gerecht. Er steigert sich nun, da alles wieder offen ist, wahrlich in einen Rausch und es rollen ihm bald Vokabeln über die Lippen, die große Proteste provozieren. Anlass einer solchen verbalen Explosion ist eine Sensationsparade vom Keeper Toni Turek, der einen an sich unhaltbaren Volleyschuss des ungarischen Mittelstürmers Nandor Hidegkuti aus kürzester Distanz aus dem rechten Torwinkel fischt. Zimmermann beschreibt diese unfassbare Szene in der 23. Minute wie folgt: „Jetzt heben sie den Ball in den deutschen Strafraum hinein. Schuss! Abwehr von Turek! Turek, Du bist ein Teufelskerl! Turek, Du bist ein Fußballgott! Entschuldigen Sie die Begeisterung, die Fußball-Laien werden uns für verrückt erklären. Aber bedenken Sie: Es ist heute wirklich Deutschlands Fußballtag. Und ein Schuss von Hidegkuti, volley aus drei Metern abgefeuert, wird von Turek zur Ecke abgewehrt." Es sind Sätze, die sich in die deutsche Fußballgeschichte einstanzen, die sich einmeißeln in das Gedächtnis aller Fans, die in diesem Moment der Übertragung folgen.

Das Endspiel bleibt spektakulär, und Zimmermann überschlägt sich bis zum Ende der ersten 45 Minuten noch viele Male. Erst dann geben die Spieler auf dem Platz und ihr Sprecher auf der Pressetribüne wieder Ruhe. „2:2 – Das ist mehr als wir zu hoffen gewagt haben", mit diesem Zwischenfazit beschließt Zimmermann die dramatische erste Halbzeit. In der Pause holt er nun neue Expertenmeinungen ein. Die Stimmung hat sich gedreht, funkt er nach Deutschland und nährt damit die Hoffnung: Die Pressevertreter sind nun der Auffassung, dass beide Teams gewinnen können. Womöglich aber hat er einen kleinen Rüffel bekommen von seinem Teamchef Lembke, der neben ihm sitzt und still das Spiel verfolgt. Hat Zimmermann zu sehr dramatisiert? Hat Lembke seine Wortwahl kritisiert? Es spricht einiges dafür. Noch einmal nämlich, nach einer Großchance durch Hidegkuti, rühmt Zimmermann in der zweiten Halbzeit in einer ähnlichen Stimmlage den nun stets ausgezeichneten Keeper Turek. Aber nun sagt er: „Toni, Toni, du bist Gold wert! Du bist mindestens so schwer in Gold aufzuwiegen wie der Coupe Rimet." Es wirkt wie eine Einschränkung, wie eine Kompensation. In diesen Zusammenhang passt, dass er die Hörer zu Beginn der zweiten 45 Minuten auf den Stellenwert des Fußballs hinweist. Allmählich, beginnt er diese Einordnung, die so gar nicht mit seiner vorher an den Tag gelegte Stimmlage übereinstimmt, sei das Stadion gefüllt, die Schweizer Zuschauer hätten nun alle ihren Platz gefunden. „Aber die Tatsache", führt er fort, „dass man auch bei einem Weltmeisterschaftsendspiel sich ein bisschen Zeit lässt, unter Umständen, und die Sache nicht übermäßig wichtig nimmt, die sollte auch uns daran erinnern, dass bei aller Freude, bei allem Einsatz, es hier lediglich um ein Spiel geht." Hatte er das selbst vergessen?

Doch es dauert nach dem Wiederbeginn nur wenige Augenblicke, und Zimmermann lässt sich erneut hinreißen zu tonalen Ausreißern im Grenzbereich. Verantwortlich dafür sind die neuerlichen Angriffswellen der Ungarn, die nun unbedingt die Vorentscheidung erzwingen wollen: „Freistoß der Ungarn aus der eigenen Hälfte heraus. Ist längst ausgeführt. Kommt zu dem aufgerückten Bozsik. Bozsik zu Hidegkuti. Hidegkuti, der zurückhängender Mittelstürmer spielt, spielt ab zu Koscis. Koscis auf engstem Raum, schön abgespielt. Jetzt Gefahr! Schuss! Auf der Torlinie gerettet! Nachschuss müsste kommen! Noch mal auf der Torlinie gerettet! Das erste Mal Posipal, das zweite Mal Kohlmeyer. Aber die Ungarn bleiben in Ballbesitz! Boszik müsste schießen, gibt zu Czibor, Czibor schießt! Abgewehrt! Liebrich rettet! Noch einmal Nachschuss! Koscis am linken Flügel! Rettet! Rettet! Rettet! Und – jetzt ist die Gefahr beseitigt. Durch

Liebrich." Es gibt unzählige Szenen, in denen Zimmermann ähnliche Angstschreie von sich gibt, und erneut entschuldigt er sich zwischendurch für die Emphase seiner Reportage: „Kinder, ist das eine Aufregung. Ihnen an den Lautsprechern wird es genauso gehen wie den 30.000 Schlachtenbummlern, die aus Deutschland hierher gekommen sind."

Mit zunehmender Spieldauer verlagert sich indes das Geschehen auf dem Rasen. Müde geworden, lassen die ungarischen Spieler nach. Die deutschen Angreifer, deren Kondition noch hält, werden hingegen immer stärker. In der 84. Minute schließlich ist es soweit, Zimmermann läutet die entscheidende Spielsituation mit tiefer und getragener Stimme ein: „Sechs Minuten noch im Wankdorf-Stadion in Bern. Keiner wankt. Der Regen prasselt unaufhörlich hernieder. Es ist schwer, aber die Zuschauer, sie harren noch aus – wie könnten sie auch! Eine Fußball-Weltmeisterschaft ist alle vier Jahre, und wann sieht man ein solches Endspiel! So ausgeglichen! So packend! Jetzt Deutschland am linken Flügel, durch Schäfer. Schäfers Zuspiel zu Morlock wird von den Ungarn abgewehrt. Und Bozsik, immer wieder Bozsik, der rechte Läufer der Ungarn, am Ball. Er hat den Ball, verloren diesmal, gegen Schäfer. Schäfer, nach innen geflankt. Kopfball! Abgewehrt! Aus dem Hintergrund müsste Rahn schießen. Rahn schießt! Tor! Tor! Tor! Tor! (kurze Pause) Tor für Deutschland! Linksschuss von Rahn, Schäfer hat die Flanke nach innen geschlagen. Schäfer hat sich gegen Bozsik durchgesetzt. 3:2 für Deutschland! Halten Sie mich für verrückt! Halten Sie mich für übergeschnappt!" Er japst nach Luft, er kann es selbst kaum glauben. Und dennoch ist Zimmermann in diesen Momenten mit seinen Schilderungen spektakulär parallel zu der WM-entscheidenden Szene: Das von ihm geschriene „Tor" verlässt seine Lippen, noch bevor der Jubel der Zuschauer durch die Leitung nach Deutschland dringt. Dieser Moment vor dem 3:2 ist nicht nur perfekt von Rahn gespielt, auch Zimmermann hat ihn perfekt nachvollzogen – allerdings auf Kosten des von ihm unterschlagenen Dribblings nach links, das Rahn die Schussbahn frei macht.

Manchmal verliert er in diesen letzten Minuten, in denen die Sensation immer wahrscheinlicher wird, die Kontrolle über seine Sätze: „3:2 für Ungarn. Aber jetzt, wie von der Tar ... “, dann unterbricht ihn Lembke barsch und ruft: „Für Deutschland!“ Zimmermann weiter, etwas irritiert: „Für Deutschland! Ich bin auch schon verrückt, Entschuldigung! 3:2 für Deutschland! Und die Ungarn, wie von der Tarantel gestochen, lauern die Puszta-Söhne ... drehen jetzt den siebenten oder zwölften Gang auf, und Koscis flankt! Puskas abseits! Schuss! Aber nein: Kein Tor! Kein Tor! Kein Tor! Puskas abseits! Eindeutige Abseitsstellung von Major Puskas!“ In dieser Situation hat Zimmermann auch Glück. Er sitzt so günstig, dass sich Linienrichter Griffith von seinem Platz in einer Flucht mit Puskas befindet. So erblickt er sofort und noch vor dem Tor, dass Griffiths die Fahne hebt (anders übrigens als DDR-Reporter Hempel): Er ist im Wortsinn auf der Höhe des Geschehens. Es sind berührende und verstörende Passagen. Spätestens jetzt hat Zimmermann auch diejenigen Hörer mitgerissen, die sich üblicherweise nicht für den Fußball interessieren.

In der Schlussphase dann hat Zimmermann sich wieder einigermaßen gefangen und greift zu Stilmitteln, die er schon häufig angewandt hat: „Der Sekundenzeiger, er wandert so langsam. Wie gebannt starre ich hinüber. Geh doch schneller, geh doch schneller; aber er tut es nicht, er geht mit der Präzision, die ihm vorgeschrieben ist, wandert er voran. (...) Czibor! Jetzt ein Schuss! Gehalten von Toni! Gehalten! Und Puskas, der Major, der großartige Fußballspieler aus Budapest. Er hämmert die Fäuste auf den Boden, als wollte er sagen: Ist das denn möglich? Dieser Siebenmeterschuss! Es ist wahr, unser Toni hat ihn gemeistert! (...) Es kann nur noch ein Nachspielen von einer Minute sein. Deutschland führt 3:2 im Endspiel der Fußballweltmeisterschaft. Aber es droht Gefahr, die Ungarn auf dem rechten Flügel. Jetzt hat Fritz Walter den Ball über die Außenlinie ins Aus geschlagen. Wer will ihm das verdenken. Die Ungarn erhalten einen Einwurf zugesprochen, der ist ausgeführt, kommt zu Bozsik – Aus! Aus! Aus! Aus! Das Spiel ist aus! Deutschland ist Weltmeister! Schlägt Ungarn mit 3:2-Toren im Finale in Bern!"

Diese Sätze sind vielleicht auch deshalb in die Rundfunkgeschichte eingegangen, weil sie ungewöhnlich subjektiv sind, weil sie die neutrale Position, die ein Journalist normalerweise einnimmt, verlassen haben. Zimmermann hat sich hinreißen lassen, diese Konventionen zu verletzen, speziell zum Schluss der Übertragung. Aber ist das in diesem Moment womöglich gar nicht anders machbar? Ist Zimmermann nicht geradezu dazu gezwungen, die üblichen Formen zu verlassen? Sein Kollege Hempel aus der DDR jedenfalls spricht in diesem Finale viele Dinge aus, die Zimmermann nicht anführt. Abgesehen davon, dass er die Herberger-Elf im politischen korrekten DDR-Deutsch stets „Westdeutschland" oder „westdeutsche Mannschaft" nennt, kritisiert er auch zuweilen unerschrocken den Schiedsrichter, wenn der ein Foul eines Deutschen nicht abpfeift. So in einer Situation kurz vor der Halbzeit: „Meiner Ansicht nach hätte Ling jetzt pfeifen müssen, als Lorant von hinten von Schäfer glatt umgesäbelt wurde. Er hat es aber nicht gepfiffen." Und die Szene vor dem 3:2 schildert er als Foul Schäfers an Bozsik (was Schäfer in seinen Memoiren genauso sieht) – eine Situation, die Zimmermann nicht einmal in Frage stellt. Hempel nimmt also eine strikt neutrale Haltung ein, natürlich auch, weil sie von der Sendeleitung Ost-Berlins so angeordnet worden ist. Nach dem Schlusspfiff geht allerdings auch seine Stimme in die Höhe, er sagt: „Das Unvorstellbare ist passiert!" Dennoch wirkt diese Reportage für den ostdeutschen Sender wie ein Pendant zur Ekstase Zimmermanns. Journalistisch hat Hempel ohne Zweifel sauberer gearbeitet. Aber die Geschichte wird Zimmermann Recht geben. Seine Reportage wird in dem Moment, in dem Robert Lembke nach dem Abspielen der deutschen Hymne nach Deutschland zurückgibt, zum Mythos. Zum Gegenstand millionenfacher Erzählungen.

Hempels Tragik, Zimmermanns stiller Triumph

Hempel aber gerät zur tragischen Figur. Keiner rechnet dem 27-Jährigen an, dass er während des Finals auch den Ton für das DDR-Fernsehen liefern muss. Diese Mitteilung aus Ost-Berlin erreicht ihn erst eine Stunde vor Spielbeginn. Und natürlich macht ihn das nervös, er weiß: Diese Verbindung ist an sich unmöglich. Der junge Erfurter ist völlig sprachlos, als er bei seiner Rückkehr in die DDR bemerkt, dass seine Reportage dem Publikum nicht zugesagt hat. „Bei mir war Toni Turek kein Fußballgott und ich habe auch nicht bis zur Atemnot geschrien", erklärt er diese Unterschiede von damals, „ich habe eben nicht diesen überschwänglichen Ton drauf, der wahrscheinlich an diesem Tag der einzig mögliche gewesen wäre". Es ist ein Thema, das ihn bis heute verfolgt. Wie krass und vernichtend das damalige Urteil ausfällt, davon berichtet er in den 90er Jahren einmal bei einer Veranstaltung an der Universität Erfurt. Er habe nach dem Endspiel 3 000 Leserbriefe bekommen, erzählt er dort, „davon mehr als 90 Prozent anonym". Viele hätten messerscharfe Formulierungen benutzt, der schlimmste Brief kommt aus Wittenberg: „Wir werden Dich Kommunisten-Sau neben Walter Ulbricht auf dem Marktplatz von Wittenberg hängen sehen." Diese mehrheitlich radikale Ablehnung ist ein Zeichen, wie sehr sich auch die Ostdeutschen mit dem Triumph der Walter-Elf identifizieren.

Es gibt aber eine Figur auf der Reportertribüne, deren Schicksal noch tragischer einzustufen ist. Szepesi, der ungarische Reporter mit dem fulminanten Wortschwall und der faszinierende Stimme, ist gegen Ende des Spiels immer leiser und ängstlicher geworden. Er war sich, wie alle seine Landsleute daheim, so sicher, dass Ungarn dieses Endspiel nicht verlieren könnte. Am Schluss bricht er zusammen und weint. Wenn er später von diesen Szenen berichtet, fügt er immer an: „Wie auch noch heute."

Lembke dagegen beendet die Übertragung aus Bern so trocken und nüchtern, wie er sie eröffnet, indem er wieder nach

Deutschland gibt. Danach sind er und Zimmermann genauso verstört wie die Millionen Fußballfans, die nun in Deutschland das „Wunder von Bern“ feiern. Sie umarmen sich kurz, aber sie sprechen kein Wort miteinander. Sie sind wie betäubt. Dann beeilt sich Zimmermann, zur deutschen Mannschaft zu gelangen. „Unten in den Kabinen fand ich meine Worte langsam wieder“, beschreibt er die Szene, dort spricht er mit den ersten Spielern: „‚Hörtet Ihr den Pfiff des Schiedsrichters beim Abseitstor?‘, fragte ich Turek und Liebrich. ‚Nein‘, sagte Liebrich, ‚ich sah nur den Linienrichter winken.‘ Und Turek gestand: ‚Ich lag auf dem Boden, weinte vor Enttäuschung und war unfähig, allein aufzustehen. Erst als man mich hochhob und Abseits! rief, konnte ich wieder denken.‘“ In die Kabine darf Zimmermann nicht, das ist die Aufgabe des Redakteurs Kirmaier. Der benötigt viele Minuten, um das Schweizer Wachpersonal von seiner Legitimation zu überzeugen. Die Interviews, die der Bayer dann mit Toni Turek, dem italienischen Erfolgstrainer Vittorio Pozzo, Fritz Walter und Sepp Herberger führt, entstehen in einer fast unheimlichen Atmosphäre: In der Kabine herrscht keineswegs eine ausgelassene, laute Stimmung. Die Spieler sind nur geschafft, ihre Blicke sind leer. Blutleer trinken sie, auf den kargen Bänken sitzend, von Obstsäften. Die beeindruckendste Szene nach diesem Spiel, die erste ruhige Begegnung zwischen Herberger und Fritz Walter, schildert später Maibohm, Zimmermanns Vorgänger in Hamburg: „Die beiden schauen sich in die Augen. Ein stiller, fester Händedruck. Dann macht sich Fritz zum Dolmetsch für die gesamte deutsche Elf. Mit einem dreifachen Hipphipphurra, in das alle Anwesenden begeistert einstimmen, dankt der Spielführer unserer erfolgreichen Nationalmannschaft ihrem Betreuer, Trainer und – Freund. Der sagt nichts, kann einfach nichts sagen. Er geht reihum und erwidert die Gratulation mit Handschlag von Mann zu Mann.“

Auch die Reporter ohne Einsatz sind benommen. Krämer, Michel und Brumme haben sich umarmt, nach dem Ausgleich, nach dem Führungstor durch Rahn, nach dem Schlusspfiff. Ihnen haben Tränen im Gesicht gestanden. Aber: „Wir haben das nicht begriffen, was das alles ausgelöst hat in Deutschland", so Michel, der sich auch wundert, als ihnen ein Kollege beim Verlassen der Tribüne zuruft: „Euch werden Sie auch noch auf der Sänfte durch Deutschland tragen." Der muss verrückt sein, denkt Michel, der mit seinen Kollegen dann versucht, durch die Menge zum Bus der Deutschen zu gelangen. Sie kommen nicht durch, genauso wenig wie Zimmermann. Als die Reporter schließlich wieder zurückkehren nach Risch, winken ihnen viele Schweizer, die das deutsche Kennzeichen erkennen, freundlich zu. Viele Eidgenossen freuen sich über den Sieg der zurückhaltenden Truppe Herbergers. Es gibt freilich auch welche, die den Journalisten ihren Unmut darüber mit entsprechenden Handzeichen äußern.

Abends, wieder im Hotel, ist die Stimmung unter den Reportern eher gespenstisch. Als sie das Menü bestellen, nehmen sie sich laut Michel vor: „Ja nicht auffallen. Nicht trinken. Keinen Champagner bestellen. Ruhig bleiben. Wir nehmen das gelassen hin. Das brauchten wir auch gar nicht. Wir waren so geschafft, jeder für sich, Herbert am meisten, so dass wir eigentlich ruhig zu Abend gegessen haben und ins Bett gegangen sind, jeder in sein Zimmer, und haben uns vielleicht damit auf dem Zimmer damit auseinandergesetzt. Klar geworden ist es uns erst am Montag. Aber das ganze Ausmaß haben wir nicht gekannt." Sie trinken eine Flasche Sekt, ganz bescheiden. Alle wahren Contenance. Sie wollen nicht auffallen, sie wollen nicht dem Klischee des großkotzigen Deutschen entsprechen. Die größte Sensation in der deutschen Sportgeschichte, der auch seinen persönlichen Karrierehöhepunkt bedeutet, feiert Herbert Zimmermann nach innen. Fast heimlich.

Wann wohl ist er in dieser Nacht eingeschlafen?

VI. Hörfunkstar, Fernsehen, Familie (1955-1963)

Der König des deutschen Hörfunks

Zimmermann besitzt schon vor der Weltmeisterschaft in der Schweiz einen ausgezeichneten Namen. Die deutschen Fußballfans kennen ihn schließlich aus vielen Übertragungen. Doch nun gilt er, nicht nur bei seinem Arbeitgeber in Hamburg, als kleine Berühmtheit. Und er genießt es, wenn ihn die Leute im Alltag an der Stimme erkennen. Denn wann immer er den Mund aufmacht – beim Tanken, in einem Restaurant oder beim Theaterbesuch – drehen sich die Leute um und sagen: „Das ist Herbert Zimmermann." Weil sie diese Stimme berührt hat an diesem 4. Juli 1954. Der Sportfunkleiter kann es kaum fassen, als ein junger Mann namens Helmut Müller, der unbedingt Sportreporter werden will, ein Bewerbungsband einschickt und auf dem die letzten zehn Minuten seiner Berner Reportage Wort für Wort nachgesprochen sind – in gleicher Diktion, Stimmlage und Tempo (Müller wird später freier Mitarbeiter beim NDR). Die innerbetrieblichen Schwierigkeiten wegen der Reportage von Bern sind jedenfalls bald vergessen, bei den meisten Hörern überwiegt die Freude an diesem Hörerlebnis, wie die vielen Zuschriften und die eingegangenen Heiratsanträge beweisen. Zimmermann bemüht sich in den nächsten Jahren nicht sonderlich, seinen Stolz darüber zu verbergen. Wann immer neue Kollegen

Porträt als Schwerenöter, 1955

in seinem Ressort ihre Laufbahn beginnen, lädt er sie in seine schicke Wohnung ein, um mit ihnen, so der offizielle Vorwand, den „Schlachtplan für die nächsten Monate" in der Redaktion auszuarbeiten. In Wirklichkeit könnte er das genauso gut im Sender oder in einer Kneipe an der Rothenbaumchaussee erledigen. Zimmermann geht es um etwas anderes: Er nutzt diese Gelegenheiten, um Novizen wie Fritz Klein oder Günter Maletzko die schmeichelnde Fanpost und die eindeutigen Avancen aus dem Jahre 1954 zu präsentieren.

Überhaupt verfestigen sich in dieser Zeit, in der beruflich unantastbar geworden ist, seine extravaganten Auftritte in der Gesellschaft und auch in seinem Beruf. Sein selbstverliebtes Auftreten erinnert sehr an die Schauspielergröße Hans Albers. Der kommt grundsätzlich bei Anlässen aller Art – etwa bei den sehr beliebten Boxkämpfen – ein wenig zu spät, damit ihn ja das gesamte Publikum beachtet und bewundert. Beim Einsatz am Mikrofon zu spät zu erscheinen, das darf sich selbst der Sportchef des NWDR nicht erlauben. Doch er reizt, wenn es irgendwie machbar ist, die Zeit bis zum Letzten aus. Er liebt es, auf die letzte Sekunde zu kommen. Wenn etwa der Hamburger SV ein Heimspiel austrägt, dann beginnt Zimmermann seinen Fußweg ins Stadion erst eine Viertelstunde vorher. Fünf Minuten vor Spielbeginn betritt er dann mit großer Lässigkeit die Anlage. Eine Eintrittskarte benötigt er nie: Wenn die Ordner den berühmten Reporter erkennen, dann schleusen sie ihn an den normalen Besuchern vorbei und machen einen Diener. Wenn man so will: die Menge teilt sich. Leitungen, Mikrofon und Sitzgelegenheit sind stets vorbereitet für die anstehende Reportage, doch Zimmermann fragt immer: „Mein Stuhl, steht der an der Aschenbahn?" Die Ordner antworten: „Ja, alles wie immer." Wenn Zimmermann jemand mitbringt, dann muss ein zweiter Stuhl organisiert werden. Dann schreitet der Starjournalist vor den Augen der gesamten Haupttribüne die Laufbahn zu seinem Mikro ab. Dann wissen alle Zuschauer: Das Spektakel beginnt in Kürze.

Der „HSVer"

Sein ganzer Auftritt verrät die Souveränität eines Journalisten, der um seine grandiosen sprachlichen Qualitäten weiß. Unterstützt wird das noch durch sein sehr elegantes Erscheinungsbild. Er legt großen Wert auf gepflegte Kleidung und trägt fast nur Maßanzüge. Seine Schuhe sind edel und teuer, überhaupt haftet ihm nichts Billiges an. In jeder Sekunde strahlt er eine Autorität aus, und es umweht ihn dabei eine schon fast geheimnisvolle Aura. Nur bei Einsätzen außerhalb Hamburgs verliert er schon einmal die Fassung. Denn Zimmermann gilt, wie in späteren Zeiten auch seine Nachfolger, den Fußballfans außerhalb der Hansestadt stets als „HSVer", als jemand, der in seinen Reportagen und Berichten Partei für den verhassten Nobelklub ergreift. Wenn er also bei Auswärtsspielen des HSV, etwa bei den großen Nord-Derbys in Braunschweig, Osnabrück, Bremen oder Hannover, in der Nähe des Publikums sitzt und reportiert und die wütenden Fans ihn als „HSVer" beschimpfen, dann wird er fuchsteufelswild. Solch hart formulierte Kritik aus nächster Nähe verträgt er nicht. Nicht selten kommt es dann zu heftigen verbalen Auseinandersetzungen mit den Fans.

Dabei ist der Generalverdacht dieser Fans beileibe nicht unberechtigt. „Der HSV und Zimmermann, das war unzertrennbar", erinnert sich etwa Fritz Klein, sein Schüler. Denn natürlich nutzt Zimmermann die räumliche Nähe seines Arbeitgebers zum Gelände des HSV, um sich Hintergrundinformationen zum

Geschehen im Spitzenfußball einzuholen. Er ist zudem gut befreundet mit der ehemaligen HSV-Größe Richard Dörfel, dem Onkel Charly Dörfels, der in den 60er Jahren als Flankengeber Uwe Seelers Furore macht. Natürlich ist der Kontakt zu Seeler ebenfalls hervorragend. Und das Verhältnis zu Jupp Posipal, dem 54er-Weltmeister in Diensten des HSV, übersteigt ebenfalls das beruflich Notwendige bei weitem – was sich bei Länderspielen durchaus positiv für Posipal bei der Einzelkritik auswirken kann.

Innerhalb des Senders oder gar von der ARD wird Zimmermann deswegen indes nicht kritisiert. Dafür ist seine Position nach 1954 zu gefestigt, zumal seine Ansprüche als Chef in Hamburg danach nie wieder in Frage gestellt werden. Dabei wird diese Nähe des Hörfunkjournalisten zum Objekt in anderen Sendern durchaus als sportspezifisches Problem erkannt. So etwa im Kölner Funkhaus. Dort gibt es eine schwere Auseinandersetzung zwischen Sportchef Willi Busse und seinem ambitionierten Starreporter Brumme, der unbedingt den gleichen Status wie sein berühmter Kollege aus Hamburg erlangen will. Das jedenfalls vermutet Busse in einem Brief vom 9. November 1955 an seinen Intendanten Hartmann: „Die Tatsache, dass sein Reporterkollege, in natürlichem Sinne Konkurrent und in gewissen Dingen Rivale Herbert Zimmermann in Hamburg zugleich auch (infolge anderer Konstruktion) Sportfunkleiter und Abteilungsleiter ist, kann von Herrn Brumme anscheinend nicht verwunden werden." Vor allem kritisiert Busse jedoch – neben den lukrativen Nebenjobs Brummes – dessen Eitelkeit und allen journalistischen Regeln zuwider laufende Nähe zu den Stars des Sports: „Mein Unterscheidungsvermögen hat noch nicht in einer maßlosen Selbstüberschätzung gelitten, wie ich sie seit langem bei einigen Reporterstars erlebe. Obwohl ich unsere Reporter immer wieder darauf hingewiesen habe, in ihrer Tätigkeit eine bestimmte Distanz zu wahren, um auch den Schein einer Abhängigkeit als Publizist zu vermeiden, ist dieser Rat besonders von Herrn Brumme nicht befolgt worden. Die Duz-Freundschaf-

Oben: Der Fußballreporter in seinem Element.
Unten: Freundschaft mit Richard Dörfel (HSV)

ten mit allen möglichen Leuten, bekannten Sportlern wie Trainern, Vereinsvertretern, Geschäftsleuten usw. können ihm auf die Dauer doch nicht von wirklichem, echtem Vorteil sein." Das sind Sätze, die – um nur das prominenteste Beispiel anzuführen – heute auf Waldemar Hartmann genauso zuträfen.

Erste Rücktrittsgedanken als Fußballreporter

Zimmermann jedenfalls genießt seine Prominenz in Hamburg. Er wird Ehrenmitglied des elitären „Club an der Alster" und fühlt sich außerordentlich geschmeichelt, als ihn die Damen-Hockey-Nationalmannschaft zu ihrem Außenkapitän kürt (ein Ehrenamt, das vor allem in der Aufgabe besteht, die Mannschaft zuweilen zu teuren Abendessen einzuladen). Ohnehin ist Hockey für ihn, den aktiven Tennis- und Tischtennisspieler, eine favorisierte Sportart, über die er gern berichtet. Dass er auch dort als Journalist Privilegien genießt, zeigt er auch den Kollegen von der Presse deutlich, die seinen Interviews bei Länderspielen nicht immer beiwohnen dürfen. Für den Fußball aber trifft er nach 1954 eine grundsätzliche Entscheidung: Er beschließt, fortan nicht mehr die Länderspiele mitzusprechen. „Nach dieser Reportage", sagt er zu seinem früheren Kollegen aus der Reporterabteilung nach 1945, Max Rehbein, kurz nach der Weltmeisterschaft, „kann es keinen weiteren Höhepunkt in meiner Karriere als Fußballreporter geben". Rehbein findet das eine großartige Entscheidung, er nennt es fabelhaft, dass Zimmermann nun den aufstrebenden Nachwuchsreportern berufliche Chancen eröffnen möchte.

Doch die Versuchung, dem nächsten womöglich historischen Fußballereignis beiwohnen zu können, erweist sich als zu groß: Am 1. Dezember 1954 sitzt Zimmermann unter 100 000 Zuschauern im Wembley-Stadion und spricht das Länderspiel zwischen England und Deutschland. „Hallo Deutschland", so beginnt er seinen ersten Länderspiel-Einsatz nach dem Finale in Bern. Doch die Hoffnung, dass eine deutsche Mannschaft erstmals gegen England gewinnt, erfüllt sich nicht. Das Spiel endet 3:1 für den Gastgeber, für den noch Stanley Matthews an der Außenbahn wirbelt. Aber es ist ohnehin kein richtiger Vergleich zwischen dem Mutterland des Fußballs und dem aktuellen Weltmeister, fehlen doch acht Spieler aus der Berner Elf. Fast alle sind an Gelbsucht erkrankt, was eine Doping-Affäre nach sich zieht: Die Ungarn behaupten nun, angeführt von Kapitän Puskas, die Deutschen hätten sich in der Pause des Endspiels illegal mit Vitamin C-Infusionen gestärkt und daher am Ende die bessere Kondition aufgewiesen. Diese Affäre erwähnt Zimmermann während seiner London-Reportage nicht. Weil es auch einen Schatten auf den Höhepunkt seiner journalistischen Karriere werfen könnte?

Rückzug in die Familie

Der Brief, den Zimmermann am 2. März 1955 an seine Schwester Gabriele schreibt, quillt geradezu über vor Besitzerstolz: „Meine neueste Errungenschaft ist das seit einiger Zeit angekündigte Auto, das ich vorige Woche in Stuttgart geholt habe. Der Wagen sieht bombig aus, Farbe grau, Typ Mercedes 180 Benzin, Schonbezüge, automatisches Radio, Nebellampe und neue Bereifung. Allerdings habe ich den Wagen nicht neu, sondern verabredungsgemäß mit 17 000 km als Direktionswagen übernommen. Dafür habe ich rund 35 Prozent gespart. Straßenlage großartig, mit Hilfe der Klima-Anlage außerdem warm und gemütlich. Na, Ihr werdet den Wagen ja bald sehen." Eigentlicher Inhalt des Briefes ist jedoch der bevorstehende Besuch seiner ältesten Nichte Helga bei ihm in Hamburg, den er mit gewohntem Witz bei seiner Schwester vorbereitet: „Ich bitte mir gute Stimmung, saubere Wäsche oder gut gewaschene Hände und Füße aus. Fräulein Helga soll nämlich in Hamburg als Dame behandelt werden. Ich rate ihr schon jetzt, fleißig zu sparen, damit sie ihren Onkel auf der Reeperbahn einladen kann."

Viel häufiger aber fährt er in den Westen der Bundesrepublik, um seine Verwandten zu besuchen. Vor allem die vier Nichten und Neffen, die in einer Werkssiedlung in Marl aufwachsen, betrachtet er als seine „Ersatzkinder“. Er liebt sie abgöttisch und bringt ihnen immer ein Präsent von seinen Reisen mit. Wenn es seine Zeit und seine Reisepläne zulassen, taucht er dann – meistens ohne große Vorankündigung – für ein oder zwei Tage ab in die Geborgenheit. Dort tankt er, der sonst so agil und beweglich die Welt bereist, Ruhe und Kraft für die kommenden Aufgaben und beschäftigt sich sehr intensiv mit den Problemen und Problemchen seiner Familienmitglieder. Er kümmert sich rührend um seine Neffen, wenn deren Versetzung einmal mehr in Frage steht. Und auch später noch, als seine Nichten und Neffen längst auf eigenen Beinen stehen, schreibt er ihnen regelmäßig Briefe. Der Kontakt zu ihnen ist ebenso eng wie der zu seinen Eltern, die in Witterschlick bei Bonn wohnen, und zu seiner älteren Schwester.

Doch so sehr er, die Figur der Öffentlichkeit, die Abgeschiedenheit auch genießt, so richtig abschalten vom Beruf kann er eigentlich nie. Wenn er etwa mit den Kindern seiner Schwester einen Spaziergang unternimmt, dann imitiert er oft genug seinen Job: Er spricht das, was um ihn und die Kinder herum geschieht, im Stile eines Radioreporters, mit der ihm eigenen Dramaturgie und Stimmlagenschwankung. Die Kinder sind begeistert davon.

Sooft es geht, lässt er auch die Familie an seiner Arbeit teilhaben. Seine Schwester nimmt er zu Beginn der 50er Jahre einmal mit in das mondäne Wimbledon, wo er die „All England Lawn and Tennis Championships“ reportiert, und sie ist begeistert von der sehr kultivierten und noblen Atmosphäre in London. Sein Neffe Hans-Christian Ströbele kann sich noch sehr präzise an ein Fußballspiel in der Glück-Auf-Kampfbahn auf Schalke erinnern: „Der Junge stand dann daneben und bewunderte ihn, wie er alle Details über alle möglichen Spieler vorrätig hatte, wann und wo dieser oder jener verletzt gewesen ist.“ Außerdem wundert ihn, dass das, was sein Onkel zuweilen erzählte, gar nicht auf dem Platz geschieht, sondern bereits Minuten vorher vorgefallen ist: „Wenn ein Tor fiel oder etwas anderes passierte,

Mit Schwester und Schwager

PERSONENBESCHREIBUNG
DESCRIPTION
SIGNALEMENT

Beruf / Occupation / Profession: Sportfunkleiter
Geburtsort / Place of birth / Lieu de naissance: Alsdorf
Geburtsdatum / Date of birth / Date de naissance: 29. November 1917
Wohnort / Residence / Domicile: Hamburg
Gesichtsform / Shape of face / Visage: oval
Farbe der Augen / Colour of eyes / Couleur des yeux: graugrün
Größe / Height / Taille: 176 cm
Besondere Kennzeichen / Distinguishing marks / Signes particuliers: keine

Nr. B 2918846

2

Unterschrift des Paßinhabers / Signature of bearer / Signature du titulaire

Es wird hiermit bescheinigt, daß der Paßinhaber die im Lichtbild dargestellte Person ist und die Unterschrift darunter eigenhändig vollzogen hat.
It is hereby certified that the bearer is identical with the person on the photograph and that the signature has been given in his own hand.
Il est certifié que le titulaire est la personne représentée par la photographie ci-dessus et que la signature est autographe.

Hamburg, den / the 16. JULI 1959

Unterschrift / Signature / Signature

Nr. B 2918846

3

Der Führerschein des „Sportfunkleiters“ 1959

dann musste er ganz schnell einholen und musste wieder auf den Zeitpunkt zurückkommen." Seine jüngere Nichte Gudrun zwingt er dazu, sich wenigstens einmal die Deutschen Tennis-Meisterschaften am Hamburger Rothenbaum anzusehen: „Einmal musst da mit", und sie ist ebenfalls sehr angetan von der Atmosphäre. Und seinem jüngsten Neffen Herbert, der ihm am ähnlichsten sieht und den er nicht selten als seinen Sohn ausgibt, vermittelt er einen fantastischen Rundflug über Hamburg, organisiert von Box-Legende Hein ten Hoff. Und natürlich bekommen alle Autogramme mit persönlichen Widmungen von Stars wie dem Boxer Max Schmeling oder dem Trabrennfahrer Hänschen Frömming, oder Miniatur-Fußballstiefel mit den Unterschriften aller „Helden von Bern".

Frauen

Zu dieser Familie gehören auch die zwei wichtigsten Frauen in Zimmermanns Leben, die wie selbstverständlich an den Aktivitäten in Marl oder in Witterschlick teilnehmen – selbstredend nicht beide auf einmal, sondern nur jeweils alleine. Sehr häufig ist Zimmermann in Begleitung seiner permanenten Lebensgefährtin Auguste Reuß-Barth, mit der er in Hamburg gemeinsame Wohnungen mietet (zuerst im Schlump, dann im Harvesterhuder Weg), die ausschließlich sie einrichtet. Sie ist als Jahrgang 1908 sehr viel älter als Zimmermann. Eine mondäne Frau, die selbstverständlich Pelz trägt, aufgrund ihrer langen Erfahrung bei der UFA weit vernetzt ist und dieses Netzwerk auch weidlich nutzt. Nach einigen beruflichen Startschwierigkeiten nach dem Krieg ist sie Mitte der 50er Jahre wieder voll im Geschäft verankert. Von ihrer zweiten Wohnung in München aus agiert sie als Produzentin für zahlreiche Filme. Sie managt Anspruchsvolles wie „Das Bekenntnis der Ina Kahr" (1954) unter der Regie von Georg Wilhelm Papst, in dem unter anderen der junge Curd Jürgens mitwirkt. Es sind Melodramen wie „Liebe kann Gift sein" (1958) dabei. Dort führt der umstrittene Veit Harlan Regie, der im Dritten Reich den Propagandastreifen „Jud Süß" gedreht hat;

ein Darsteller ist Joachim Fuchsberger. Meistens aber handelt es sich um eher seichte Komödien à la „Tolles Früchtchen“ (1953, mit Jane Tilden und Nadja Tiller) oder „Ein Herz für Musik“ (1955; Regisseur ist Robert Stemmle, den Reuß-Barth aus UFA-Zeiten kennt: Hauptdarsteller ist Vico Torriani). Dass Reuß-Barth ausgerechnet als Produzentin arbeitet, ist kein Zufall: Sie kann glänzend organisieren. Vor allem aber scheut sie sich nicht, unpopuläre Entscheidungen hinsichtlich des Budgets zu treffen. Sie gilt als resolut und absolut kompromisslos im Umgang mit ihren Geschäftspartnern. Mit ihr ist nicht gut Kirschen essen.

Auch Zimmermann hat sie in den ersten Jahren seiner Karriere gehörig angetrieben und angeschubst, die richtigen Dinge zum richtigen Zeitpunkt zu unternehmen – unter Zuhilfenahme ihrer ausgezeichneten Verbindungen, wie sich Ende der 40er Jahre gezeigt hat. Zimmermann vergisst ihr das nie. Bereits am 22. April 1949, als er noch nicht die letzte Stufe nach oben erklommen hat, setzt er seine Lebensgefährtin als Erbin ein. In seinem ersten Testament heißt es: „Im Falle meines Todes setze ich Frau Auguste Reuß, geb. Barth, Hamburg, Schlump 58, zu meiner alleinigen Erbin ein, in der Überzeugung, damit einen kleinen Dank für die gemeinsamen langen Jahre unseres Zusammenlebens auszudrücken.“ Diese Sätze sagen sehr viel über das insgesamt seltsam anmutende Gespann Zimmermann-Reuß-Barth. Denn eine Partnerschaft allein auf Dank und Respekt aufzubauen, das funktioniert auch bei diesem Paar nur bedingt. Nicht selten benötigt Zimmermann eine Pause von ihren Tobsuchtsanfällen und Eifersuchtsattacken, die indes nicht aus heiterem Himmel passieren und durchaus ihre Grundlage haben. Und so gehört „Tante Medy“, wie sie von Zimmermanns Nichten und Neffen genannt wird, zwar irgendwie zur Familie, obwohl sie nicht mit dem Onkel verheiratet ist. Sie treffen sich mit ihr auch ohne den Onkel. So wie Hans-Christian, der in Berlin, wo er seit 1961 Jura studiert, auch in einigen ihrer Filme als Statist mitwirkt, um ein paar Mark zu verdienen. Nicht selten feiert sie auch Weihnachten mit Zimmermanns Familie in Marl. Aber oft genug bringt Zimmermann eben auch eine andere Frau mit.

Dieses andere weibliche Wesen, von der auch Reuß-Barth weiß, hat Zimmermann beim NWDR kennen gelernt. Sie heißt Hertha Seifart, ist ein bisschen jünger als Zimmermann und sieht fantastisch aus. Sie bildet typmäßig genau das Gegenstück zu Reuß-Barth, die kecke Brünette, die manche als „Spätblütler“ bezeichnen und als Jahrgang 1907 über zehn Jahre älter ist als Zimmermann. Seifart ist groß, blond, blauäuig und von eher zurückhaltendem, scheuem Charakter. Sie ist, was Reuß-Barth häufig zum Wahnsinn treibt, nicht nur eine kluge Frau, sondern eben in erotischer Hinsicht überaus anziehend. Und so hält Zimmermann auch den Kontakt zu ihr, als sie zu Beginn der 50er Jahre nach Köln zieht, um dort im Hotelgeschäft ihr Geld zu verdienen. Wann immer es geht, besucht er sie dann in ihrem „Hotel zu den Sieben Wegen“ in Köln-Dellbrück, so etwa vor seiner Abreise zu den Olympischen Sommerspielen 1956 in Melbourne. Sie fährt ihn an den Kai nach Rotterdam, von wo aus sein Schiff in See sticht.

Zimmermann nennt Seifart und Reuß-Barth unter den Kollegen, die ebenfalls von der pikanten Konstellation wissen, im Scherz immer „meine beiden Frauen“. Doch es bleibt nicht dabei, Zimmermann hat reichlich Affären. Er lässt nichts anbrennen, schließlich sieht er blendend aus. Seine Freunde nennen ihn manchmal Stuart Granger, nach dem US-Schauspieler aus dem Film „König Salomons Meilen“, weil er ihm so ähnlich sieht. Gesegnet mit diesem Äußeren, umschwärmt er wortreich, überaus charmant und äußerst aggressiv all die attraktiven Frauen, die nicht sofort abweisend wirken. Er kann gar nicht anders, als sie mit schmeichelhaften Komplimenten zu umgarnen. Selbst seine Neffen spannt er dazu mitunter ein. Als Zimmermann in Hamburg eine gut aussehende Schauspielerin entdeckt, sagt er zu seinem Neffen Herbert: „Jetzt gehst Du mal rüber zu der Frau und machst ihr ein Kompliment.“ Dem Neffen ist es peinlich. Zimmermann kennt diese Widerstände nicht. Er jagt nicht nur

Interviews im Sportjournalismus, er verfolgt auch Frauen. Und nicht selten erfolgreich. So gibt es Mitte der 60er Jahre noch eine weitere Frau, bei der er eine Heirat zumindest erwägt. Sie heißt Geri Jumel und wohnt in München, und sie ist ebenfalls ein paar Jahre jünger als er. Doch am Ende siegen auch hier – wie immer – die vielen Zweifel und die Dankbarkeit gegenüber derjenigen Frau, der er beruflich am meisten zu verdanken hat: Auguste Reuß-Barth.

Moskau I: Erinnerungen

„Ein Krieg endet erst, wenn der letzte Soldat beerdigt ist."

Herbert Zimmermann ist dabei, als die deutsche Nationalmannschaft am 21. August 1955 bei 35 Grad im Schatten gegen die Elf der Sowjetunion antritt. Er sitzt im Moskauer Dynamo-Stadion unter 80000 und kommentiert gemeinsam mit Rudi Michel diese Partie, die mehr ist als nur ein profanes Fußballspiel. Denn immer noch befinden sich rund zehntausend Deutsche in russischer Kriegsgefangenschaft – die deutsche Bevölkerung hofft: weitaus mehr. Doch sind viele nach 1945 in den Lagern gestorben. Auch Zimmermann könnte in diesem Moment die Hymne aus einem der vielen Arbeitslager vernehmen. Den langen Marsch in die Gefangenschaft aber hat er ja bei Kriegsende mit viel Glück vermieden. Doch selbstverständlich ist es jetzt für ihn eine beschwerliche Reise in die Vergangenheit. Jetzt sitzt er schließlich dort, wohin es ihn 14 Jahre zuvor gezogen hat: In der sowjetischen Hauptstadt. Damals als Soldat. Heute als Reporter. Es irritiert ihn, den sonst so lässigen Sportchef aus Hamburg.

Als die deutsche Öffentlichkeit von dieser Begegnung erfährt, ist die Mehrheit der Bevölkerung und der Medien dagegen. Allein die *Welt* sieht in dem Spiel eine Möglichkeit zur Entspannung. Der RIAS dagegen verweigert sogar die Rundfunkübertragung. Der NDR und mit ihm Zimmermann springen ein. Zehn Jahre nach der Kapitulation des NS-Regimes ist die Überraschung deswegen so groß, weil zwischen der BRD und der Sowjetunion immer noch keine diplomatischen Beziehungen existieren, zu sehr schmerzen noch die Nachwehen des Krieges. Im September 1955, das steht lange fest, wird Adenauer nach Moskau reisen und versuchen, die Entlassung der letzten deutschen Gefangenen zu bewirken. Die Fußballer, so sehen es die meisten Kommentatoren, stören da nur. Die Politik hingegen betrachtet diese Begegnung als Eisbrecher: Natürlich ist der Oberste Sowjet informiert, als Dynamo Moskau dem Deutschen Fußball-Bund (DFB) eine Einladung zukommen lässt. Und natürlich berät der Dachverband dies in aller Ausführlichkeit mit dem Auswärtigen Amt. Erst als Adenauer unter Bedingungen die Einladung abnickt, erklärt sich der DFB damit einverstanden. Es ist ein Coup, aber von langer Hand vorbereitet.

So fährt die Herberger-Elf gewissermaßen als Vorhut der großen Politik nach Moskau. Es ist nicht nur für Zimmermann ein erzwungenes Rendezvous mit der eigenen Biographie, sondern auch für einige Spieler. Fritz Walter etwa erinnert sich an seine kurze sowjetische Kriegsgefangenschaft in Rumänien, in der ihn allein seine Fußballkünste vor einem sibirischen Lager bewahrt haben: Ein Offizier hatte den deutschen Nationalspieler damals erkannt und in seine Heimat zurückgeschickt. Schon in seinen Briefen an die eingeladenen Spieler weist Herberger auf die Besonderheiten dieses Gastspiels hin. Vor dem Spiel bläut er ihnen noch einmal ein: „Ihr müsst wissen, dass Ihr auf dem Spielfeld und darüber hinaus in jedem Augenblick euer Vaterland repräsentiert." Einigen Männern stehen danach Tränen im Gesicht. Sie werden die Aufgabe bravourös meistern. Unter dem Beifall der 80 000 werfen die Weltmeister von Bern vor Spielbeginn riesige Rosensträuße in das Publikum, und auch das Ergebnis ist geradezu geschaffen für dieses heikle Treffen. Die Mannschaft verliert zum Schluss 2:3, aber sie hat sich gut gehalten gegen ein eingespieltes sowjetisches Team. Die Politik ist begeistert, das Feld ist bereitet. Das Klima ist so gut, dass kurz nach der Adenauer-Visite die letzten Kriegsgefangenen nach Deutschland zurückkehren.

Davon ahnt Zimmermann nichts, als er in Hamburg von seiner Nominierung erfährt. „Herbert hatte panische Angst vor dieser Reise nach Moskau", erzählt Rudi Michel, obwohl Zimmermann sonst kein Abenteuer scheut. Aber klar ist, dass die Begegnung mit der russischen Bevölkerung sehr viele Erinnerungen wach werden lassen würde. Seine drei Einsätze an der Ostfront rücken wieder näher. Er hat dort nicht nur viele russische Gefangene gemacht, sondern auch viele im Panzerkampf erschossen. All das geht ihm nun nah, obwohl er seinen Freunden und seiner Familie gegenüber mit diesem Thema durchaus offen umgeht. „Es war nicht so, dass er darunter gelitten hätte, überhaupt nicht, er hat von der Kriegszeit als wichtige Zeit in seinem Leben erzählt", weiß sein Neffe Hans-Christian Ströbele, „aber nicht in dem Sinne: Ganz schrecklich, das war der schlimmste Teil meines Lebens".

Für Zimmermann ist die Militärzeit also kein Tabu. „Die Geschichte mit dem Ritterkreuz, die habe ich mehrfach gehört", sagt Hans-Christian Ströbele, „da in Kurland hinter dem Berg, wie er sechs russische Panzer abgeschossen hat, wie er das gemacht hat, dann wurde er selber abgeschossen". Ströbele hört die Geschichte auch deswegen häufiger als viele, weil er Anfang der 60er Jahre jeden Freitag in einer Lottoannahmestelle arbeitet, um dort sein Jura-Studium zu finanzieren. Der Besitzer heißt Werner Polz, mit dem Zimmermann zusammen die „Aktion Barbarossa" überstanden hat, den Überfall auf die Sowjetunion, das schweißt zusammen. So kommt der berühmte Sportreporter manchmal nach Berlin, um seinen Kriegskameraden wiederzusehen. Sie tauschen nicht nur militärspezifische Erinnerungen aus, wie sich Ströbele erinnert. Manchmal deutet Polz, der ein Auge verloren hat und sonst verschlossen und zurückhaltend ist, mit anzüglichen Bemerkungen die erotischen Abenteuer seines berühmten Freundes an: „Der hat das faustdick hinter den Ohren, wie wir damals in Ostpreußen mit der Gräfin ... " Der junge Ströbele ist irritiert. Die beiden Veteranen lachen.

Aber es sind, wenn der Krieg durch einen Zufall einmal zur

Sprache kommt, immer die gleichen Geschichten, die Zimmermann zum Besten gibt. Seine Waffentat zum Ritterkreuz. Dass er richtig viel Glück hatte, als er in letzter Minute Kurland verlassen kann. Die Vorteile in der britischen Gefangenschaft. Die Kriegsjahre reduzieren sich auf wenige Versatzstücke. Selbst im Gespräch mit seinem Kollegen Gerd Krämer aus Stuttgart. Mit Krämer, der als Oberleutnant am Ende des Krieges ebenfalls in Kriegsgefangenschaft geraten ist und in einem belgischen Lager neben dem Oberleutnant Helmut Schmidt auf die Befreiung gewartet hat, fährt Zimmermann 1956 per Schiff zu den Olympischen Spielen nach Melbourne. Es ist ein langer Törn, sie haben viel Zeit, sich über Dinge zu unterhalten, die sonst in der Hektik des Berufs nicht zur Sprache kommen können. Die Erinnerungen an den Krieg spielen kaum eine Rolle.

„Das ganze Andere, das Leben, das er da geführt hat, die vielen Kriegsjahre, dazu hat er eigentlich nichts gesagt", das meint Ströbele heute. Andererseits: „Er hat nie gesagt, darüber rede ich nicht." Und: „Wir haben nie gefragt, ob er irgendwas von Grausamkeiten, Transporte in Lagern mitbekommen hat." Es hat einmal eine Gelegenheit gegeben, davon erzählen alle Nichten und Neffen Zimmermanns. Zu Beginn der 60er Jahre schnappt sich der berühmte Onkel seine geliebten „Ersatz"-Kinder und fährt mit ihnen durch Süddeutschland. Sie haben viel Spaß, sie lachen viel, sie sehen sich viele Städte und Landschaften an. Platz für ein ernstes Gespräch ist nicht. Es ist wie in fast allen Familien zu Beginn der 60er Jahre. Erst spät, in den 90er Jahren, am Ende ihres Lebens, wird die Erinnerung an den Krieg bei vielen nicht mehr zu stoppen zu sein. Die Kriegsveteranen schildern drastisch die schlimmen Erlebnisse an und hinter der Front. Zimmermann bleibt es erspart.

Dass er im Mai 1945 als hochdekorierter Ritterkreuz-Inhaber den Kurland-Kessel verlassen hat, das wissen auch die meisten Berufskollegen. Thema ist es allenfalls am Rande. Einmal, als zu Beginn der 1950er in Deutschland eine heftige Diskussion tobt um die Einführung der Bundeswehr und ein ehemaliger Wehrmachtsoffizier sich in der Öffentlichkeit äußert, kommentiert Zimmermann nur: „Der soll grad' mal das Maul halten. Der hat sich immer hinten rumgedrückt. Ich kenn den genau." Das sagt er in Köln, bei dem wöchentlichen Treffen der Sportjournalisten, dem er, wenn er dort zu tun hat, gern beiwohnt. Daran erinnert sich der seinerzeit junge *Kicker*-Mann Heimann. Weitere Bemerkungen Zimmermanns dazu gibt es nicht. „Es war zu dieser Zeit nicht gerade opportun", erklärt Heimann, „groß über eigenes Heldentum zu reden." Zimmermann lehnt übrigens auch die Anwerbungsversuche der vielen Veteranenvereinigungen ab, die Mitte der 50er Jahre das Gedenken an die saubere Wehrmacht aufrechterhalten wollen. Der Mann der Öffentlichkeit lässt sich nicht vereinnahmen. Er wird weder als Mitglied der „Traditionsgemeinschaft der 14. Panzer-Division" geführt, in der er bis zum Schluss als Offizier diente. Noch wird er aktiv in der „Ordensgemeinschaft der Ritterkreuzträger e.V." (OdR), die sich ab 1955 der „historischen Wahrheitsfindung" nähern will, aber in Wirklichkeit aus lauter Ewig-Gestrigen besteht und dem Wehrmachtsmythos neue Nahrung gibt.

Jedenfalls spuken, bevor es losgeht, die Geister der Vergangenheit im Kopf Zimmermanns herum, was sich auch dadurch äußert, dass er seinen jungen Freund Rudi Michel auf dieser Reise nur „Russen-Rudi" nennt. Es fährt zwar ein eigens dafür bereitgestellter Sonderzug von Ost-Berlin nach Moskau, in dem knapp 1 500 ostdeutsche und 150 westdeutsche Fans zum Spiel reisen. Doch Michel organisiert neben den Visa für Moskau auch einen Flug für sich und Zimmermann. Sehr skeptisch sei Zimmermann zu Beginn gewesen, erzählt Michel. Als sie dann über Helsinki nach Leningrad fliegen, sieht Zimmermann am Motor der einfachen sowjetischen Maschine irgendein Rohr glühen, „das hat ihn verrückt gemacht", so Michel. Manschetten hat Zimmermann auch davor, in Moskau nichts lesen zu können, weil er die kyrillische Schrift nicht beherrscht. Als sie ankommen am Flughafen, beruhigt ihn Michel, der eine große Delegation erblickt: „Guck' doch, die holen uns ab." Doch der Empfang ist für einen Mitpassagier, den Bürgermeister aus Birmingham. Das Empfangskomitee für die beiden Reporter aus Westdeutschland ist überraschenderweise ein Bekannter aus Zimmermanns frühen NWDR-Zeiten: „Ach, da sind Sie ja. Sie sollten doch bei mir im Zug sitzen", empfängt sie kühl Karl Eduard von Schnitzler. Der war nach dem Krieg Chef der Abteilung „Politisches Wort" beim NWDR in Köln, wurde dort aber im Frühjahr 1947 vom britischen Rundfunkchef Hugh Greene entlassen, weil er darauf besteht, seine Arbeit mit kommunistischer Propaganda fortzusetzen. 1955, als Zimmermann und Michel in Moskau empfängt, arbeitet er bereits lange als Chefideologe beim DDR-Rundfunk. Seinen berüchtigten „Schwarzen Kanal" sendet er 1989 das letzte Mal. „Sicher hätte es eine heftige Auseinandersetzung gegeben, wir waren also froh, dass wir ihn erst in Moskau getroffen haben." So Michel im Rückblick.

Dass die Leitung zwischen Hamburg und Moskau zustande kommt, glauben die beiden Rundfunkjournalisten nicht, als sie ins Stadion gehen. Eine Viertelstunde vor Beginn bedeutet ihnen eine Frau das technische Wunder: „Hallo Hamburg, hier ist Moskau." Da sich aber die vielen Zeremonien vor dem Anpfiff von Schiedsrichter Ling, mit dem Michel und Zimmermann gemeinsam von Leningrad nach Moskau geflogen sind, außerordentlich lange hinziehen, entschließt sich Herbert Zimmermann zu einer Art Landschaftsreportage über jenes Land, gegen dessen Soldaten er gut zehn Jahren zuvor noch Panzerschüsse abgefeuert hat.

Er beginnt mit der Schilderung der deutschen Mannschaft, die auch zur Gegengeraden des Stadions läuft, sie blickt damit „also genau den Transparenten von Stalin und Lenin ins Gesicht und grüßt die Gegenseite". Nach seinem Bericht über die hohen Preise gibt er seinen Eindruck von einer Stadtrundfahrt wieder: „Heute morgen waren wir natürlich auf dem Roten Platz, haben eine Kreml-Besichtigung vorgenommen. Wir waren beeindruckt immer wieder von der Ordnung und der Disziplin, der sich die russischen Menschen beugen. Für uns Touristen und für uns

Deutsche gab es dieses Njet allerdings nicht. Wo wir durchgehen wollten, konnten wir anstandslos durchgehen. Leider aber, wie gesagt, ohne Dolmetscher ein bisschen schwierig. Meistens standen wir vor Schildern, die wir nicht verstanden, oder sahen Bilder mit Unterschriften, die uns wenig zu sagen hatten. Immerhin, der Gesamteindruck dieses Kreml, der Gesamteindruck der Monumente, war doch so gewaltig, dass wir zu dem Schluss gekommen sind, dass alles, was der Gemeinschaft direkt oder indirekt dient, ich denke also an Universität, Ausstellungshallen, Staatbauten oder Untergrundbahnen, alles das ist geradezu hervorragend und vorbildlich. Daneben aber liegen dann kleine Holzbauten, liegen Hütten, und alle diese Dinge, die lediglich dem Einzelindividuum, also dem Einzelmenschen zugedacht sind, nun, um die sieht es einiges schlechter aus. Zuschauer sehen wir von zehn bis 70 Jahren, so scheint es mir, nicht allzu gut, aber doch sauber gekleidet."

Sie seien doch sehr aufgefallen, erinnert sich Michel, vor allem Zimmermanns elegante Schuhe, sein Hut, sein Anzug. Die beiden Gäste aus Deutschland hingegen sind beeindruckt von den Wartehallen der Moskauer U-Bahnen, die mit Marmor ausgeschlagen sind, und vom Mausoleum. Hat es, wie zwischen Auswärtigem Amt und dem DFB, irgendeine Anweisung aus den Funkhäusern gegeben, haben die Programmverantwortlichen den jungen Reportern irgendwelche verbindliche Verhaltensmaßregeln mit auf den Weg gegeben? Nein, sagt Michel, weder aus der Programmdirektion noch aus den Reihen der hohen Diplomatie. „Das ist das grundsätzlich Schöne und Gute gewesen, wir wurden nie beeinflusst, im Fall Moskau hätte uns ja auch keiner was sagen können, wer war denn schon dort, wir waren eigentlich die Ersten, die da hingefahren sind."

Moskau II: Der Frontalangriff des *Kicker*

Wieder zurück in Hamburg, sieht sich Zimmermann mit einem publizistischen Angriff des *Kicker* konfrontiert, der sich zu einer Grundsatzdiskussion darüber entwickelt, welches Medium ein Fußballspiel „echter" darstellen kann: Der etablierte Funk oder das aufstrebende Fernsehen. Die ausführliche *Kicker*-Nachbetrachtung „Moskauer Nachklänge" enthält am 5. September 1955 nicht nur die üblichen Stimmen der Presse aus dem Gastgeberland Sowjetunion und Einzelkritiken. Das Kölner Fachorgan kritisiert vor allem die Hörfunkübertragung als irreführend. Zimmermann wird unter der fettgedruckten Schlagzeile „Fernseh-Spielfilm widerlegte Rundfunk-Reportage" vorgeworfen, die Leistung der deutschen Mannschaft nicht richtig eingeschätzt zu haben. *Kicker*-Redakteur Robert Becker: „Kein Zweifel, als die Daheimgebliebenen die Übertragung aus Moskau abschalteten, hatten sie das Gefühl, einem Massaker entronnen zu sein. Vor ihrem geistigen Auge schlich sich eine windelweich geprügelte deutsche Mannschaft in die Kabine, froh, dass statt der drei Russentore nicht deren zehn gefallen waren. Über diesen Eindruck täuschte auch das verabschiedende ‚Tapfer geschlagen' nicht hinweg, ein Prädikat, das man so gerne Besiegten mitgibt, wenn ihre sonstigen Leistungen das Ziel der Klasse nicht erreichen. Unsere Leser, und das Gros von ihnen war ja nicht in Moskau, mögen sich dann am Montag morgen erstaunt die Augen gerieben haben, als ihnen der ‚Kicker' die Schlagzeile ‚Trotz Niederlage weltmeisterlich' servierte und Dr. Friedebert Becker in seiner großen Kritik den hervorragenden Eindruck schilderte, den unsere Mannschaft in Moskau hinterlassen hatte. (...) Wahrscheinlich haben sich inzwischen viele Hörer beim Rundfunk beschwert. Das ändert aber nichts daran, dass auch auf unserer Redaktion eine ganze Reihe Zuschriften erboster Leser einging, die auf die Diskrepanz zwischen Radio-Übertragung und *Kicker*-Bericht eingingen. Doch das Gros der Leser entschuldigte sich bei uns einige Tage später – als es den Fernsehfilm gesehen hatte."

Der Hörfunkreporter habe ein Drama aus etwas gemacht, was in Wirklichkeit nicht gewesen sei, Zimmermanns Schilderung der russischen Angriffe sei eindeutig übertrieben gewesen. Als Beweis dient dem einflussreiche Fachblatt der „meisterhaft" kommentierte Film Rudi Michels, der zwei Tage später im deutschen Fernsehen ausgestrahlt wurde (für eine TV-Live-Übertragung eines einzelnen Länderspiels ist der Aufwand 1955 noch viel zu hoch): „Wer sich den Fernseh-Film ansah – er brachte mindestens 80 Minuten des Spieles – wartete vergeblich darauf, dass Fritz Herkenrath pausenlos von einer Torecke in die andere fliegen musste, dass unsere Abwehr von einer gnadenlosen Dampfwalze überrollt würde, dass nur sagenhaftes Glück und 22 deutsche Beine auf unserer Torlinie eine Katastrophe verhinderten." Der Film zeige, so lautet das Resümee des Fachmanns, dass die deutsche Mannschaft sogar hätte gewinnen können.

Doch der *Kicker* trägt, journalistisch sauber arbeitend, auch die grundsätzlichen Argumente des Angegriffenen vor. Offenbar hat Becker das Thema telefonisch mit dem Hamburger Sportchef erörtert: „Andererseits: Herbert Zimmermann, den wir als Sprecher sehr schätzen, hat für sich ein Dutzend Entschuldigungen zur Hand. Gute Entschuldigungen: Er durfte nicht zu fachlich werden, weil nur ein Bruchteil der Millionen Hörer über das nötige Fußballwissen verfügt. Er wollte ja mehr plaudern, um auch den ‚Eintags-Fußballhörern' gerecht zu werden, wie überhaupt eine Radioreportage keinen Anspruch auf fachliche Vollkommenheit, geschweige denn fachliche Kritik erhebt. Die Sorge um unsere Elf mag Herbert Zimmermann viele Szenen, in Entstehung und Entwicklung, schwärzer sehen gelassen haben, als das vielleicht notwendig war. Man bedenke weiter die große Entfernung des Sprechers vom Spielfeld und seine völlig akustische Abgeschlossenheit (Kabine). Hinzu kommt der Zwang, sofort zu sprechen. Für die anschließende Erklärung, dass es eben vielleicht doch nicht so gefährlich war, bleibt meist keine Zeit. Hierin hat es der schreibende Journalist zweifellos leichter, denn er gewinnt mit dem zeitlichen Abstand auch die notwendige Abklärung. Wir glauben nicht, dass Herbert Zimmermann unbedingt Effekte suchte, um die ‚Geschichte spannender' zu machen. Fraglos mussten die glänzenden Sprints der Russen ihn beeinflussen. Dass unsere Abwehr, Liebrich und Posipal vorneweg, aber darauf immer wieder eine Antwort wussten, mag ihm, ungewollt, entgangen sein."

Der Artikel ist fair. Doch Zimmermann bringt die Kritik offensichtlich auf die Palme. Zum einen hat er die Hörfunk-Übertragung gemeinsam mit Michel bestritten, aber nur ihm wird Unsachlichkeit und eine unnötige Dramatisierung vorgeworfen. Und zum anderen wird seine Reporterleistung einer Grundsatzkritik unterzogen, die seiner Meinung nach nicht gerechtfertigt ist. Seine Replik in der darauffolgenden Ausgabe des *Kicker* stellt jedenfalls nicht nur eine Erwiderung auf die Angriffe gegen seine Person dar, sie ist gleichzeitig auch ein Plädoyer für das Medium Radio. Denn „der Spielfilm kann – je nach der Kamera-Aufstellung – nicht alle Szenen echt erfassen", so Zimmermann, „das Abseitstor von Rahn, über das in Moskau bei keinem Zuschauer Zweifel bestanden, war im Fernsehfilm durchaus als gültiges Tor zu erkennen." Vor allem aber fehle dem Fernsehfilm der wichtige Live-Charakter: „Dem Fernsehfilm fehlte das Spannungsmoment der Original-Funkreportage. Im Funkbericht wusste kein Mensch, ob der nächste Angriff der Russen ein Tor geben würde oder nicht. Im Fernsehfilm war das Ergebnis vorher bekannt, und jede Spielszene wurde infolgedessen mit Gelassenheit vom Zuschauer zur Kenntnis genommen." Wie sehr es ihn stört, dass sich die Diskussion nur um ihn dreht, während Michel gelobt wird für den Fernsehbeitrag, belegen seine Schlusssätze: „Leider habe ich diesen Artikel nicht mit meinem Freund und Kollegen Rudi Michel im einzelnen abstimmen können. Ich bin jedoch auf Grund einer kurzen Besprechung mit ihm absolut sicher, dass er die gleiche Auffassung wie ich in den oben angegebenen Punkten vertritt und dass er, der Rundfunk- u n d Filmbericht sprach, auch heute noch voll und ganz zu unserer Rundfunkreportage steht."

Der *Kicker* jedoch lässt Zimmermanns Einwände nur bedingt gelten und bringt weitere Argumente für seine Darstellung vor. Die gesamte deutsche Presse habe das Moskauspiel nun einmal als beste Leistung einer deutschen Elf seit Bern bewertet, erklärt das Fachorgan in der gleichen Ausgabe vom 12. September 1955. Auch habe Zimmermann in seiner Reportage die konditionelle Benachteiligung der deutschen Spieler vergessen anzuführen. Und es zitiert genüsslich einen Satz des Kölner Stürmers Jupp Röhrig, der „erzählte, dass die deutsche Elf bei ihrer Rückkehr nach Berlin befremdet über den Eindruck gewesen sei, den die Rundfunkreportage dort bei den Fußballanhängern hinterlassen hatte." Röhrig sagt: „Wir konnten das nicht verstehen, wir hatten doch gut gespielt." Immerhin räumt der *Kicker* ein, dass das Fernsehen nicht in der Lage sei, ein Fußballspiel adäquat wiederzugeben: „Ja, die Kamera wird perspektivisch nicht jede Szene ‚echt' erfassen, den Gesamteindruck jedoch – und um den, nicht etwa um ein Abseits oder einen Vorteil geht es – vermag auch die Kamera nicht zu verwischen." Insgesamt ist der abschließende Text des Fachorgans eine erneut schallende Ohrfeige für den eitlen Hörfunkmann aus Hamburg, das verrät schon die Überschrift „Hier irrt Herbert Zimmermann". Dieser Artikel rückt keinen Deut ab von der ursprünglichen Position. Die Redaktion findet es auch im Rückblick noch bemerkenswert, „dass Michel seinen Fernsehkommentar mit den beruhigenden Worten einleitete, der Film werde noch zeigen, dass ‚es' doch nicht so schlimm gewesen sei. Was doch nur heißen konnte, das Spiel sei nicht so schlimm gewesen, wie darüber berichtet worden war. Die Presse jedoch war sich in ihren Berichten einig: Deutschland hatte ein großes Spiel, nicht eine Abwehrschlacht nur geliefert."

Zwar spiegelt sich diese Diskussion im Sommer 1955 vorwiegend in der Figur Herbert Zimmermann. Doch hier schimmert bereits eine grundsätzliche Debatte durch, nämlich die Frage nach dem Leitmedium: Was kann ein Fußballspiel besser transportieren, die traditionelle Radioreportage oder der Fernsehkommentar? Noch scheinen die Argumente für den Hörfunk gewichtiger. Doch werden diese in den kommenden Jahren immer mehr abbröckeln, bis schließlich das Fernsehen die führende Rolle einnimmt. Auch Zimmermann, der Hörfunkmann vom alten Schlag, hat sich von nun an mit diesen Dingen häufiger auseinander zu setzen.

Olympia 1956: Systemübergreifende Freundschaften

In Deutschland herrscht sportpolitischer Frost im olympischen Jahr 1956. Inzwischen nämlich ist das Nationale Olympisches Komitee der DDR beim Weltverband IOC anerkannt. Erstmals nach dem Krieg wird daher – weil es IOC-Chef Avery Brundage so will – eine gesamtdeutsche Mannschaft bei Olympischen Spielen antreten, und daran wird sich bis 1964 nichts ändern. Am pikantesten jedoch ist die Situation zu Beginn des Jahres 1956, als die Bonner Regierung einen veritablen politischen Eklat befürchtet. Denn das DDR-NOK hat für die Winterspiele im italienischen Cortina d'Ampezzo tatsächlich durchgesetzt, dass für den Fall eines Olympiasieges eines ihrer Athleten bei der folgenden Siegerehrung die Nationalhymne der DDR abgespielt wird, die so genannte Becher-Hymne. Das aber steht in krassem Widerspruch zum erklärten Willen der Bundesregierung, die DDR völkerrechtlich nicht anerkennen zu wollen. Alle Symbole staatlicher Souveränität, und dazu gehört die Hymne, torpedieren dieses Anliegen erheblich. Über diesen Teilerfolg herrscht in Ost-Berlin große Freude. Doch der Olympiasieg eines ostdeutschen Sportlers und eine symbolträchtige Siegerehrung bleiben aus. Dennoch ist das, was das offizielle DDR-Organ *Neues Deutschland* am Tag nach der Eröffnungsfeier in Cortina verkündet, als politischer Erfolg zu werten: „Nach langen Jahren des Kampfes um die rechtmäßige Anerkennung tritt in diesem Augenblick zum erstenmal die Deutsche Demokratische Republik in das olympische Forum. In der Schar der Sportler, die hinter den Offiziellen marschieren, sehen wir nicht wenige, die durch ihre hervorragenden Leistungen den Kampf um die olympische Anerkennung unterstützten, die dem Namen unserer Republik zu Ruhm und Anerkennung verhalfen."

So können sich Teamchef Lembke, Redakteur Kirmaier und

die Reporter Drechsel, Krämer, Mehl und Zimmermann bei der Berichterstattung auf das Sportliche konzentrieren. Bis auf den dreifachen Olympiasieg Toni Sailers jedoch kommt beim Norddeutschen Rundfunk (NDR), wie Zimmermanns Arbeitgeber nach der Abspaltung des Westdeutschen Rundfunks (WDR) nun heißt, wenig an: Wie auch Radio Bremen und der WDR verzichtet der Sender weitgehend auf Direktübertragungen. Auch im Fernsehen laufen in der BRD kaum Direktübertragungen, obwohl die technischen Möglichkeiten gegeben sind. Das öffentliche Interesse ist zu gering. Im Rückblick bleibt vor allem der Ausspruch des IOC-Präsidenten Brundage hängen. „Wir sind 60 Jahre ohne Fernsehen ausgekommen, wir werden dies auch noch weitere 60 Jahre tun“, sagt der, als das italienische Fernsehen RAI mit einem Boykott droht.

Als sich Gerd Krämer und Zimmermann Anfang November 1956 in Rotterdam an Bord des Schiffes „Bayernstein“ begeben, um sich Richtung Sommerspiele ins entfernte Melbourne aufzumachen, hat sich die sportpolitische Front in Deutschland ein wenig beruhigt. Am 15. Oktober haben sich die beiden deutschen NOKs im Streitfall Nationalhymne auf einen Kompromiss geeinigt; bei einem Sieg eines deutschen Sportlers wird nun Beethovens „Ode an die Freude“ gespielt. In Melbourne sind die bundesdeutschen Sportfunktionäre froh darüber, denn der Ostberliner Boxer Wolfgang Behrendt siegt im Bantamgewicht. Doch tritt der innerdeutsche Konflikt in den zwei olympischen Wochen ohnehin in den Hintergrund. Denn Ägypten provoziert in diesen Tagen einen Krieg, als es den unter britischer und französischer Kontrolle stehenden Suez-Kanal besetzt – Ägypten, der Irak und der Libanon boykottieren daraufhin die Olympischen Spiele. Noch viel Aufsehen erregender aber ist die Niederschlagung des Ungarn-Aufstands durch die Rote Armee, die weltweit für erhebliche Proteste sorgt. Auch hier wirft die Weltpolitik, nicht das erste und nicht das letzte Mal, einen Schatten auf die Olympischen Spiele. Die Mannschaften der Schweiz, Spaniens und der Niederlande können sich daraufhin nicht vorstellen, gegen die sowjetischen Sportler anzutreten, und reisen ebenfalls nicht an.

Dennoch genießen Zimmermann und Krämer die Überfahrt auf See von Rotterdam nach Singapur. Das Schiff ist kein Luxusliner. Es gibt eine Bar und einen Swimmingpool, und die beiden Freunde haben, was sonst nicht unbedingt der Fall ist auf ihren Dienstreisen, sehr viel Zeit. Sie können faulenzen und sich in aller Ruhe auf die Spiele vorbereiten. Auf dem Flug von Singapur nach Australien passiert allerdings ein schlimmes Malheur: Vor der geplanten Zwischenlandung im indonesischen Djakarta, das sich zu diesem Zeitpunkt von der Kolonialmacht Niederlande befreien will, bekommt das Flugzeug keine Landeerlaubnis und muss wieder nach Singapur zurück. Es dauert ein wenig länger, bis Zimmermann und Krämer in Melbourne eintreffen, aber sie kommen noch pünktlich. Delegationschef Lembke und die beiden anderen Reporter, Gerd Mehl vom SWF und Kurt Brösamle von RIAS Berlin, erwarten sie schon. Die Reporter erleben hier etwas wie eine Zeitenwende in der Geschichte der Olympischen Spiele: Die russischen Sportler entpuppen sich, angeführt von dem „Roboter" Wladimir Kuz, der über 5000 m sowie 10000 m die Goldmedaille holt, als verkappte Profis und stellen so das Amateurideal stark in Frage (der US-Sport wird seinerseits seine Strukturen professionalisieren). Vor allem aber besitzen diese Spiele nicht mehr den Charme der „kleinen" Spiele von Helsinki. Das meint auch der bundesdeutsche Silbermedaillengewinner über 400-m, Karl-Friedrich Haas: „Die olympischen Kämpfe in Melbourne waren groß, größer vielleicht als die in Helsinki. Aber das Fluidum, das die Olympiade von Helsinki kennzeichnet, war in Melbourne nicht vorhanden. In Helsinki lag über der ganzen Veranstaltung etwas Weihevolles. ... dieses Weihevolle fehlte in Melbourne."

Das Bemerkenswerteste an diesen Wochen in Australien für den Sportjournalisten Zimmermann aber ist wohl der gute Kontakt mit den ideologisch verfeindeten Kollegen aus dem deutschen Osten. Mit Heinz-Florian Oertel, Werner Eberhard und

Wolfhard Kupfer, die aus Ostberlin angereist sind, verstehen sich Krämer und er ausnehmend gut. Es ist ein Verhältnis, das auch für viele Sportfunktionäre in Melbourne gilt. Krämer etwa wird zu Veranstaltungen von Mercedes Australien eingeladen und nimmt die ostdeutschen Kollegen einfach mit, wie auch zu einer Gartenparty der Weltfirma Bosch. Beim Tanzball des „Deutschen Vereins" in Melbourne wird unter Rücksichtnahme auf die ostdeutschen Gäste schlicht auf das Abspielen der bundesdeutschen Hymne verzichtet und alle sind glücklich. Dort knüpft nun auch Zimmermann einen engeren Kontakt zu Oertel, der wie er 1954 das 3:8-Debakel in Basel reportiert hat. Es ist eine freundschaftliche Atmosphäre in Melbourne, „anders als später in den 60er Jahren", sagt Oertel. Und vor allem ist es eine Kollegialität, die der offiziellen Maßgabe aus Bonn deutlich widerspricht. Auch in den folgenden Jahren, bei der Fußball-WM in Schweden und bei den Olympischen Sommerspielen 1960 in Rom, werden sich Zimmermann und Oertel mit großem Respekt, fast freundschaftlich begegnen, denn sie schätzen gegenseitig ihre sprachlichen Fähigkeiten und ihren hohen Bildungsgrad. Erst der Mauerbau in Berlin wird auch einen ideologischen Wall zwischen vielen Sportjournalisten in Ost und West errichten.

Schweden 1958: Das Fernsehen gewinnt Anschluss

Das Reporter-Team, das Anfang Juni 1958 zur Fußball-Weltmeisterschaft nach Schweden reist, ist nahezu identisch mit dem der Schweiz-Expedition vier Jahre zuvor. Wieder ist Lembke Teamchef, und wieder bilden Zimmermann (NDR), Brumme (WDR), Krämer (SDR) und Michel (SWF) den Kern der Gruppe. Redakteur ist nun aber nicht mehr Kirmaier, sondern Horst Seifart aus Hamburg, ein Fernsehfachmann. Ergänzt wird diese Mannschaft durch Günther Wolfbauer vom Bayerischen Rundfunk. Wolfbauer muss sich jedoch noch während des Turniers dem Schreiben zuwenden, da ihn einige hohe Bundespolitiker nach der ersten Reportage wegen nationalistischer Äußerungen stark kritisieren. Dieses Detail belegt, wie sehr sich die Wahrnehmung der deutschen Öffentlichkeit geändert hat: Noch 1954 hat Fußball keinen Politiker interessiert, beim Finale in Bern ist nicht ein Bundespolitiker anwesend. Vor dem Turnier in der Schweiz mussten die Sportredaktionen noch darum kämpfen, die deutschen Spiele in voller Länge übertragen zu lassen. Vier Jahre später, als die Herberger-Elf den Titel zu verteidigen hat, wird das Welt-Turnier – nicht nur in den Medien – zu einer Angelegenheit nationalen Ranges stilisiert. „Zum erstenmal seit vier Jahren erfüllt wieder ein großes gemeinsames Anliegen alle guten Deutschen", schreibt der *SPIEGEL*, „vor vier Jahren war es das Endspiel um die Fußballweltmeisterschaft. Diesmal ist es schon die Vorrunde."

Aufgrund des enormen Interesses übernimmt die ARD alle TV-Angebote der Eurovision, insgesamt elf Spiele. Selbstverständlich übertragen die deutschen Sender auch alle sechs deutschen Spiele über 90 Minuten sowie das Endspiel. Hinzu kommen elf Filmsonderberichte à zehn Minuten, die von Stockholm oder von Kopenhagen aus nach Hamburg geflogen werden und dort gesendet werden. Inklusive Interviews, Kurzberichte und Kommentare kommen so insgesamt über 42 Stunden Rundfunk- und Fernsehsendungen zustande, mehr als doppelt so viel wie noch in der Schweiz. Dieser Aufwand erfordert zusätzliches Personal. „Der Ausfall eines Reporters, die großen Entfernungen in Schweden und das unerwartet weite Vordringen der Deutschen Nationalmannschaft hat es nötig gemacht, gelegentlich auch freie Mitarbeiter heranzuziehen", schreibt Teamchef Lembke in seinen abschließenden Bericht. Das ist kein Drama, handelt es sich doch um routinierte Journalisten und alte Bekannte. Speziell Maibohm, Zimmermanns Vorgänger in Hamburg, kommen nun seine skandinavischen Kontakte zugute. Wie Maibohm ist auch Sammy Drechsel, der Chef der Münchner Lach- und Schießgesellschaft, ohnehin vor Ort. Beide nämlich produzieren schon während des Turniers Beiträge für den WM-Film (Titel: „Hinein!"), den diesmal die große Gesellschaft Ufa produziert – erneut macht hier übrigens der weitsichtig operierende Münchner Schrotthändler Schubert ein lukratives Geschäft, denn er hat die Filmrechte für die WM früh von der FIFA gekauft und diese dann mit enormer Gewinnmarge an die Ufa weitergegeben. Wiederum heißen die Sprecher dieses Films (neben Heinz Gottschalk) Zimmermann und Meisel. Der österreichische Star-Reporter springt ebenfalls als freier Mitarbeiter beim deutschen Rundfunk ein.

Die bundesdeutsche Nationalmannschaft, als Titelverteidiger zu den Favoriten zählend, rechtfertigt die enorme mediale Präsenz. Nach Siegen gegen Argentinien (3:1) und zwei Remis gegen Nordirland (2:2) und die CSSR (2:2) trifft sie – wie 1954 – im Viertelfinale auf die Jugoslawen. Diese werden 1958 noch stärker eingeschätzt als damals, denn sie haben in der Vorbereitung im „Donnerschlag von Belgrad" die Engländer mit 5:0 abgefertigt, und jeder Experte hat noch die zusätzlichen drei aberkannten Tore und fünf Lattentreffer im Gedächtnis. So auch Herberger, dem vor dem Spiel ein peinlicher Satz herausrutscht. „Der nächste Krieg ist immer der schwerste", sagt der Bundestrainer in Abwandlung seines üblichen Aphorismus „Das nächste Spiel ist immer das schwerste". In Malmö ist es dann erneut der WM-Held von 1954, Helmut Rahn, der die Jugoslawen nach Hause schickt. Sein frühes Tor aus unmöglichem Winkel bedeutete die Entscheidung. Den deutschen Fußballfans bleibt später indes nur das Halbfinale gegen die Schweden in Erinnerung, die „Schlacht von Göteborg", wie alle Zeitungen dieses Spiel danach nur nennen.

Die Reporter im Hörfunk heißen Michel und Zimmermann, und die beiden freuen sich sehr auf diesen Einsatz. Denn die Eurovision zeigt im Fernsehen nicht das Deutschland-Spiel, sondern das parallel stattfindende Halbfinale zwischen Frankreich und Brasilien – die ganze Nation hängt also wieder am Radiogerät und verfolgt die Wortkaskaden der beiden populären Sprecher (nur wenige erfahren deshalb von dem zwanzigminütigen „Breakdown" des TV-Bildes aus Stockholm, während dessen der Kommentator Brumme auf eine Hörfunkreportage umschwenken muss). Die erste Halbzeit, die nach Toren von Schäfer und Skoglund 1:1 endet, schildert Michel überaus zackig und markig, weit entfernt von der strengen Sachlichkeit späterer Fernsehkommentare. Hier blitzt sie auf, die unverkennbare Schule Wernickes. Michel lässt sich jedenfalls stimmlich anstecken von der erhitzten Atmosphäre im Stadion. Und auch Zimmermann, der die zweiten 45 Minuten übernimmt, ist wieder ganz in seinem Element. Er spricht sich sehr schnell warm in diesem überaus hart geführten Fußballspiel. Dabei ist seine Sprache immer noch gespickt mit militärischen Vokabeln der Sorte „Schäfer tankt sich durch". Und weil die schwedischen Einpeitscher, die, auf der umliegenden Aschenbahn stehend, mit blau-gelben Nationalflaggen die Zuschauer zu Anfeuerungen anheizen, damit auch in den zweiten Hälfte nicht aufhören, erwähnt er ebenfalls häufig das „Gebrüll in diesem Stadion". Einmal lässt er bewusst diese Stimmung ohne seine begleitenden Worte nach Deutschland fließen und sagt im Anschluss daran: „Na, zu dieser Kulisse brauche ich wohl nichts mehr zu sagen."

Die entscheidende Szene in der 60. Minute jedoch transportiert Zimmermann, obwohl hörbar erregt, bemerkenswert sachlich in die deutschen Wohnstuben. Der deutsche Verteidiger Juskowiak hat, provoziert von Hamrin, ein Revanchefoul begangen: „Da wird Juskowiak vom Platz gestellt. Juskowiak wird vom Platz gestellt. (kleine Pause) Jetzt ist die Hölle los in Göteborg. Bei dem Angriff der Schweden hat Juskowiak, nachdem er, glaube ich, zuerst ein bisschen hart genommen wurde, hat nachgeschlagen, er hat eindeutig nachgeschlagen. Und Fritz Walter beruhigt Juskowiak. Juskowiak hat eine Affekthandlung begangen. Er lässt sich von den eigenen Spielern kaum besänftigen und kaum beruhigen. Schäfer, der Kapitän, und Fritz Walter, der Ehrenspielführer, sie gehen beide auf ihn zu. Jetzt wird Juskowiak ruhiger. Eine bedauerliche Geste des Düsseldorfers. Ich weiß nicht, was der Sache vorangegangen ist. Ich glaube, Hamrin hatte gehäkelt. Aber das ist natürlich keine Entschuldigung." Selbst das anschließende grobe Foul Parlings an Fritz Walter, dessen große Karriere mit dieser Partie endet, wertet Zimmermann sehr zurückhaltend, denn auch die Mannschaft Herbergers agiert weiß Gott nicht zimperlich. Mit nur acht gegen zehn Feldspieler dreht sich das Spiel langsam zu Gunsten der Schweden. In der 80. Minute trifft Gren zum 2:1, kurz vor Schluss erhöht Hamrin auf 3:1. Der WM-Titel ist verloren.

Anders als Reporter Zimmermann, der dabei sachlich und nüchtern bleibt, hinterlässt die deutsche Delegation hinterher keine gute Figur. DFB-Präsident Bauwens verwechselt einmal mehr die Begriffe und spricht angesichts der Einpeitscher von Göteborg öffentlich von „Volksverhetzung", und die Deutschen reisen noch vor dem Finale in Stockholm ab, was die Gastgeber und die FIFA als Affront wahrnehmen. In Deutschland stimmen nicht wenige in den DFB-Chor ein. „Was haben wir den Schweden getan?", fragt Robert Ludwig im *Sport-Magazin* rhetorisch, „in beiden Weltkriegen hat kein deutscher Soldat schwedischen Boden betreten. Wo wir im Krieg als Besatzungsmacht standen, erfuhren wir später nicht die Spur von Gehässigkeit. Der Deutsche ist nicht nachtragend. Wir wollen versuchen zu vergessen." Krämer, Zimmermanns Kollege in Schweden, schreibt später: „50 000 Zuschauer, elf schwedische Spieler und ein Schiedsrichter haben neuneinhalb Deutsche besiegt. 50 000 Schweden haben sich vorbeibenommen." Speziell in Norddeutschland reagieren viele Fußballfans über: Die vorher beliebten „Schwedenplatten" werden von der Speisekarte genommen; schwedische Touristen, die in Deutschland Sommerurlaub machen, beklagen zerstochene Autoreifen; auf der Reeperbahn stehen Schilder mit der Aufschrift „Schweden unerwünscht"; und beim CHIO-Reit-Championat in Aachen wird die schwedische Flagge vom Mast geholt. Es ist ein unerfreuliches Kapitel deutscher Fußballgeschichte.

Zufrieden ist hingegen – neben Bundestrainer Herberger – Rundfunk-Teamchef Lembke. Nicht nur, dass die deutschen Radiohörer nach dem Endspiel, das Zimmermann für den Hörfunk übernommen hat, sensationelle Interviews aus der brasilianischen Kabine bekommen, wo die neuen Weltmeister halbnackt ihren neuen Weltstar, den jungen Pelé, hochleben lassen (Maibohm hat diesen Kabinenzugang organisiert). Insgesamt findet Lembke, „dass sich alle Mitarbeiter tadellos benommen haben“, und zwar „unabhängig von ihren Leistungen als Reporter und Kommentatoren“. Zudem hat sich die deutsche Nationalmannschafts-Delegation offenbar besser als in der Schweiz mit dem Hörfunk verständigt: „Auch die deutsche Expedition war im Gegensatz zu ihrer Haltung in der Schweiz diesmal sehr aufgeschlossen und zur Zusammenarbeit bereit.“ Speziell Herberger hat sich nicht gar so garstig gegenüber den Journalisten verhalten. Allein die hohen Kosten dieser medialen Operation stören Lembke im Nachhinein, speziell die Preise für die Journalisten und andere Begleitumstände: „Das Abendessen an Spieltagen musste mit Rücksicht auf den späten Spielbeginn meistens in in Malmö und Stockholm eingerichteten Presse-Clubs eingenommen werden, die sich durch Phantasiepreise, durch ein für schwedische Verhältnisse ungewöhnliches Maß an Alkoholangebot und durch einen geradezu beschämenden Auftrieb zweifelhafter Mädchen auszeichneten.“ Die Wucherpreise für Getränke und Essen führt Lembke einzeln auf. „Und die Mädchen?“, fragt WDR-Intendant Hartmann handschriftlich nach diesem Absatz. Rundfunk und Fußball sind damals halt noch Männerwelten.

Den Titel hat die DFB-Elf zwar nicht verteidigt, Profiteure gibt es jedoch auch in Deutschland. „Der große Gewinner der Fußballweltmeisterschaft 1958 war, was eine Reihe westeuropäischer Länder anbetrifft, das Fernsehen“, heißt es in dem Rückblick des Nürnberger Verlegers Bahr, der schon 1954 die Bildrechte für Deutschland erworben hatte. Das gilt auch, findet der Autor, obwohl nicht alle deutschen Spiele live im Fernsehen zu sehen waren. Denn: „Dass von den elf Fernsehübertragungen nur drei die deutsche Elf im Kampf zeigten, konnte nur tadeln, wer internationalen Sport mit lokalpatriotischen Maßstäben misst. (...) Im übrigen sprang bei jenen Spielen der deutschen

Elf, die nicht durch Eurovision übertragen wurde, der gute alte Hörfunk ein. Dies führte zu einem neuen Spiel. Fast jeder Besitzer eines Fernsehgerätes hat auch einen Rundfunkempfänger. Man schaltete einfach beide ein, drehte mal da, mal dort, je nachdem wie es die Spielsituation geboten erscheinen ließ, lauter oder leiser, und war doppelt bedient, hier Auge, dort Ohr." Schweden ist noch ein Übergang, das Radio hat seine Vorrangstellung noch einmal behaupten können, zumal auch erst eine Million Fernsehgeräte in der Bundesrepublik angemeldet sind. Aber das Fernsehen meldet seine Ansprüche an.

Wie sehr der berufliche Erfolg des Sportreporters an die Siege der deutschen Nationalmannschaft gekoppelt ist, das zeigt auch diese WM ganz deutlich. Vier Jahre zuvor ist Zimmermann, zumindest für ein paar Tage, der gefeierte Journalist, er ist die „Stimme von Bern", bei der Rückkehr der Walter-Elf 1954 in München klopfen Hunderte von Menschen auch ihm auf die Schulter. 1958 spricht er wieder das Finale, das Brasilien mit 5:2 gegen Schweden gewinnt, und nur wenige haben das ein paar Tage später noch in Erinnerung (freilich auch, weil es die Fernsehübertragung gibt). Und im Rückblick bei Bahr, in dem Zimmermann 1954 noch in aller Ausführlichkeit die Arbeit der Hörfunkjournalisten beschrieben hat, heißt es nun kurz und knapp, die Reporter hätten ihre Aufgabe „mit Geschick, Sachkenntnis und in kritischen Momenten mit Takt" gelöst. Zimmermann weiß, wie sehr die Wertschätzung abhängt vom emotionalen Zustand des Hörers. „Wenn Deutschland gewinnt, ist es vollkommen egal, ob ich richtiges oder falsches Deutsch spreche, dann bin ich der ‚King'", sagt er einmal zu Jürgen Roland. „Wenn sie verlieren, kann ich sprechen, dass Thomas Mann rotieren würde, und die sagen: ‚Was ist das für ein Mist?'"

Die Olympischen Spiele 1960 in Rom

Das über 30-köpfige Team, das von den Olympischen Sommerspielen 1960 aus Rom berichtet, kann überwiegend gute Nachrichten aus der „Ewigen Stadt" vermelden. Herbert

Zimmermann schildert mit großem Enthusiasmus den 100-m-Weltrekord des westdeutschen Supersprinters Armin Hary. Der Deutschland-Achter rudert mit kühler Präzision zum Sieg. Und Kurt Brumme rühmt die Fähigkeiten Cassius Clays, eines der größten Boxtalente aller Zeiten. Deutschland, das erneut mit einer gesamtdeutschen Mannschaft aufläuft, erringt zwölf Goldmedaillen. Zwölfmal also erklingt die „Ode an die Freude" aus Beethovens Neunter Sinfonie. Zwölfmal zieht das schwarz-rot-goldene Banner mit den olympischen Ringen hoch, auf das sich die beiden deutschen Nationalen Komitees nach langen Querelen und unter großem Druck durch das IOC endlich geeinigt haben. Die sportliche Bilanz ist hervorragend. Viel besser jedenfalls als die von den zuvor in Squaw Valley ausgetragenen Winterspielen. Dorthin reist Zimmermann nicht, sondern mit den ausgesprochenen Wintersportspezialisten Gerd Mehl, Harry Valérien und Heinz Maegerlein nur drei Reporter. Mehr wollen die Sender nicht finanzieren, zumal die Flaggschiffe der ARD, der NDR und der WDR, nur bedingtes Interesse am Wintersport zeigen. Aber in Rom sind alle zufrieden, auch Willi Daume, der Kopf des westdeutschen Sports. Zimmermann treibt ebenfalls wieder seine Späße. Seinem Assistenten Günter Maletzko zeigt er, wie man auf dem Weg ins Stadion mühelos die Kontrollen umgeht: Er klebt einen Aufdruck der Firma Grundig auf seinen Presseausweis, der damit den Ausweisen der höchsten Offiziellen, die eine Römische Wölfin ziert, stark ähnelt. Es braucht zwei Tage, da winken auch die römischen Ordner Zimmermann stets durch. Beim Journalistenempfang durch den Papst ist Zimmermann das Opfer. Er will sich nach dem Dank an dem Heiligen Vater setzen, doch Kollege Maibohm hat ihm den Stuhl weggezogen. Da äußert sogar der Papst so etwas wie Schadenfreude. Für Lacher sorgt auch Reporter Sammy Drechsel, der beim Turnen für Experte Maegerlein einspringen muss, weil der im Verkehrsstau steckt. Freimütig räumt Drechsel vor einem Millionenpublikum ein, keine Ahnung von der Materie zu haben. Als Vera Caslavska auf dem Schwebebalken turnt, sagt er: „Ich weiß zwar nichts vom Turnen. Aber das da oben, das können Sie mir glauben, ist eine dufte Puppe." Zimmermann unterlaufen solche Fehlgriffe nicht. Fast schon selbstverständlich übernimmt er die Übertragung der Schlussfeier, die begehrteste Reportage der Spiele. Die Atmosphäre ist grandios, alle sind begeistert.

Das Fernsehen frisst seine Pioniere

Nur in der Heimat platzt jemand der Kragen. Bernhard Skamper, seit einigen Jahren Sportchef des WDR in Köln und erfahrener Journalist, bringt kein Verständnis mehr auf für die Kollegen vom Fernsehen, die, erstmals auch mit Bildgrafiken experimentierend, in diesen Tagen von den Olympischen Sommerspielen in Rom berichten. Seine Beschwerde, die er am 1. September 1960 in einem Brief an den Kölner Intendanten Hartmann formuliert, besitzt den Charakter eines Rundumschlags und ist an Deutlichkeit kaum zu überbieten: „Sie haben doch Einfluss auf Herrn Lembke. Können Sie ihn nicht veranlassen, diese unglaubliche und unerträgliche Form der Fernsehkommentierung durch seine Reporter aus Rom zu ändern? Die Maßgabe, dass beim Fernsehen möglichst wenig gesprochen werden soll, scheint für die Dauer der Olympischen Spiele aufgehoben zu sein. Was herauskommt, ist ein pausenloses Gequatsche der Herren, vor den Wettkämpfen, während der Wettkämpfe, in den Pausen zwischen den einzelnen Wettkämpfen und hinterher. Sie reden und reden, nur um zu reden und wenn es nichts gibt, worüber man reden könnte, reden sie immer noch weiter. Ob Herr Mehl beim Schwimmen, ob Herr Krämer beim Radsport, Herr Zimmermann und Herr Maegerlein bei der Leichtathletik und leider auch Herr Brumme beim Boxen – man möchte immer wieder rufen: Mensch, nun halt doch mal endlich das Maul – aber der Redefluss plätschert weiter, als wenn sie für jedes Wort einzeln bezahlt würden und alle in Jahren aufgespeicherten sportlichen Weisheiten endlich loswerden und unters Volk bringen müssten." Er fordert Hartmann auf, diese „Dauermonologe" und das

„Geschwafel" sofort zu unterbinden. Es ist eine Kollegenschelte, wie sie nur selten formuliert wird.

Die Kritik beschreibt, so brutal sie klingt, die Schwierigkeiten sehr zutreffend. Für diejenigen wie Zimmermann, die ursprünglich als Hörfunkreporter ausgebildet worden sind, bedeutet dies eine Ausweitung der Probleme, die ohnehin mit der Einführung des Fernsehens verbunden sind. Es ist nicht nur so, dass nun die Live-Bilder aus Rom die parallel laufenden Hörfunkreportagen sozusagen kontrollieren – wie Zimmermann das schon 1955 nach dem Länderspiel in Moskau als Lektion durch den *Kicker* erfahren hat. Nun müssen die Reporter außerdem innerhalb von kürzester Zeit dazu in der Lage sein, von den Dampfplaudereien für das Radio auf einen nüchternen, sachlichen und extrem zurückhaltenden Kommentar für den Fernsehzuschauer umzuschalten. Oft genug misslingt dieser Spagat. Nicht viele Journalisten können sich auf diesen abrupten Wechsel einstellen.

Selbst dann nicht, wenn sie sich theoretisch über die eklatanten Unterschiede der beiden Medien völlig im Klaren sind – so wie Zimmermann. Der schreibt bereits 1954, kurz nach dem Berner Finale, einen geradezu programmatischen Text für die angesehene Zeitschrift „Rufer und Hörer" über die verschiedenen Erfordernisse beider Medien. Er gehört zu den Pionieren des deutschen Fernsehens nach dem Krieg, denn gemeinsam mit Paul Reymann hat er am 22. August 1952 die erste Fußball-Direkt-Übertragung kommentiert, das Oberligaspiel zwischen dem Hamburger SV und Altona 93.

Zunächst erläutert er die wichtigsten grundsätzlichen Unterschiede zwischen Fernseh- und Hörfunksendung für den Sport: „Der Rundfunk wird wohl stets den Vorzug der Vielseitigkeit besitzen. Er wird dabei auch, wie alle Erfahrung vermuten lässt, die technischen Schwierigkeiten leichter meistern können. Man denke nur an eine Sportquerschnittsendung mit, sagen wir, 15 Minuten Fußball aus Hamburg und je 10 Minuten Skilaufen aus Schweden, Boxen aus Mailand, Eishockey aus der Schweiz und Eiskunstlaufen aus Paris. Länge der Sendung und Ort des

Ereignisses spielen im Funk keine wesentliche Rolle. Der Hörer ist in abwechslungsreicher Form innerhalb einer Stunde auf fünf Schauplätzen Europas mit dabei und wird bei guter Reporterleistung ausreichend informiert. Ganz anders die gleiche Situation im Fernsehen. Hier wären zunächst einmal die Kosten riesig hoch und die Übertragungsmöglichkeiten auf gewisse Orte und Leitungswege – zumindest auf lange Jahre hinaus – beschränkt. (...) Man wende nicht ein, mit einer Bandsendung sei hier ebenso wie im Rundfunk ein guter Gesamteindruck zu erreichen. Das stimmt nicht, denn die Bandsendung im Fernsehen wird immer um ein Vielfaches teurer sein als im Rundfunk, und außerdem wird sie meist zeitlich viel später kommen. Der Vorzug der Rundfunksendung in einem Sportquerschnitt gegenüber der Fernsehsendung scheint mir damit bewiesen."

Für die Großereignisse, meint Zimmermann bereits 1954, sei der Fernsehkommentar jedoch vorzuziehen, zumindest in einigen Sportarten, so zum Beispiel für das Schwimmen und das Boxen, die mit der Kamera in einer Totalen gut zu transportieren seien. Für Sportarten wie Fußball allerdings sieht er Schwierigkeiten, da die Kameras dort nicht das ganze Spielfeld überblicken könnten. Für Kommentare und Nachrichten genieße der Rundfunk hingegen „wohl eindeutig den Vorzug, denn hier geht es ja nur um die Nachricht und das Ergebnis, das der Hörer weit besser aufnehmen und verarbeiten kann als der Fernsehzuschauer, der hier durch das Bild buchstäblich abgelenkt wird. Selbst eine Tafel mit Ergebnissen und zeichnerische Hilfsmittel nutzen nichts, sondern nehmen der Fernsehsendung im Sportnachrichtendienst nur die Wirkung."

Diese Aussagen Zimmermanns wirken heute, da das Fernsehen die Sportberichterstattung für fast alle wesentlichen Bereiche dominiert, wenig hellsichtig und unprophetisch. Dennoch sind sie in dieser Zeit sehr viel differenzierter und klüger als die Meinungen vieler so genannter Experten, die dem frühen Fernsehen überhaupt keine Chance einräumen. Denn ihm leuchten zumindest einige Möglichkeiten des neuen Mediums früh ein. Angesichts der Kritik aus dem Jahr 1960 sind jedoch seine Ausführungen über die konkreten Arbeitsweise als Hörfunk- bzw. TV-Journalist noch interessanter: „Nun aber zum Reporter selbst. Hier lässt sich folgende Faustregel aufstellen: Der Funksprecher ist gewissermaßen das Auge des Hörers und muss stets bemüht sein, ein Bild bei ihm zu schaffen, das der Wirklichkeit möglichst nahe kommen soll. Der Fernsehreporter hingegen braucht das nicht. Für ihn besteht die Pflicht, das bereits vorhandene Bild für den Zuschauer am Bildschirm auszuwerten und verständlich zu machen. Er ist also tatsächlich kaum Reporter, sondern vielmehr Kommentator. Er muss es sich bei jedem Wort überlegen, ob es angebracht und notwendig ist. Er kann und muss sich Pausen leisten, denn seine Hörer haben ja immer das Bild vor sich, dem das Hauptinteresse gilt. Der Funkreporter hingegen muss mehr oder weniger pausenlos sprechen, um das Interesse des Hörers wach zu halten. Er darf sich sogar einmal irren, wenn es sich nicht gerade um einen Elfmeter oder eine andere markante Situation handelt. Der Fernsehkommentator hingegen sollte, – von Ausnahmefällen in unübersichtlichen Situationen abgesehen – eigentlich unfehlbar sein. Er kann im Gegensatz zum Funkkollegen ja ruhig einmal schweigen, wenn er seiner Sache nicht ganz sicher ist. (...) Während der Funkmann die Höhen und Tiefen seiner Stimme in allen Lautstärken anwenden kann, sollte der Stimmaufwand des Fernsehkommentars begrenzt und gemäßigt bleiben." Seine abschließende Bemerkung ist einerseits gut gemeint, andererseits eine krasse Fehleinschätzung. So unterschiedlich die beiden Techniken auch sind, will er doch nicht ausschließen, dass „diese beiden Wege, die heute schon in einen Kanal münden, zu einer einzigen breiten, gemeinsamen Straße werden." Heute gibt es kaum noch Journalisten, die in beiden Medien arbeiten. Zu unterschiedlich sind die Anforderungen.

So intensiv Zimmermann auch in diesen Jahren über das aufkommende Fernsehen reflektiert, so unwohl ist ihm dabei. Ist er doch das Paradebeispiel dafür, dass gestandene Hörfunkleute diesen Wechsel nicht hinbekommen. Ihm ist klar, dass er im Fernsehen eigentlich immer zu viel redet, zu viele Dinge im Bild noch beschreibt, obwohl sie der Zuschauer teilweise noch besser sieht als er. Oft genug liegt er dann mit seinen Erläuterungen völlig daneben. Er wird nicht geschult von Eduard Roderich Dietze, der 1953 im Frankfurter Stadion Gerd Mehl und Rudi Michel ein Fußballspiel fernsehgerecht kommentieren lässt, ohne dass ihnen ein Bildschirm zur Verfügung steht. Das ist die englische Methode, die Dietze auf der Insel kennen gelernt hat. Solche Schulungen sind bei Zimmermann etwas diffizil, schließlich ist er Sportchef in Hamburg. Er versucht, mit anderen Mitteln auf das neue Medium einzustellen. „Wenig sprechen" und: „Ein Kommentar ist keine Reportage" – mit diesen Vorsätzen startet er in seine Fernseheinsätze. Damit er das nicht vergisst, legt er bei Großeinsätzen immer einen Zettel mit diesen Maximen vor sich in die Sprecherkabine. Meistens ist das Resultat ernüchternd. Oft genug sagt er dann hinterher: „Jetzt habe ich schon wieder zuviel gequatscht."

Diese Schwierigkeiten gelangen auch in die Familie. „Das machte ihm zeitweilig zu schaffen", sagt Hans-Christian Ströbele, „dass dieses Medium Radio, wo er der König war, dass dieses Medium nun nicht mehr die entscheidende Rolle spielte, sondern das Fernsehen." Und so kommt es, dass Zimmermann aus ganz anderen Gründen hier die Ansicht seiner Schwester unterstützt. Für sie, die Anthroposophin, die den Lehren Rudolf Steiners folgt, ist das Fernsehen verpönt. Dennoch übernimmt er in den 50er Jahren bei prominenten Anlässen auch einige Fernsehkommentare, so etwa für das Fußball-Länderspiel 1958 in Frankreich, oder 1959 in Hamburg gegen Polen. Doch Zimmermann steht nicht alleine da mit seinen Problemen. Auch sein schärfster Konkurrent Kurt Brumme wird 1960 schließlich massiv attackiert (und noch dazu ist Skamper, der 1960 die Fernsehkommentare tadelt, sein Chef), und der hat 1958 sogar einen Fernsehpreis bekommen. Der einzige Reporter, dem dieser diffizile Übergang zum Fernsehen weitgehend gelingt, ist Rudi Michel.

So startet Michel, obgleich eigentlich eine Reihe hinter Zimmermann, Brumme und Krämer stehend, schon früh seine Fernsehkarriere – angeschoben vor allem von Zimmermann, der seinen Freund so oft wie möglich für den TV-Einsatz vorsieht. „Das nächste Großereignis macht Rudi Michel im Fernsehen, und ich mache das im Radio", so lautet von 1960 an die fast stereotype Ansage Zimmermanns. „Rudi Michel machte das mit weniger Worten im Fernsehen, das hat er schon registriert", sagt Schüler Maletzko. Zimmermann selbst wird daher für das Medium Radio abgestempelt, das mehr und mehr an Bedeutung verliert. Das grundsätzliche Problem ist damit, wie sich aber 1964 in Tokio zeigt, noch lange nicht behoben. Auch dort kassieren die Fernsehkommentatoren heftige Prügel in einigen Zeitungen. Das *Sonntagsblatt* etwa referiert am 1. November 1964 diesen Diskurs: In Fernsehkreisen soll man sich vor Jahren sehr über den Lapsus eines Sportberichterstatters amüsiert haben. Der eben vom Hörfunk übergewechselte Reporter hatte in der Hitze des Augenblicks gerufen: ‚Das müssten Sie sehen, meine Damen und Herren!' Heute, nach nahezu zwölf Jahren Fernsehen, könnte man freilich meinen, die meisten Sportreporter hätten den Unterschied zwischen Hör- und Fernsehfunk immer noch nicht begriffen." Am Zustand der TV-Kommentare aus Tokio, die Zimmermann nun in Nachfolge Robert Lembkes als Teamchef der ARD/ZDF-Expedition verantwortet, hat sich indes auch in den vier Jahren seit Rom offenbar nur wenig geändert: „Die Fernsehreporter erzählten den Zuschauern daheim alles noch einmal, was sie soeben gesehen hatten. Sie haspelten im Non-stop-Tempo des Hörfunks ihre Texte herunter. Statt Background lieferten sie Ansichtsschilderungen, statt Kommentar die Ergebnisse. (...) Gibt es bei den deutschen Fernsehstationen keinen Leichtathletik-Reporter, der weniger phantasielos als Heinz Maegerlein, keinen Interviewer, der weniger ratlos als Herbert Zimmermann, keinen Wassersport-Chronisten, der weniger antiquiert als Harry Valérien wäre?" Dass nicht Zimmermann, sondern Rudi Michel zur historischen Medienfigur bei der Fußball-Weltmeisterschaft

1966 in England wird, als er das berühmte „Wembley-Tor" in der Verlängerung des Endspiels schildert, das hat also seinen Grund. Es liegt vor allem daran, dass Zimmermann das neue Medium Fernsehen nicht verinnerlichen kann. Er ist und bleibt Hörfunkreporter.

Das Leben eines Bohemiens

Der knappe Bericht aus dem November 1961 ist das Protokoll eines Wochenendes auf der Überholspur. Als Zimmermanns Schwester Gabriele, deren vier Kinder mittlerweile erwachsen sind, ihn in Hamburg kurz vor seinem 44. Geburtstag besucht, veranstalten der Gastgeber und „Medy" Reuß-Barth eine furiose Etappenfahrt quer durch sein Milieu. Ein bisschen geschockt, notiert seine Schwester: „Sonntags nach Lübeck bis 13 Uhr, nach Hamburg zum Pferderennen bis 18 Uhr (ohne Mittagessen), Auf dem Rennplatz Medy völlig besessen von der Wettleidenschaft, mit Weinkrämpfen usw. (ist jeden Sonntag so). Herbert von 18 bis 20 Uhr im Funk, ich zu Hause ausruhen, Medy kam um 20 Uhr völlig erschöpft. Dann Abendessen im Bavaria-Bräu am Hafen-Dachgarten, sehr schön aussichts- und essensmäßig. Um 22 Uhr Cafe Keese, Reeperbahn. Medy in Fahrt, Sekt getrunken, dann in einen schwulen Keller, alle Weiber dort verkleidete Männer. Die (der) Vortragende Andrei <u>sehr</u> gut. Plötzlich stellte sich raus, dass Herbert und Medy ihn kannten, von Berlin her 1942, war Kostümbildner beim Film, fährt Weihnachen zu H. Käutner und H. Knef usw. Wieder Sekt getrunken ..." Es ist ein atemberaubendes Tempo. Es dokumentiert das Leben eines Paares, das ständig auf der Suche nach Grenzerfahrungen und gesellschaftlichen Höhepunkten ist. Der Alltag eines spießbürgerlichen Ehepaares jedenfalls sieht anders aus.

Zimmermann selbst entschuldigt sich wegen dieser spektakulären Raserei, als er sich kurze Zeit nach seinem Geburtstag bei den Nichten und Neffen für die Glückwünsche bedankt. Er selbst ist an seinem Geburtstag auf dem Weg nach Brüssel, dort streiten die Tschechoslowakei und Schottland in einem

Freizeitvergnügen mit dem Neffen:
Zimmermann mit Hans-Christian Ströbele, etwa 1953

Entscheidungsspiel um den Platz für die WM 1962 in Chile: „Verbrachte meinen 44. Geburtstag also mehr oder weniger im Zug. Dafür war gestern mit Tante Medy großer Theaterbesuch und nachgeholte Geburtstagsfeier. Außerdem werde ich heute Abend für zwei Tage nach Travemünde fahren, aber nicht etwa um die Bank zu sprengen, sondern um kräftige Spaziergänge zu machen. Vom Besuch Eurer Mutter wisst Ihr, er war turbulent, aber sie hat völlig recht, es war nicht gerade ein Familientreffen zwischen Bruder und Schwester. Trotzdem hoffe ich, dass es ihr gefallen hat und sie die Reeperbahn-Erlebnisse mit der schwulen Barcelonabar ohne sittlichen Schaden überstanden hat." Natürlich schwingt in diesen Zeilen ein ironischer Unterton mit. Zwar sind sich die Geschwister sehr ähnlich in ihrem Drang, sich mitzuteilen und ihr Umfeld zu unterhalten. Doch tatsächlich liegen Welten zwischen seinem bohemehaften Leben und ihrem Alltag: Er springt von einem Ort zum anderen, bereist die ganze Welt und berichtet über die bunte und schillernde Welt des Leistungssports. Seit einiger Zeit gehört er sogar dem Team von Robert Lembke an, der mit seiner Quiz-Show „Was bin ich?" seit 1955 Millionen von Zuschauern vor die Mattscheibe zieht. Zimmermann ist ein Star, alle kennen sein Gesicht, seine Stimme sowieso. Sie dagegen ist vierfache Mutter und seit Jahrzehnten verheiratet, wohnt fernab von der Öffentlichkeit in Marl und hängt der esoterisch angehauchten Lehre Rudolf Steiners an, des Gründers der Anthroposophie und der Waldorfschulen.

„Auch von Tante Medy schöne Grüße", heißt es in diesem Brief, „seid schön fleißig, aber nicht zu fleißig. Das Leben besteht nicht nur aus Arbeit." Auch Zimmermanns Alltag besteht aus viel bürokratischer Arbeit im Sender und langen, anstrengenden Auslandsaufenthalten. Er ist also nicht nur Bonvivant, Gourmet und Lebemann. Doch natürlich präsentieren Zimmermann und seine Lebensgefährtin gern ihr Lebensmilieu, deren Protagonisten seine geliebte Familie oft genug nur aus dem Fernsehen oder aus dem Film kennen. Zimmermann genießt es, wenn seine Nichte oder Neffen es mitbekommen, dass er, wie es einmal in

Travemünde geschieht, gemeinsam mit UFA-Star Johannes Heesters am Strand Autogramme schreibt. Und er liebt die Provokation. Als ihn einmal seine gerade mal 17-jährige Nichte Helga in Hamburg besucht, geht er wie immer, wenn er Besuch bekommt, zu einer seiner Lieblingskneipen, zu Kuddel Schmidt auf der Reeperbahn. Den Laden betritt er also mit dieser hübschen jungen Frau im Arm und gibt sie zunächst ganz ernsthaft als seine neue Freundin aus. Dass einige Bekannte und Freunde das zumindest in diesem Moment nicht ausschließen wollen, verrät ebenfalls einiges über seinen eher unkonventionellen Umgang mit Frauen. Alle kennen zwar seine Lebensgefährtin Auguste, aber die ist ja auch oft zum Arbeiten in München oder anderswo und Zimmermann alleine in Hamburg ...

Doch auch Zimmermanns ältere Lebensgefährtin Reuß-Barth pflegt, auch wenn sie in diesen Jahren zunehmend eifersüchtig agiert, das Leben einer Figur, die sehr stark dem Filmgeschäft verhaftet ist. Dort ist sie zwar fürs Geld zuständig, also eine resolute Buchhalterin, die naturgemäß eher gefürchtet ist. Aber auch sie ist eben viel unterwegs, besitzt ein großes Netzwerk und verfolgt ebenfalls einen aufwändigen Lebensstil. „Bei uns ist auch alles in Ordnung und wir versuchen nun wieder Flitterwochen zu machen, ist ja sonst auch zu langweilig!“, schreibt sie 1960 der ältesten Nichte Zimmermanns, „irgend was muss einem ja einfallen zu Belebung des alltäglichen Lebens.“ Oft genug aber verbringt Zimmermann diese abwechslungsreiche Freizeit ohne seine Lebensgefährtin. So etwa im Juli 1960 in Flensburg, als er mit seinen Funkkollegen Jendrich, Stolte und Eil ein Tennisturnier auf dem Privatgelände des Rum-Fabrikanten Pott ausspielt. Seine Kollegen hat er gut im Griff, nur einem Freund Potts, der außer Konkurrenz startet, ist er unterlegen. Wichtiger als das ist aber – wie immer – der Abschluss dieses Tages. Pott lässt ein edles Diner auffahren, es gibt frischen Helgoländer Hummer, Champagner, Mokka-Likör und andere Delikatessen. Das Leben eines Sportfunkleiters, es bietet viele angenehme Seiten.

Auguste Reuß-Barth mit Hans-Christian Ströbele, etwa 1953

Chile 1962: Das letzte WM-Hör-Erlebnis

Die Fußball-Weltmeisterschaft 1962 in Chile erfordert besondere Maßnahmen, denn sie ist die erste in Übersee, die der deutsche Rundfunk zu bewerkstelligen hat. Nach einer Vorbereitungsreise nach Südamerika und einer Probeübertragung ist klar, dass die Gastgeber nicht über die notwendige technische Infrastruktur verfügen. So wird kurzerhand eine „Funkbrücke" eingerichtet: Der Südwestfunk als federführende Anstalt beschließt nicht nur, einen eigenen Kurzwellensender nach Santiago zu verschiffen, sondern auch anderes Equipment: Einen Übertragungswagen mit der technischen Einrichtung eines Studios, einen Filmkamerawagen, einen Tonwagen mit der Möglichkeit, Filme zu synchronisieren, zwei Schneidetische zum Herstellen der Filme, zwei Kleinbusse zur Material- und Personenbeförderung, zwei Filmentwicklungsmaschinen und ein fahrbares Aggregat zur

Stromerzeugung. Bereits am 6. April 1962 sticht die „Köln" von Bremen aus mit diesem Gerät nach Chile in See. Aus technischer Sicht ist es ein Abenteuer.

Und gleichzeitig ist es das letzte Mal, dass das Radio als Leitmedium bei einer Fußball-Weltmeisterschaft fungiert. Das wissen auch die Verantwortlichen beim SWF: „Alle Rundfunkzeiten", heißt es in dem Bericht nach der Vorbereitungsreise, „sind für die Unterrichtung der sportinteressierten Öffentlichkeit als erste und schnellste Nachrichtenträger von größter Bedeutung, weil wir der Presse um fast zwei Tage voraus sind." In der Tat brauchen auch die bewegten Bilder für die europäischen Fernsehanstalten, nachdem sie in einem Chemiewerk, das ein deutscher Industrieller zur Verfügung stellt, geschnitten und vertont worden sind, auf dem Weg nach Europa 48 bis 72 Stunden. Das Flugzeug bringt die Filmrollen nach Genf, von dort aus werden sie dann überspielt. Die Zeitungen stellen ohnehin keine Konkurrenz dar.

Doch nicht nur technisch gesehen ist diese WM für die 28 Mann starke deutsche Expedition ein Wagnis. Schon die Reise ist für das Team von Robert Lembke, dem diesmal aus Kostengründen nur die Reporter Zimmermann, Brumme und Michel angehören, ein Abenteuer. Redakteur Horst Seifart etwa fliegt mit einem Propellerflugzeug über 20 Stunden lang nach Südamerika. Außerdem gilt es, innerhalb des lang gezogenen Landes enorme Strecken zu überwinden, der Gruppen-Spielort Arica im Norden zum Beispiel ist 2000 km von Santiago entfernt. Irgendwie kommt schließlich die Verbindung des eigenen Senders in Quilicura, das etwa 15 km nördlich von Santiago liegt, nach Elmshorn immer zustande. Dort wird die Funkstation der Deutschen Bundespost als Empfangsstation genutzt. Doch hören sich die Reportagen der drei Sprecher manchmal so an, als seien sie auf dem Mars aufgenommen und durch mehrere Atmosphären geleitet, so schlimm stört das Phänomen des „Fading" die Übertragung. Aber immerhin, der Hörfunk überträgt jedes Spiel der Herberger-Elf zwischen 20 und 22 Uhr, dazu gibt es weitere Sendungen zwischen 22 und 23 Uhr mit Interviews, Kommentaren und Berichten von anderen Partien.

Es ist insgesamt eine triste, eine traurige WM, die nicht umsonst die „vergessene Weltmeisterschaft“ genannt wird. Viele auf Verteidigung ausgerichtete Spiele prägen das Bild, allein der Titelverteidiger aus Brasilien kann als Ausnahme gelten. Auch die bundesdeutsche Nationalelf, die zum letzten Mal unter Herberger antritt, passt sich dem unattraktiven Defensivstil damaliger Tage an. Sie erreicht zwar nach einem 2:0-Sieg im letzten Gruppenspiel gegen Chile, den Zimmermann kommentiert, der dabei ein großartiges Kopfballtor seines Hamburger Freundes Uwe Seeler vermelden kann, das Viertelfinale. Dort aber verliert die Mannschaft mit 0:1 gegen Jugoslawien. Der Überbringer der schlechten Nachricht heißt Michel, und Brumme darf erstmals ein WM-Finale reportieren (Brasilien vs. CSSR, 3:1). Als die National-Elf heimkehrt, schlägt ihr erstmals nach dem Krieg herbe Kritik entgegen, was Herberger wundert: „Wir sind zurückgekommen in der Meinung, dass wir mit dem Einzug ins Viertelfinale durchaus etwas geleistet haben. Wir betrachten den Gruppensieg als Erfolg.“ Mit der Ablösung des „Chefs“ 1964 geht indes nicht nur eine Ära für das Traineramt zu Ende, sondern auch für das Radio. Nie wieder wird es – zumindest im Fußball – eine solch vorrangige Rolle einnehmen wie in Chile, denn am Horizont leuchten schon Begriffe wie Satellitentechnik auf. Das ahnt auch Zimmermann, der die Gelegenheit nutzt und nach der WM noch einen Urlaub in Argentinien und Brasilien anhängt.

Mit seinem Assistenten Günter Maletzko
1960 bei den Olympischen Spieln in Rom

VII. Neue Aufgaben, neue Zeiten (1963–1966)

Hauptabteilungsleiter Zimmermann und seine Schule

Es ist ein radikaler Umbruch, der sich im April 1963 in der NDR-Sportredaktion vollzieht. Das liegt nicht nur an der Einführung der Bundesliga im August 1963, die eine Aufstockung des Personals nötig macht. Vor allem die Gründung des Zweiten Deutschen Fernsehens (ZDF) sorgt für große Fluktuation in vielen Funk- und Fernsehredaktionen in ganz Deutschland. Auch im Sportressort des NDR wirbt der neue Sender, der mit hohen Gehältern locken kann, auf einen Schlag sieben Leute ab – pikanterweise gehört zu den Headhuntern aus Eschborn auch Egon

Peets, der Zimmermann 1951 mit dem *Spiegel*-Artikel in große Schwierigkeiten gebracht hatte. Jedenfalls ist Zimmermann nun gezwungen, möglichst schnell viele Leute einzustellen, um den personellen Aderlass zu kompensieren. Gleichzeitig wird die Sportredaktion als eine der ersten Bereiche des Senders in den Status einer Hauptabteilung (HA) erhoben, was innerhalb des Senders zu einer Aufwertung des Sports führt: Wichtige Programmsitzungen finden nun immer mit Beteiligung des Sports statt. Das Datum 1963 jedenfalls wird der Beginn dessen, was man eine „Schule Zimmermann" nennen könnte.

Einige Gesichter, die fortan den Hörfunk und das Fernsehen prägen werden, sind bereits einige Jahre beim NDR. Fritz Klein etwa ist bereits seit 1958 in der Redaktion und gilt dort als der Lieblingsschüler Zimmermanns. „Am liebsten", sagt ein Kollege von damals, „hätte der den adoptiert". Diese bevorzugte Stellung gegenüber den Kollegen äußert sich dadurch, dass fast immer Klein den Chef auf den großen Reisen begleiten darf, so zum Beispiel zum FIFA-Jugendturnier nach Portugal, nach Irland oder zum Endspiel um den Europapokal der Pokalsieger in Glasgow zwischen Liverpool und Dortmund. Ein weiterer Mitarbeiter, der schon seit 1958 für den NDR frei arbeitet, ist Kurt Emmerich, der nun festangestellt wird. Ebenfalls seit 1958 dabei ist Günter Maletzko, dem Zimmermann im November in einem Brief mitteilt: „Es ist so weit – Sie werden endlich auf die Menschheit losgelassen!" Es geht um das Oberligaspiel Holstein Kiel gegen Eintracht Braunschweig, schreibt der Sportchef, der den 20-Jährigen zu beruhigen sucht; er möge nur so sprechen wie bei den Probereportagen und nicht nervös werden: „Vor allen Dingen denken Sie daran, dass bei einer 8-10-Minuten-Reportage eine lange Einleitung unerwünscht ist. Am wichtigsten ist es, den Ball zu verfolgen und das zu schildern, was Sie sehen. Machen Sie aber auch keine Weltmeisterschaft aus einem solchen Spiel, sondern bleiben Sie in Ausdrucksform und Stimmlage maßvoll." Dem freien Reporter Helmut Müller, der Zimmermann perfekt zu imitieren und parodieren vermag, gibt er als Devise mit auf den

Weg: „Du darfst ein Spiel im Inhalt nicht verfälschen. Aber du kannst es spannend machen, du musst die Leute zum Zuhören bringen."

Vermittelt durch Horst Seifart, schafft auch Claus Beissner 1963 den Sprung in die Hörfunkredaktion; Beissner ist später 18 Jahre lang Hörfunk-Chef. Diesen jungen Leuten ist allen gemein, dass sie Zimmermann in erster Linie nicht als normalen Hörfunk-Kollegen erleben. Zimmermann ist ihnen gegenüber alles andere als ein Kumpeltyp. Er hält immer sehr viel Distanz zwischen sich und diesen neuen Gesprächspartnern und Mitarbeitern. So sehen diese ihn als Überfigur, deren Autorität sie zuweilen auch zur Verzweiflung treibt. Die Ausbildung nämlich verläuft gründlich. „Er hat uns Hilfsredakteure das schon merken lassen,", berichtet Beissner, „dass wir trotz Studium oder Athleten von einigen Ruf in diesem Laden noch einiges lernen mussten. Das hat er insofern bewiesen, dass er uns wochenlang Meldungen und Nachrichten hat schreiben lassen und diese dann mit den anderen Kollegen entsprechend durchgelesen und uns auf Fehler aufmerksam gemacht hat. Diese Meldungen kamen nie zur Sendung, sondern die hat er dann triumphierend im Papierkorb verschwinden lassen. In der Anfangsphase hat das natürlich nicht zur Motivation beigetragen." Dass er der Star ist und die anderen die Mannschaft sind, das lässt er die Novizen auch bei Aufträgen der niederen Art spüren. Einmal muss ein Mitarbeiter zwei Kinokarten für eine Vorstellung des nahe gelegenen Urania-Film-Theaters besorgen. Doch der Mitarbeiter kommt zurück mit der Meldung: „Die Karten sind ausverkauft." Zimmermann fragt daraufhin nur, ob das Kino weiß, wer sich den Film ansehen möchte. „Ja, ich habe gesagt, Herbert Zimmermann vom Norddeutschen Rundfunk, aber da war nichts zu machen." Daraufhin greift Zimmermann zum Telefonhörer und sagt: „Hier ist Herbert Zimmermann vom Norddeutschen Rundfunk, ich möchte zwei Karten für Ihre heutige Vorstellung haben, Sie werden doch für Herbert Zimmermann noch zwei Karten übrig haben!" Hatte das Kino dann natürlich. Triumphierend legt Zimmermann dann den Hörer auf die Gabel und sagt: „Siehst du, so macht man das."

Eigentlich gibt es in diesen Jahren nur drei Mitarbeiter, die ihm das Wasser einigermaßen reichen können. Das ist zum einen sein Freund Günther Isenbügel, ein Spezialist für Motorsport und Reiten. Isenbügel gehört wie Zimmermann zur ganz alten Reportergarde des NWDR, und vor allem strahlt der Lebemann eine Lässigkeit und Entspanntheit aus, die selbst Zimmermann fassungslos machen kann. Die zweite Figur ist Gertrud Kamrad, die mit eisernem Griff die redaktionellen Abläufe führt und als „heimliche Chefin" gilt. Kamrad startet eine sensationelle Karriere in Hamburg. 1945 als Stenotypistin angetreten, die 400 Anschläge die Minute in die Schreibmaschine hämmert, steigt sie später auf zur stellvertretenden Hauptabteilungsleiterin und Hörfunkchefin. Sie, die ehemalige Sekretärin, ist Zimmermanns Vertrauensperson und managt den Laden mit preußischem Pflichtbewusstsein. Die dritte Person in dieser Zeit, die Zimmermann sehr ernst nimmt, ist Horst Seifart. Dem nämlich obliegt die letzte Entscheidung dafür, welche Berichte im NDR-Fernsehen gezeigt werden, Zimmermann hat hier nur ein Vorschlagsrecht. Das ist eine sehr seltsame Konstruktion: Dass der Leiter der Hauptabteilung, Zimmermann, einen seiner Mitarbeiter um Zustimmung fragen muss. Seifart sagt zwar, es hätte deswegen nie Probleme gegeben. Dennoch wird Zimmermann das sehr gewurmt haben. Zustande gekommen ist dieses Modell, weil er nicht bei allen Fernsehverantwortlichen des NDR beliebt ist. Mit dem zuständigen Sportredakteur der „Tagesschau" kommt es sogar zum offenen Streit. Als der es wagt, eine Meldung Zimmermanns zum wiederholten Male als nicht „fernsehgemäß" zu kritisieren, lehnt Zimmermann eine Zuarbeit für diese wichtigste Nachrichtensendung bis auf weiteres ab. Er produziert zwar weiterhin Fernsehberichte. Aber nicht mehr für die „Tagesschau".

Der Leiter der Hauptabteilung wird also nicht gern kritisiert. Das ist nicht weiter verwunderlich angesichts der Strukturen, in denen er jahrelang gewirkt hat. Dort findet Kritik am Chef schlicht nicht statt. Allein bei größeren Einsätzen wie bei Fußball-Weltmeisterschaften oder bei Olympischen Spielen ist so etwas noch theoretisch möglich, aber auch mit Robert Lembke hat Zimmermann sich längst arrangiert. In der Mitarbeiterbesprechung, die jeden Montag um elf Uhr das Wochenende reflektiert und die Fehler und Stärken der Reporter bei ihren Einsätzen unter die Lupe nimmt, werden die Berichte und Reportagen des Chefs jedenfalls nicht diskutiert. Er selbst setzt die Messlatte sehr hoch und kritisiert teils hart, teils moderat, aber er sorgt immer für harmonische Arbeitsatmosphäre unter den Kollegen. Der Respekt der jüngeren Mitarbeiter ist ihm ohnehin gewiss, sie bewundern seine Fähigkeiten. Denn keiner kann Fußballspiele reportieren wie er: Ohne Stichworte, ohne Aufstellung, ohne eine einzige Notiz, die Rede frei und ohne größere Versprecher. Für die meisten Nachwuchsleute ist der Reporter Zimmermann unantastbar. Ein Gott.

Olympia 1964: Zimmermann als Nachfolger Lembkes

Bereits 1963 hat Zimmermann auch das letzte große berufliche Ziel realisiert, auf das er jahrelang mit großem Ehrgeiz hingearbeitet hatte. Obwohl er nicht als Freund des neuen Mediums Fernsehen gilt, wird er nach der WM 1962 in Chile der Nachfolger seines Freundes Robert Lembke als ARD-Sportkoordinator und damit der einflussreichste Mann in Deutschland für die kommenden Großereignisse wie Olympische Spiele und Fußball-Weltmeisterschaften. Von nun an wird er darüber bestimmen, welche Reporter und Kommentatoren die wichtigsten Einsätze bekommen. Was das angeht, kann er sich nun die Rosinen herauspicken. Als Zimmermann diesen Posten übernimmt, ist dieser Job nicht mehr mit eher gemütlichen Expeditionen wie etwa der in Schweiz 1954 zu vergleichen. Denn während damals insgesamt etwa zwölf Leute zu führen sind, hat Zimmermann für seine erste große Aufgabe, die Olympischen Spiele 1964 in Tokio, über 40 Leute zu dirigieren. Selbstverständlich reist er mit einigen Mitarbeitern schon im Herbst 1963 zu den so genannten „vorolympischen Spielen" nach Japan, um die umfassende Organisation der Berichterstattung für Rundfunk und Fernsehen vorzubereiten.

Das neue Aufgabengebiet erfüllt ihn, den verdienten Reporter und Sportchef, mit Stolz und Genugtuung. Aber natürlich genießt er auch den Aufenthalt in einem unbekannten Land, der ihn mit vielen schönen Geschichtchen und Anekdoten versorgt. In Antwort ihrer Geburtstagswünsche schreibt er seinen Nichten und Neffen nach diesem ersten Trip nach Fernost: „Allen Briefen ist ein Wunsch gemeinsam: Ihr wollt den Onkel Weihnachten in Marl sehen. Ich hoffe, nicht nur wegen der Japangeschenke!" Und wie immer macht er es auch in diesem Brief vom 3. Dezember 1963 spannend, wenn es irgendetwas Neues und Aufregendes von seinen vielen Reisen zu erzählen gibt: „Über Japan brauchen wir hier nicht zu sprechen; das Thema wäre abendfüllend und eignet sich viel besser zum munteren Vortrag unterm Weihnachtsbaum, wenn acht rührige Hände meine Füße massieren." Zu diesem munteren Vortrag gehören auch Einzelheiten zu seinem kurzen Zwischenstopp in der britischen Kolonie Hongkong, in der er auch die berühmte Pferderennbahn besucht.

Schon die letzten Vorbereitungen für die Sommerspiele in Tokio machen dann deutlich, wie sehr mittlerweile das Thema Fernsehen die Öffentlichkeit beherrscht. In den Monaten vor den Spielen, die am 10. Oktober 1964 eröffnet werden, nährt die neue Satellitentechnik die Hoffnung auf eine relativ schnelle Bildübermittlung. Mit Hilfe des neuen Satelliten „Syncom III", der von Cape Canaveral ins All geschossen wird, sollen noch am gleichen Tage die Bilder aus Tokio nach Deutschland übertragen werden. „Direkt-Übertragungen sind jedoch auch mit ‚Syncom III' nicht möglich", schreibt der *Sportinformationsdienst* im Sommer 1964, „die Berichte aus Tokio können nur bis nach Nordamerika ‚life' ausgestrahlt, dort aufgezeichnet und mit einer Charter-Düsenmaschine nach Hamburg geflogen werden.

Durch die Zeitverschiebung von acht Stunden wäre es aber möglich, die Tokio-Reportagen noch am Abend des gleichen Tages über das Eurovisionsnetz auszustrahlen." Genauso wird es dann im Oktober 1964 durchgeführt.

Das Fernsehen ist in diesen Zeiten noch ein Experimentierfeld, das Zimmermann viele intuitive und improvisierte Entscheidungen vor Ort abnötigt. So funktioniert zwar die einzige Livebild-Verbindung nach Deutschland, die der veraltete Satellit „Early Bird" liefert (wenn auch, da dessen Umlaufbahn eine zu geringe Höhe besitzt, nur für 45 Minuten am Tag). Doch werden die Leitungen, die separat über Überseekabel gelegt worden sind, um den Ton vernünftig nach Deutschland zu bringen, am dritten Tag von Fischern gekappt. So hat Hamburg zwar das Bild, es fehlen aber die dazugehörigen Kommentare. Diese müssen fortan in Deutschland gesprochen werden. Insgesamt aber bewältigen Zimmermann und sein Stellvertreter Wolf Posselt diese technischen Anlaufschwierigkeiten des neuen Mediums ordentlich. Jedenfalls ist Zimmermann auch für die nächsten Olympischen Spiele 1968 in Mexiko City als Chef-Organisator vorgesehen. Schon im Herbst 1966 fliegt er deswegen zu der vorolympischen Premiere in Mittelamerika. Dort beklagt er die insgesamt katastrophale Nachrichteninfrastruktur vor Ort bei einem gemeinsamen Abendessen mit Gerd Krämer, seinem Kollegen aus den Tagen der Fußball-Weltmeisterschaft 1954 in der Schweiz, der gemeinsam mit Zimmermann, Gerd Mehl und Werner Schneider den Trip für 1968 vorbereitet. Es ist das letzte Wiedersehen der alten Kollegen.

Dass Zimmermann an der Spitze der deutschen Hörfunkjournalisten steht, macht sich durch viele lukrative Nebenverdienste bemerkbar. 1966 etwa wird seine Reportage von Glasgow mitgeschnitten, um so das Finale um den Europapokal der Pokalsieger zwischen Borussia Dortmund und dem FC Liverpool (2:1 n.V.) zu dokumentieren. Ein Jahr zuvor erscheint die Schallaufnahme „Schuss! Tor! Die bunte Bundesligaplatte", auf der Zimmermann in einer Rückschau die Erfolge und Krisen der ersten beiden Bundesliga-Jahre verhandelt. Als Interviewpartner dienen ihm die prominentesten Fußball-Protagonisten dieser Ära: Fritz Walter, der Kapitän der „Helden von Bern“; dessen Mannschaftskollege Hans Schäfer, der mit dem 1. FC Köln die erste Bundesliga-Meisterschaft errungen hat; Nationalspieler Willi Schulz von Schalke 04; Helmut „Fiffi“ Kronsbein, Erfolgstrainer von Hannover 96; Uwe Seeler, das Sturm-Idol des Hamburger SV; und die Berliner Fußball-Größe Hanne Sobeck, der den Untergang der Berliner Hertha erklärt. Zwar gehört die Interviewtechnik nicht gerade zu den Stärken des mächtigsten Sportchefs in Deutschlands. Solche Aufnahmen belegen indes, dass nicht nur die Sportler immer mehr in den Fokus der deutschen Öffentlichkeit gelangen. Auch einige Sportjournalisten profitieren sehr von den Taten der neuen nationalen Helden. Allen voran Herbert Zimmermann.

Das letzte Großereignis: WM 1966 in England

Vor dem Anpfiff zur VIII. Fußball-Weltmeisterschaft hat sich in medientechnischer Hinsicht eine Revolution vollzogen. Durch die mittlerweile ausgefeiltere Satellitentechnik kann nun fast die ganze Welt die Spiele live am Fernseher verfolgen, das Finale wird in 52 Länder übertragen. So entwickelt sich die deutsche Medien-Expedition nach England, das mit diesem WM-Turnier die Gründung der Football Association (FA) im Jahre 1863 begeht, auch für das gemeinschaftlich organisierte ARD/ZDF-Team zu einer großen Herausforderung. Deren Leiter heißt wiederum Herbert Zimmermann. Dass sich der Fußball und die Medien inzwischen zu einer erstaunlichen Symbiose zusammengefunden haben und sich gegenseitig zu immer größerem Wachstum befeuern, zeigt indes nicht nur der Blick aufs Fernsehen. Auch der Hörfunk hat es mittlerweile nicht mehr nötig, um die Sendezeiten im Programm zu betteln: Es ist eine Selbstverständlichkeit, dass alle deutschen WM-Spiele auch im Hörfunk live überragen werden. Insgesamt produziert der NDR, der die Federführung übernommen hat, über 22 Stunden aus England. Wie der ehemals verpönte Proletensport Fußball während des WM-Turniers das öffentliche Interesse dominiert, verdeutlicht eine ironische Glosse aus der Wochenzeitung *Zeit*: „Ihr könnt Sartre und Dürrenmatt, Sinatra und Marlene, Karajan und die Callas aufbieten ... Pelés Beine und Schnellingers Stirn sind in diesen Wochen wichtiger als die erlauchteste Star-Kongregation."

Diese Aufmerksamkeit steigert sich noch mit dem formidablen Auftritt des deutschen Teams, das, erstmals von Helmut Schön trainiert, wie 1954 als Außenseiter angetreten ist. Die deutschen Fußballfans sind begeistert von den technischen Fähigkeiten einer neuen Spielergeneration, wie sie durch Wolfgang Overath und Franz Beckenbauer personalisiert wird. Speziell der junge Münchner nährt die Hoffungen durch sein WM-Debüt beim 5:0 gegen die Schweiz. Seine geschliffene Technik und die mühelose Eleganz ist es, durch die, so der Politologe Norbert Seitz, „das kraftvolle Spiel der Deutschen erstmals eine ästhetische Dimension" bekommt. Zimmermann verfolgt die Geburt eines neuen Weltstars allerdings mit durchaus melancholischen Gefühlen. Natürlich freut er sich als Fan der deutschen Nationalmannschaft darüber. Andererseits werden die famosen Auftritte Beckenbauers in der Heimat nun vorwiegend über das Fernsehen wahrgenommen, das selbstverständlich alle deutschen Spiele live in die Wohnzimmer bringt. Das Gemeinschaftserlebnis Fußball findet nun vor dem Bildschirm statt, obwohl die rund zehn Millionen angemeldeten TV-Geräte immer noch eine Minderheit gegenüber knapp 18 Millionen Radios darstellen.

Auch personell geht eine Ära im Hörfunk zu Ende. Rudi Michel etwa kommentiert fast nur noch fürs Fernsehen. Und im Hörfunk drängen junge und hungrige Leute wie Heribert Fassbender nach, der in England seinen ersten Einsatz bei einer WM bestreitet. Zimmermann, der auf Jugendlichkeit und gutes Aussehen immer größten Wert gelegt hat, gehört mit seinen 48 Jahren plötzlich zum alten Eisen. Dass er der alten Generation entspringt, äußert sich manchmal auch in seinen Reportagen. Wer sich Zimmermanns Einsätze in diesen Wochen vorknöpft, der hört einen Rundfunkjournalisten, dem kaum noch neue Formulierungen einfallen, dem ein wenig der Esprit verloren gegangen ist. Gelegentlich unterlaufen ihm auch katastrophale rhetorische Patzer, so wie bei seiner Reportage des WM-Viertelfinals zwischen der Schön-Elf und Uruguay aus Sheffield (Endstand 4:0). Die Westdeutschen führen durch ein Haller-Tor nach 45 Minuten mit 1:0, es ist ein aufregendes, hektisches Spiel, weil die Uruguayer überaus hart in die Zweikämpfe gehen. Zimmermann lässt sich davon anstecken und benutzt bei der erregt vorgetragenen Zusammenfassung der ersten Halbzeit verwegene Vokabeln: „Eins zu Null für die deutsche Nationalelf, in der Runde der letzten Acht hier in Sheffield, im Spiel gegen Uruguay. Das ist schön, das ist angenehm, aber das ist absolut noch keine Garantie für den Endsieg." Es sind, wie Rundfunkhistoriker Martin Maria Schwarz vorsichtig andeutet, „zum Teil fragwürdige Formulierungen".

Dabei befindet sich der Sportjournalismus, wie Schwarz urteilt, in einer Phase des Wandels. Als Beispiel dafür nennt er die Reportage Kurt Brummes vom Halbfinale zwischen der BRD und der Sowjetunion. Im Liverpooler Goodison-Park lässt sich Brumme nicht beeindrucken von den Schlagzeilen der *Bild*-Zeitung, die an diesem Tag, ganz in der Tradition der britischen Revolverblätter, mit „Stürmt, stürmt, stürmt, dann wackeln auch die Iwans" schlagzeilt. Doch auch ihm rutschen Vokabeln heraus, die eigentlich nicht mehr zum Jargon des Sportjournalismus gehören sollten: „Das war eine Granate", sagt er, als Beckenbauer in der 68. Minute das vorentscheidende 2:0 erzielt. Im Unterschied zu Zimmermann ist ihm jedoch der Fehlgriff bewusst und er entschuldigt sich sofort für diesen Lapsus: „Lassen Sie mich einmal diesen kriegerischen und durchaus sonst nicht angebrachten Vergleich gebrauchen. Aber anderes fällt mir im Augenblick wirklich nichts zu diesem Scharfschuss ein. Das war ein Ball, der wie ein Strich anmutete, und der in die Ecke hineinzischte, wie ein Komet, der sogar fast einen Windstreifen hinter sich ließ." Dieses Zitat ist für Schwarz Beleg genug dafür, „dass sich die bis dahin so militärisch geprägte Sprache zu ändern beginnt. Offensichtlich ist die kritische Aufarbeitung der Vergangenheit auch im Sport angekommen." Es gibt freilich keinen Sporthistoriker und aufmerksamen Linguisten, der diese These unwidersprochen unterschreiben würde.

Das Finale am 30. Juli 1966, in dem sich dann die Schön-Elf und England im ausverkauften Wembley-Stadion gegenüberstehen, ist nicht nur ein großer Tag für das Fernsehen, das elf Kameras einsetzt und erstmals bei einem solchen Anlass auch die Zeitlupe zur Verfügung hat, um unklare Situationen hinterher aufzulösen. Auch für den erfahrenen Zimmermann ist es ein außergewöhnliches Ereignis. Günter Maletzko bemerkt jedenfalls bei seinem Ziehvater in den Stunden vor dem Endspiel in Wembley „eine gewisse Nervosität". Maletzko sitzt bei diesem Spiel sehr weit außen, seine Sicht ist nicht die beste. Normalerweise holt ihn sein Chef in solchen Fällen mit in die Reporterkabine. An diesem Tag nicht, Zimmermann will das Match ungestört reportieren. Natürlich erinnert es Zimmermann – und mit ihm die ganze Fußballgemeinde – auch an die Sensation von Bern 1954, an dieses denkwürdige Spiel vor zwölf Jahren. Und genau deshalb beginnt er seine Reportage, die diesmal einen genügenden Vorspann besitzt, auch mit einem sentimentalen Blick in die Historie: „Zum zweiten Mal ist Deutschlands Fußballsport im Weltfinale vertreten. Und ich glaube, in diesem Augenblick sollten wir an jenen Tag vor zwölf Jahren denken, als auch eine deutsche Mannschaft im Endspiel stand und Weltmeister wurde. Wir sollten grüßen Torwart Turek, Verteidiger Posipal und Kohlmeyer. Die Läufer Eckel, Liebrich und Mai. Und die Stürmer Rahn, Morlock, Ottmar und Fritz Walter, und Schäfer. Sie alle werden mit heißem Herzen dabei sein, und mit ihnen Millionen Zuhörer und Zuschauer in Deutschland. In Nord und Süd, in Ost und West, und ganz sicherlich auch besonders viele treue Fußballanhänger in Mitteldeutschland."

In dieser Übertragung beweist Zimmermann erneut seine Klasse: Er spielt geradezu mit seiner famosen Stimme, und in den entscheidenden Momenten ist er auf Ballhöhe. Die Führung durch Haller fliegt über seine Lippen, bevor die 90 000 Zuschauer in Wembley aufstöhnen oder aufjubeln: „Haller kann an den Ball kommen, kann auch schießen. Tor! Tor für Deutschland!" Und erneut geht Zimmermanns Rede zurück in die Schweiz; die Hörer sollen wissen, dass dieses 1:0 nicht das Spiel entschieden hat: „Denken wir an Bern! Damals führten die Ungarn sogar 2:0", unkt er. Tatsächlich kommen die Engländer in den zweiten 45 Minuten zu einer 2:1-Führung, und Zimmermann hat die Partie, als sich der Schlusspfiff nähert und die Gastgeber auf Zeit spielen, fast aufgegeben. Doch dann erzielt Weber mit dem Abpfiff den mirakulösen Ausgleich: „Ja, ist denn das die Möglichkeit, das ist ja fast ein Fußball-Wunder, meine Damen und Herren!" Die anschließende Pause zur Verlängerung nutzt Zimmermann ebenfalls zu einem Aufruf nach Deutschland: „Ob in München, ob in Hamburg, ob in Köln, ob in Berlin, ob in Dresden, in Leipzig, oder in Stuttgart, Karlsruhe, oder irgendwo auf dem flachen Land. Wir alle bilden jetzt eine Gemeinschaft. Und wir alle halten unserer tüchtigen Mannschaft für die Verlängerung die Daumen. Wir haben Glück gehabt, zugegeben. Aber Glück hat bekanntlich im Sport der Tüchtige." Der letzte Satz ist ein Zitat von Helmuth Graf von Moltke. Der preußische Generalfeldmarschall aus dem deutsch-französischem Krieg 1870/71 hat es benutzt in seiner „Abhandlung über Strategie". Zimmermann benutzt die Phrase – wie viele Kollegen noch heute – auch im Fußball. Es hilft alles nichts, am Ende gewinnen die Engländer mit 4:2. Die Seeler-Elf wird dennoch begeistert am Frankfurter Römer empfangen.

Dieses WM-Endspiel von Wembley, weiß auch Zimmermann, markiert einen weiteren Meilenstein auf dem eingeschlagenen Weg in das Fernsehzeitalter. Das Finale von Bern hat Zimmermann noch für die ganze Nation reportiert, Bern ist *das* Radio-Gemeinschaftserlebnis im Nachkriegsdeutschland und es ist seine Stimme, die ewig damit in Verbindung gebracht wird. Auch Wembley 1966 ist ein Straßenfeger, es interessieren sich nun genauso viele Menschen für dieses Spiel wie für das WM-Endspiel gegen die Ungarn. Doch jetzt sitzen die Menschen vor dem Fernseher und schauen sich das berühmte „Wembley-Tor" zum 3:2 in den vielen (freilich technisch noch verbesserungswürdigen) Zeitlupen an. Immer wieder. Es wird, da es aufgezeichnet werden kann, bis heute wiederholt, bei fast allen Ausflügen in die WM-Geschichte. Kommentator ist Rudi Michel („Nein! Kein Tor! Oder doch?"), der mit seinen Rufen vor der Entscheidung von Schiedsrichter Dienst in die Fernsehgeschichte eingeht. Es bleibt bis heute in den Köpfen aller Fußballfans, im kollektiven Fußballgedächtnis. Dass Herbert Zimmermann nur wenige Schritte entfernt von Michel dieses Spiel für den westdeutschen Hörfunk reportiert, das bekommt damals schon kaum noch jemand mit. Heute, da rund vier Jahrzehnte vergangen sind, ist dieses Detail völlig vergessen.

So spiegelt sich in der beruflichen Biographie Zimmermanns auch ein Stück Mediengeschichte. Denn spätestens mit diesem WM-Turnier hat das Fernsehen auch im Sport den Rundfunk als Leitmedium abgelöst. Fortan muss sich der Rundfunk auf die Suche nach Nischen begeben. Es ist ein Bruch, wie er radikaler nicht sein könnte für den bekennenden Hörfunkreporter Zimmermann, der das Medium Fernsehen lange Zeit nicht ernst genommen hat. Ob er in diesen Tagen an jene Befragung zurückdenkt, die der NWDR nach dem Bern-Endspiel durchgeführt hatte? Dort hatte ein Zuschauer seine Begeisterung über das neue Medium so beschrieben: „Es ist doch wunderbar – mit dem Radio nicht zu vergleichen."

Die letzte große Reporter-Liebe

Zimmermann will nicht mehr. Bereits während der Weltmeisterschaft in England lässt Zimmermann gegenüber Kollegen erneut seine Absicht aufblitzen, sich im Fußball vom Sprechen mehr und mehr zurückzuziehen. Gegenüber seinem Freund Rudi Michel kündigt er noch in London an, „bald nicht mehr am Mikrofon zu arbeiten". Weiter NDR-Sportchef bleiben möchte er, das wohl, aber mit einer Verlagerung der Schwerpunkte: auf die Vorbereitung und Organisation von großen Ereignissen, so wie er es in Tokio und England gemacht hat, darauf möchte er sich nun konzentrieren. Und auf die administrativen Dinge in Hamburg. Seine Live-Einsätze hingegen will er zurückschrauben. Dahinter steckt nicht nur die lange bei ihm vorhandene Einsicht, dass die große Zeit des Hörfunks – seines Mediums – vorbei ist. Es ist auch eine gewisse Müdigkeit gegenüber dem Geschehen Sport. Seit zwei Jahrzehnten ist er durch die Welt gereist und hat dabei alles erlebt. Er war in Asien, Australien, in Südamerika und fast allen europäischen Ländern und ihren großen Stadien und Arenen. Er hat die famose sporthistorische Tat deutscher Sportler, das 3:2 in Bern, einer ganzen Nation verkündet. Doch nun ist der Arrivierte, der Star unter den deutschen Hörfunkjournalisten, ein wenig müde und ausgebrannt.

Dieser Gemütszustand und dieser Wille, ein wenig kürzer treten zu wollen – all das ist vergleichbar mit der Situation nach dem „Wunder von Bern“, dem Höhepunkt seiner journalistischen Karriere. Wie damals hapert es aber auch diesmal an der konkreten Umsetzung seines Vorhabens. Erneut zeigt sich, dass er von Höhepunkten des nationalen und internationalen Sports nicht lassen kann. Im November 1966 schon begibt er sich in den nächsten großen körperlichen Stress und fliegt nach Neu Delhi, um von dort aus über das wichtige Tennis-Daviscup-Match zwischen Indien und Deutschland zu berichten. Die Reportagen, die er nach Deutschland schickt, künden von einem erneuten Abenteuer; technisch von sehr schlechter Qualität, zeugen sie von den unmöglichen Arbeitsbedingungen im Tennis-Stadion. Aber Zimmermann will auf diese Unbilden nicht verzichten. Zumal ihm gerade Tennis, das in dieser Zeit keineswegs die spätere Popularität der Becker-Ära genießt, in den letzten Jahren immer mehr ans Herz gewachsen ist. Zimmermann ist selbst begeisterter Aktiver. Und er schätzt das überaus noble und elitäre Ambiente der Tennisklubs, die vornehme Sachlichkeit und Fairness der wichtigsten Akteure wie etwa Wolfgang Bungert. Es ist sehr interessant, in diese Tennisreportagen Zimmermanns hineinzuhören, denn sie stellen geradezu den Gegenpol zur Finalreportage von 1954 dar: Sie sind leise, behutsam vorgetragen, sie entsprechen dem sonoren Understatement dieser Sportart in den 60er Jahren. Eine Schlüsselszene in der frühen Nachkriegszeit hat zu diesem sehr sensiblen Stil bei Tennisübertragungen beigetragen. Während eines Spiels bei den Deutschen Tennis-Meisterschaften am Hamburger Rothenbaum reportiert Zimmermann eine Begegnung mit Gottfried von Cramm, dem verehrten Idol des deutschen Tennis damaliger Jahre. Zimmermann spricht so laut, dass ihn von Cramm, in seiner Konzentration gestört, während des Spiels energisch auffordert, Ruhe zu geben. Der berühmte Tennisstar ruft also laut hinauf auf die Reportertribüne und ermahnt ihn, vor den Augen des gesamten Publikums. Es eine peinliche Situation für Zimmermann, den Reporter-Novizen. Sie führt dazu, dass er während der Ballwechsel und auch vor den Aufschlägen fast nur noch flüstert, ohne jedoch dabei die Dramaturgie des Geschehens außer acht zu lassen. Es wird Zimmermanns Markenzeichen. Die Reportage in Delhi lebt von diesen Momenten.

Abschied von der Schwester, ca. 1965

VIII. Tod

Verkehrsunfall

Wie nach längeren Auslandsreisen üblich, taucht Zimmermann nach dem Indien-Flug in seine Familie ein, er besucht den Ort seiner Eltern, Witterschlick, sowie Schwester und Schwager in Marl. Seinen Geburtstag verbringt er, wie schon so oft, mit Reuß-Barth in Travemünde. Zu feiern aber ist ihm nicht zumute, sie haben scheinbar wieder schwere Konflikte ausgetragen. „Das miese Wetter drückt auf meine Stimmung“, schreibt er am

5. Dezember 1966 an seine Schwester, „und auch sonst finde ich die Welt unerfreulich". Zurück in Hamburg, stürzt er sich in eine größere Dokumentation, die unter anderem ein Interview mit dem DFB-Präsidenten Dr. Gösmann in Osnabrück erfordert. Es gibt Mitarbeiter wie Kurt Emmerich, die ihm davon abraten, das Gespräch selbst zu führen; das könne auch der dortige Außenmitarbeiter erledigen. Doch Zimmermann will das Gespräch unbedingt selbst erledigen. So steigt er am Sonntagvormittag des 11. Dezember 1966 in seinen schwarzen Mercedes vom Typ 220 S Coupé (mit dem Kennzeichen HH–HZ 251) und fährt nach Osnabrück. Seine Lebensgefährtin Reuß-Barth begleitet ihn. Diese Fahrt ist sein letzter dienstlicher Einsatz. Um 12.40 Uhr kommt der Wagen auf der B 51 zwischen Bassum und Twistringen, am Kilometerstein 87,2 nahe der Ortschaft Wiebusch, rechts von der Fahrbahn ab und gerät ins Schleudern, trifft einen Baum und überschlägt sich mehrmals. Beide Insassen sind lebensgefährlich verletzt. Sie werden in das Bassumer Krankenhaus eingeliefert.

Nach Zimmermanns Tod spekulieren viele über die Unfallursache, es findet sich nämlich so recht keine. Die Straßen an diesem Sonntagmittag sind eher leer, es ist kein dichter Verkehr. Einige behaupten, der Wagen sei unvermittelt auf Glatteis geraten. Andere vermuten einen schweren Streit des Paares während der Fahrt. Unwahrscheinlich ist das nicht, denn alle wissen, wie unkonzentriert Zimmermann in solchen Situationen zu steuern pflegt. Er ist zwar ein leidenschaftlicher Autofahrer, aber auch ein miserabler. Oft genug missachtet er den Verkehr auf fahrlässige Art, denn eines vermag er nicht: fahren und reden. Wenn er sich diskutierend in Rage redet oder während der Reise die Landschaft beschreibt, ist er so sehr in sein Sprechen versunken, dass er alles um sich herum vergisst. Auf einer längeren Autotour von Hamburg nach Rottach-Egern erlebt sein Freund Jens Jensen die totale Trance, damals fährt Zimmermann noch einen Opel Kapitän. „Wir sind stehen geblieben, weil er vergessen hatte, Gas zu geben auf der Autobahn." Ihn wundert der Unfall nicht, denn zuweilen nimmt Zimmermann auch beide

Hände vom Steuer, um seine Argumente auszuschmücken. Wie im Stadion, bei einer Rundfunkreportage. Als Hilfe eintrifft und Zimmermann nach dem Unfallhergang befragt wird, behauptet der, einem Fahrzeug ausgewichen zu sein. Im Protokoll des Polizisten heißt es wörtlich: „Aus den Gesten und aus dem leisen und verstümmelten Sprechen des Herrn Zimmermann konnte ich entnehmen, dass dieser als Führer eines PKW's auf der geraden und übersichtlichen Bundesstraße 51 Gegenverkehr hatte. Ein in Richtung Bremen fahrender PKW hatte einen in gleicher Richtung fahrenden PKW überholt, wobei der Überholende auf die Gegenfahrbahn kam und Herrn Zimmermann mit seinem PKW von der Fahrbahn abdrängte." Von diesen beiden Fahrzeugen fehlt hinterher allerdings jede Spur. Als Zimmermann später noch einmal kurz zu Bewusstsein kommt, will er darüber mit seiner Schwester nicht sprechen. Die genauen Umstände werden nie abschließend geklärt.

Vorerst scheint der Unfall für Zimmermann, der schwere Rippenbrüche aufweist, nicht lebensbedrohlich. Am 14. Dezember meldet die Deutsche Presse-Agentur, er befinde sich „auf dem Weg der Besserung. Nach Auskunft der Ärzte ist Zimmermann fieberfrei und kann trotz zahlreicher Rippenbrüche wieder besser atmen." Als bekannt wird, dass er ins Universitätskrankenhaus Hamburg-Eppendorf (UKE) verlegt worden ist, gibt es dort einen telefonischen Ansturm von Freunden und Fans, die ihn entweder sprechen wollen oder etwas über den Gesundheitszustand erfahren möchten. Das *Hamburger Abendblatt* und der NDR bitten daraufhin die Leser und Hörer, von diesen Anrufen abzusehen, das UKE könne sie nicht bewerkstelligen. Am 16. Dezember abends um 19.50 Uhr erliegt Zimmermann schließlich seinen schweren Verletzungen. Seine Nichte Gudrun, die Medizin studiert und ihn mit seiner Schwester in Hamburg aufsucht, macht heute ein Fehlverhalten bei der Direktversorgung verantwortlich: „Er war nach dem Unfall in der besseren Verfassung, sie war schwerer verletzt, die kümmerten sich mehr um sie." Er habe in den Tagen multiple kleine

Hirninfarkte bekommen, weil sein Schockzustand nicht richtig behandelt worden sei.

Am Tag nach seinem Tod würdigen die Zeitungen einen großen Journalisten. Der *Sportinformationsdienst* nennt Zimmermann in einem langen Nekrolog den „Inbegriff eines Sportreporters" und zählt die wichtigsten Stationen auf: Schüler Rolf Wernickes, seine führenden Positionen beim NWDR bzw. NDR, Reporter bei allen Olympischen Spielen seit dem Zweiten Weltkrieg (außer Oslo und Squaw Valley), bei den Fußball-Weltmeisterschaften 1954 bis 1966, seine Leistungen als Organisator und ARD/ZDF-Chef bei den Großereignissen in den Jahren zuvor. Das *Hamburger Abendblatt*: „Er beherrschte die Sprache, die Konversation und auch die Kritik, die aber niemals verletzend wirkte. Er besaß darüber hinaus alle technischen Kenntnisse seines Metiers und eine Organisationsgabe, die sich beide als unbedingte Vorleistungen für eine Sendung erwiesen. Und er kannte – und aus seinen Worten wurde es immer wieder deutlich – die wahre Begeisterung, nicht nur für seinen Beruf, sondern auch für die Sache des Sports. Dann reichte seine Skala des Ausdrucks vom mitreißenden Fortissimo bis zum spannungsgeladenen Piano." Seine Aussage habe gegolten. Der *Sportbericht* aus Stuttgart weist in seinem Karriere-Rückblick auch auf den Ritterkreuzträger Zimmermann hin und erwähnt das Beileidstelegramm von Bundesinnenminister Paul Lücke für die Hinterbliebenen.

In einer Totenrede im NDR beklagt Freund Michel den „Verlust des bekanntesten Sportreporters" und weist auf die traurige Tatsache hin, dass der deutsche Rundfunk nun innerhalb von wenigen Wochen mit „Heribert Meisel und Herbert Zimmermann zwei seiner profiliertesten und beliebtesten Sprecher verloren (habe), die wir zusammen mit Rolf Wernicke nennen". Am 22. Dezember richtet der NDR eine große Trauerfeier aus. Gekommen sind neben der Familie Zimmermanns und vielen Kollegen auch viele Spitzen des Sports und der Sportverbände. Tennis-Legende Gottfried von Cramm, DFB-Präsident Dr. Gösmann, Werder Bremens Präsident Alfred Riess, Uwe Seeler, die

Trabrennfahrer Hans Frömming und Knut Hörmann, die Boxer Hein ten Hoff und Willi Hoepner, um nur einige zu nennen. Es spricht zunächst Franz Reinhold, sein langjähriger Freund und Skatbruder. Der NDR-Programmdirektor würdigt vor allem Zimmermanns stetes Bestreben, „Maßstäbe zu setzen" in der Sportberichterstattung, was nicht einfach sei: Denn „was gestern gut und richtig war, kann morgen geschmacklos und peinlich sein". Der NDR habe den Hauptabteilungsleiter Sport verloren, aber „der deutsche Rundfunk den Primus seines Fachs". Zimmermann sei ein Mann von Charakter gewesen, der sich nie verbogen habe. Und abschließend: „Herbert Zimmermann hat sich nicht geschont. Er war bis zu seinem Unglücksfall, der ihn aus seiner Laufbahn riss, einer der fleißigsten, treuesten und beliebtesten Mitarbeiter des Hauses. So wie seine Hörer und Zuschauer ihn vermissen werden, so wird er uns allen fehlen." Rudi Michel schließlich, der bald darauf Zimmermanns Nachfolger werden soll, diesen Ruf aber ablehnt, würdigt seinen Freund sodann als großes Vorbild. Nicht nur für die Kollegen, sondern auch für diejenigen, die sich diesen Beruf als Sportjournalist innigst wünschten: „Wir alle schauten zu ihm auf und orientierten uns an ihm", sagt Michel, der Zimmermann 1952 auf einer Dienstreise in der Schweiz kennen gelernt hatte. Auch erinnert er an das gemeinsam erlebte Abenteuer Moskau 1955, vor allem aber daran, wie sehr Zimmermann seine Familie geliebt habe: „Er sprach nie von sich selbst, sondern immer von den Kindern seiner Schwester." Einen Tag später würdigt erneut das *Hamburger Abendblatt* die Verdienste der bekanntesten Reporterstimme der Republik: „Er war ein Reporter von ungewöhnlicher Wirkung in der Breite. Herbert Zimmermann ist Verbandspräsidenten und Sportwissenschaftlern begegnet, und er wusste in jeder Minute, worüber er mit ihnen sprach. Herbert Zimmermann, der Arrivierte, Erfolgsverwöhnte, besaß dazu die Gabe des einfachen schlichten Gesprächs mit den ganz jungen, befangenen Aktiven, die ihm Jahrzehnte an Lebenserfahrung und Klugheit vorgeben mussten." Mit Zimmermann sei einer der ganz wenigen Stars der deutschen Sportpublizistik gestorben.

Einige Tage besteht Unklarheit darüber, wo Zimmermann seine letzte Ruhestätte erhalten soll. „Anschließend findet die Beisetzung im engsten Familienkreis auf dem Friedhof in Hamburg-Ohlsdorf statt", steht in der Todesanzeige des *Hamburger Abendblatts* vor der Trauerfeier, die von Zimmermanns Schwester Gabriele aufgegeben wird. Doch in zwei von insgesamt vier Testamenten, die Zimmermann aufgesetzt hat, steht der ausdrücklich Wunsch des Verstorbenen, dass er im Grab seiner 1960 und 1961 gestorbenen Eltern in Witterschlick beerdigt werden möchte. Am 28. Dezember 1966 wird Zimmermann schließlich in Witterschlick bei Bonn beerdigt, im Grab seiner Eltern. Auch dort ist die Anteilnahme groß.

Erbschaftsstreitigkeiten

Um den Nachlass entwickelt sich ein jahrelanger juristischer Streit. Denn die Lebensgefährten haben sich gegenseitig als Erben eingesetzt. Für den Fall, dass Reuß-Barth früher sterben würde, hat Zimmermann seine Schwester vorgesehen. Nun verstirbt Reuß-Barth nach Zimmermann, am 3. Januar 1967 im Städtischen Krankenhaus in Bremen, so dass deren Erben nun auf beiden Nachlässen beharren. Es geht dabei um viel Geld. Zimmermann und seine Lebensgefährtin haben es, auch durch zahlreiche Nebenverdienste, zu beträchtlichem Wohlstand gebracht. Nach seinem Tod findet sein Nachfolger Horst Seifart rund 96 000 Hongkong-Dollar in Zimmermanns unverschlossenem Schreibtisch. Es gibt Grundstücke, Wertpapiere, Lebensversicherungen. Das, was heute am wichtigsten erscheint, die Persönlichkeitsrechte an der Finalreportage von Bern, spielen in diesem Rechtsstreit keine Rolle. In dem Verfahren wirkt auch der Jurastudent Hans-Christian Ströbele mit, Zimmermanns Neffe. „Rein formal hätte sie alles geerbt, und natürlich ihre Erben, die wir alle nicht kannten", erklärt Ströbele die Ausgangssituation, aber die damaligen Argumente sind klar: Es geht nur um wenige Tage und Stunden, die Reuß-Barth ihren Freund überlebt hat. Die Situation nun aber „entspricht nicht dem Willen des Erblassers, dass er zwar seiner Lebensgefährtin das zukommen lassen wollte, es dann aber letztlich an die Familie weitergegeben werden sollte". Das Oberlandesgericht Hamburg folgt dem und spricht schließlich der Schwester letztinstanzlich das Erbe zu. Die wiederum nimmt den Nachlass nicht für sich, sondern verwendet das Geld großenteils im Sinne ihres Bruders für gemeinnützige Einrichtungen. Da sie Anthroposophin ist und Konrad Schily gut kennt, gehen 100 000 Mark als zinsloses Darlehen an das eben zu gründende anthroposophische Krankenhaus in Herdecke, auch die Hibernia-Waldorfschule erhält großzügige Unterstützung. Die Nichten und Neffen ändern nach dem Tod an der Praxis nichts. Die Tantiemen aus der Stimme von Bern, deren Rechte Ströbele verwaltet, gehen ebenfalls noch großenteils in derartige Projekte. „Was immer so anliegt", sagt Ströbele. Manchmal ist es ein anthroposophischer Kindergarten, manchmal ist es auch ein anstehender Bundestagswahlkampf des „Grünen"-Abgeordneten.

Die wenigen persönlichen Dinge Zimmermanns werden nach dem Tod der Schwester unter den Nichten und Neffen aufgeteilt, so der Führerschein, alte Fotografien und Briefe des Onkels. Eine Sammlung von Bildern oder Büchern besitzt Zimmermann nicht. Die Einrichtung seiner Wohnung hat mehrheitlich seine Freundin bestritten. Fast vierzig Jahre nach seinem Tod ist nicht viel Materielles übrig geblieben von dem großen Sportreporter. Nur seine Stimme, die ist bei Millionen immer noch präsent. Oder, um es präziser zu formulieren: Wieder.

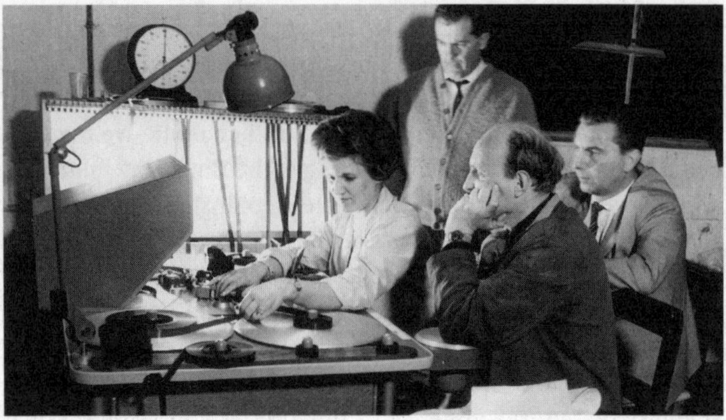

Am Schneidetisch bei der WM in London 1966
vorn eine Cutterin, Kurt Brumme, Horst Seifart

IX. Zimmermann als mythische Figur

Über 50 Millionen, so lauten seriöse Schätzungen, hören am 4. Juli 1954 die Reportage Zimmermanns. Sie sind niedergeschlagen nach den beiden ungarischen Toren. Sie freuen sich mit Zimmermann über das rasche Anschlusstor. Sie jubeln mit der mittlerweile vertrauten Stimme über den Ausgleich. Sie staunen und raunen über provozierende Vokabeln wie „Teufelskerl" und „Fußball-Gott". Und sie taumeln nach dem Rahn-Tor und den Schreien Zimmermanns beim Abpfiff. Für Fritz B. aus Berlin-Wilmersdorf ist diese Aufregung zu viel. Der 57-Jährige stirbt, schwer herzkrank in seinem Bett die Übertragung verfolgend, Sekunden nach dem Schlusspfiff an einem Herzschlag, wie der *Tagesspiegel* am 6. Juli vermeldet. Zimmermanns eindringliche Stimme ist ihm zu nahe gegangen.

Wenn heute ein Journalist über fast zwei Stunden hinweg eine ganze Nation in den Bann zu ziehen vermag, wenn er mit den Emotionen von 50 Millionen Klavier spielt, dann ist er über Jahre hinweg ein Star. Heute würden die Feuilletons und Medienseiten der großen Zeitungen eine solche Reportage über Wochen und Monate hinweg verhandeln, es würde über Sinn und Unsinn des Gesprochenen debattiert werden, und für den Reporter würde es lukrative Angebote hageln. Im Juli 1954 ist das anders. Zwar reagieren die Hörer euphorisch auf das „Wunder von Bern", wie es bald nur noch bezeichnet wird. Aber die Wirkung der emphatischen Diktion, in der Zimmermann die Genese dieses Wunders vorgetragen hat, verpufft recht schnell. Natürlich gibt es auch Zeitungen, die die Funkreportage als Medienereignis würdigen. Aber in der einordnenden Ausführlichkeit, wie das in der *Frankfurter Rundschau* am 7. Juli 1954 unter dem Titel „Tor, Tor, Tor ... " geschieht, ist es doch eher die Ausnahme: „Eine gute Reportage, kann man sagen, genau so übertreibend, einpeitschend, wie man übertreiben muss. Oder vielleicht doch etwas zu viel? Die meisten werden sagen, nein, durchaus nicht zu viel, denn sie w o l l e n gepeitscht werden. Das ist ja das Geheimnis des Stadions. Mancher gibt vor Freude oder Schmerz als Zuschauer sogar sein Leben hin, vom Schlage getroffen. Wer nie mit der Massenpsychose eines großen Stadions in Berührung kam, wird mitleidig lächeln. In Wahrheit ist sie überwältigend. Die Technik hat fertiggebracht, dass ein gutes Stück dieser Psychose bis in entfernteste Winkel übertragen werden kann. Vielleicht haben das die meisten am Sonntag verspürt, die von ihrer Wohnstube aus am Berner Spiel teilnahmen. Auch uns hat die Peitsche angetrieben – nicht nur weil es Deutsche waren, die gewannen. (...) Es mag naive Genießer geben, die glauben, das alles habe mit nationalistischen Hochgefühlen oder gar mit einem Sieg des demokratischen Deutschlands über die Jungmannschaft eines kommunistischen Landes zu tun. Nein, es hat mit Sport zu tun, mit der Erregbarkeit des menschlichen Herzens durch Wettkampf und sportliche Leistung. Man braucht selber nie im Leben einen Fußball getreten – heutzutage sagt man merkwürdiger ‚geschlagen' – zu haben, um vom Rausch überwältigt zu werden. Sind es dann gar noch die eigenen Landsleute, die gewinnen, dann gibt es eben keine Grenze mehr, wenigstens für die meisten. Und wahrhaftig, es gab am Sonntagnachmittag Augenblicke, die auch dem intellektuellen Kaltblüter einen Schauer über den Rücken laufen lassen konnten." Wegen Zimmermann.

Auch spielen die atemlosen Sätze Zimmermanns selbstverständlich eine Rolle bei den lang anhaltenden Feierlichkeiten um die Helden von Bern. So werden etwa die letzten zehn Minuten der Radioreportage Ende Juli 1954 in einem Festzelt in Dingolfing abgespielt, als dort die elf „Helden von Bern" und Herberger vom Unternehmer Hans Glas mit einem „Goggo" beschenkt werden (die Ersatzspieler gehen leer aus). Die Gäste sind, obwohl das Ereignis bereits vier Wochen Geschichte ist, wie benommen. Einige wischen sich Tränen aus den Augen. Hier hören auch einige Spieler das erste Mal den Jubel aus Bern, der ihren Sensationssieg als Nachricht übermittelt. Einigen geht es wie Helmut Rahn, der diese Reportage schon zuvor bei Freunden angehört hat und dabei seine Emotionen nicht zu bremsen vermag. „Während die Stimme des Rundfunksprechers sich vor Begeisterung überschlug", heißt es in der Autobiografie des entscheidenden Torschützen zum 3:2, „saß ich still in meinem Sessel. Langsam kullerten mir die Tränen die Backen herunter. Ich schämte mich nicht. So war das also gewesen! So dramatisch! So überwältigend! Und ich hatte dabei sein dürfen!"

Es ist rührend.

Die rhetorischen Fehlgriffe des Reporters aus Bern, sie spielen ebenfalls in den Wochen nach Bern eine Rolle. Zimmermann muss sich mit den Folgen seiner intuitiv abgefeuerten Wortkreation „Fußball-Gott" auseinandersetzen, für die ihn der Bundespräsident und der NDR-Rundfunkrat tadeln. Er entschuldigt sich dafür, genauso wie er um Verständnis wirbt für seinen zu voreiligen Kommentar zur Verletzung von Puskas aus dem Vorrundenspiel gegen die Ungarn. Es gibt einige Menschen, die Zimmermanns Euphorie aus Bern nicht oft genug hören können. Einer von ihnen ist Bundestrainer Herberger, der in regelmäßigen Abständen seine Schellack-Aufnahme mit der Endspielreportage auf den Plattenteller legt und so immer wieder akustische Reisen in die Momente seines größten Triumphes antritt, so als könne er all' das nicht begreifen. Im Grunde stellen diese Menschen aber eine Ausnahme dar. Denn die Freudenschreie Zimmermanns sind, das sagt sein Neffe und Nachlassverwalter Hans-Christian Ströbele, „nach ein paar Wochen vergessen. Und jahrzehntelang hat niemand danach gefragt."

Die Gründe dafür liegen auf der Hand. Zwar hat Zimmermann mit seinem Duktus und seinem subjektiven Stil das Gefühl der Leute auf der Straße getroffen, und jeder kennt nun den Sportreporter Herbert Zimmermann aus Hamburg. Doch die bundesrepublikanische Gesellschaft Mitte der 1950er Jahre entwickelt nur wenig Sinn für Nostalgisches. Schließlich erreicht die Kalorienzahl pro Einwohner erst kurz vor dem Berner WM-Sieg wieder den Stand der Vorkriegszeit. Dementsprechend konzentriert sich die Bevölkerung auf Nahrungsmittel, Kleidung und Haushaltsgeräte. Ein Fünftel der Haushalte hat Mitte der 50er Jahre ein Einkommen von weniger als 250 DM im Monat zur Verfügung und lebt damit am Rande des Existenzminimums. Der Kauf von Luxusgütern bleibt, wo nur ein Zehntel der Haushalte einen Kühlschrank besitzt, für die meisten zunächst nur ein frommer Wunsch. Die Reisewelle setzt erst Jahre später ein. So entwickelt sich die Arbeit für viele zum zentralen Lebensinhalt. Die Gesellschaft strebt nach vorne und forciert das so genannte Wirtschaftswunder. Dieser Eifer ist derart ausgeprägt, dass der Publizist Paul Schallück einen „Taumel maßloser Tüchtigkeit" erkennt. Für Erinnerungen an einen Fußballtriumph, so sehr er die Menschen in diesem Moment begeistert, ist da wenig Raum. Aber auch die anschließende sportliche Talfahrt der deutschen Nationalmannschaft trägt ihren Teil dazu bei, dass dieser WM-Sieg – und damit ebenfalls die Sensationsreportage – schnell in Vergessenheit geraten.

Als Zimmermann durch den Verkehrsunfall ums Leben kommt, wird die außergewöhnliche Reporterleistung von 1954 selbstverständlich entsprechend gewürdigt. Es kommt zu Veranstaltungen, die dem Journalisten ein Andenken bewahren sollen. 1968 wird vom Tennis- und Turnierclub Bad Wörishofen das „Herbert-Zimmermann-Gedächtnis-Tennisturnier" ausgetragen – dort ist Zimmermann, überzeugter Kneippianer, jahrelang treuer Kurgast gewesen (und hat, erfreulicher Effekt seiner Popularität, nur selten für seinen Urlaub bezahlt). 1967, als Zimmermann 50 Jahre alt geworden wäre, ehren die Weltmeister von Bern ihn am gleichen Ort mit einem „Herbert-Zimmermann-Gedächtnis-Fußballspiel", in Anwesenheit von „Künstler- und Prominentenkreisen". Beide Turniere finden aber schon bald nicht mehr statt.

Erst 1978 wird der Name Zimmermann von einem prominenten Regisseur ins Gedächtnis zurückgerufen, und zwar mit einem Knall. Der famose Spielfilm „Die Ehe der Maria Braun", in dem Rainer Werner Fassbinder eine kriminalistisch-erotische Nachkriegskarriere schildert, endet mit einer Gasexplosion, und das einzige, was zum Schluss dieses Films übrig bleibt, ist die Reportage aus Bern. Sie ist für Fassbinder das Symbol für die Gleichzeitigkeit, die dem 4. Juli 1954 innewohnt: Das Fußballspiel ist für ihn nicht nur Finale der Nachkriegszeit, sondern gleichzeitig eben auch die Wiedergeburt einer Nation, die sich im Siegerstolz der Stimme Zimmermanns spiegelt. Diese Idee des Fußballfans Fassbinder, die erst während der Dreharbeiten entsteht, ist eine fantastische Hommage an eine Stimme, die ganz deutlich der Tradition des Dritten Reiches entspringt, die aber ihren Platz in der Bundesrepublik noch nicht ganz gefunden hat. Es ist ein Status, der 1954 nicht nur auf die Figuren Maria Braun und Herbert Zimmermann zutrifft, sondern auf Millionen von Deutsche. Die Zimmermann-Reportage am Ende dieses Films allein weiterlaufen zu lassen, ist ein nachgerade genialer Einfall.

Natürlich ist dieser cineastische Clou nur vor dem Hintergrund der aggressiven und angeheizten Atmosphäre am Ende der 1970er Jahre in der Bundesrepublik Deutschland verständlich. In dieser Zeit sind die Spannungen infolge des „heißen Herbstes" – der Schleyer-Entführung und der zu Tode gekommenen RAF-Terroristen Andreas Baader, Gudrun Ensslin und Jan Carl Raspe – förmlich zu spüren. Hier funktioniert die Zimmermann-Reportage als ideale Metapher für die Nachwirkungen des totalitären Staates zwischen 1933 und 1945, wie sie Filmemacher wie Fassbinder und auch viele andere Intellektuelle in dieser Zeit wieder aufkommen sehen. Nur vor dieser Folie ist auch die Radikalität der Zimmermann-Interpretation zu verstehen, die zwei Jahre später am Schauspielhaus in Bochum zu vernehmen ist. Intendant dort ist damals Claus Peymann, der am 20. September 1980, also kurz vor der befürchteten Strauß-Kanzlerwahl, das Stück „Unsere Republik. Ein deutsches Singspiel in vier Akten" von Jens Jensen und Hansgeorg Koch inszenieren lässt. Es ist ein tonaler Querschnitt durch vier Jahrzehnte deutscher Geschichte, beginnend mit den 1940er Jahren. Die hervorragend besetzten Schauspieler sprechen unter anderem Monologe aus „Draußen vor der Tür" von Wolfgang Borchert, aus dem Text „Hiroshima" von Marie Luise Kaschnitz sowie dem Bill Haley-Song „Rock around the clock". Im 2. Akt, der die 50er Jahre vertont, werden, zwar nicht ganz wortgetreu, auch Auszüge aus der Zimmermann-Reportage vorgetragen. Diese gut siebeneinhalb Minuten, in denen Kirsten Dene den Reporter Zimmermann interpretiert, klingen so, als gebe sie eine Goebbelsche Brandrede wider. Das Timbre ist diabolisch, der Duktus ist potenzierte Kriegswochenschau, die Emphase überzeichnet den Enthusiasmus des Reporters in Bern auf extreme Weise. Es gibt Theaterkritiker, die sich vehement gegen diese Auslegung wehren. Benjamin Henrichs etwa kritisiert in der *Zeit* die Bochumer Unternehmung ganz ausdrücklich am Beispiel Zimmermanns: „Seine Reportage aus Bern (das lässt sich überprüfen, beweisen) war ganz und gar nicht jener nationalistische Exzess, den Kirsten Denes Parodie verhöhnt. Wie Zimmermann damals bebte, schrie und betete (‚Toni, du bist ein Fußballgott') – es war die große Stunde eines Fußball-Verrückten, eines Radio-Reportage-Künstlers, nicht die eines Chauvinisten. Ein Auftritt, in seiner Exzentrik und Virtuosität Minettis ‚Weltverbesserer' zum Beispiel viel ähnlicher als einer Goebbels-Rede. Und als das Spiel zu Ende war, da erwachte der Reporter Zimmermann aus seiner Trance, entschuldigte sich bei seinen Zuhörern, erklärte sehr vernünftig, wieso er gerade zuvor den Verstand verloren hatte (Sätze, die in der Bochumer Persiflage natürlich nicht vorkommen). Und wir Kinder, die wir damals nach dem Endspiel fassungslos vor Begeisterung auf die Straßen liefen, wir hatten keine patriotischen Empfindungen dabei, wir spielten auch nicht Soldaten, sondern eben Fußball. Vielleicht kamen im Glück von Bern auch ganz legitime Gefühle zum Ausbruch: Ein Volk, das gehungert, dann jahrelang nichts als geschuftet hatte, hatte zum ersten Mal wieder ein Fest. Dass da ein paar alte Nazis lauthals mitfeierten, ist wohl wahr, aber nicht besonders wichtig." Henrichs mag diese Stimme, das hat er schon zwei Jahre zuvor in dem Text „Reporter in dürftiger Zeit" verraten. Für ihn verkörpert Zimmermann geradezu den „romantischen Typus des ewig euphorisierten, schreienden, mitleidenden Schlachtenbummlers", im Gegensatz zu den Angestelltenstimmen des Fernsehens.

Doch diese moderate Form der Zimmermann-Rezeption ist untypisch für diese Zeit, wie überhaupt der Erfolg von Bern und seine begleitenden Erscheinungen noch lange nicht die mythische Strahlkraft der Gegenwart besitzen. Ganz im Gegenteil. Die übliche Auseinandersetzung der Intellektuellen mit dem Sieg in Bern und seiner akustischen Ikone Zimmermann ist überaus distanziert, fast verängstigt. Beispielhaft dafür ist das 1974 bei Suhrkamp erschienene Buch „Die Faszination des Fußballspiels" von Gerd Hortleder, das den Fußball soziologisch einordnen will. Hortleder sieht, „ohne die These hier überstrapazieren zu wollen", das Wirtschaftswunder, die Wiederbewaffnung und den Gewinn der Weltmeisterschaft 1954 „in einem Zusammenhang". Hortleders Versuch, auf diese Weise „die Realität und die Atmosphäre der fünfziger Jahre anschaulich wiederzugeben", teilt im Grunde der Soziologe Norbert Seitz noch 1990 mit seinem Buch „Kohl & Maradona. Politik und Fußball im Doppelpass".

Darin spricht Seitz provozierend von 1954 als einem „triumphal erfochtenen Endsieg“. Auch für ihn ist der 54er-Titelgewinn also eine späte Genugtuung: „Nach der vergeblichen Hoffnung auf die deutsche Wunderwaffe schien die gespaltene Nation nunmehr einem allumfassenden mythischen Wunderglauben verfallen zu sein.“ Immerhin erkennt er, dass es Zimmermann war, der diesen Mythos in Worte gefasst hat: „Keine Angst, der Originalton Herbert Zimmermanns von jenem regnerischen Nachmittag des 4. Juli in Bern bleibt dem Leser an dieser Stelle erspart. Aus! Aus! Aus! Einmal muss Schluss sein!“ Dass Zimmermann bereits 1985 von der revanchistischen Schund-Reihe *Landser* in einer Kriegs-Hagiographie erhöht worden ist, weiß Seitz offenbar nicht – er hätte womöglich genussvoll einige Textstellen daraus zitiert. Über die deutsche Popgruppe „OKAY“, die in den 80er Jahren mit einem Mix aus Tanzrhythmen und der Zimmermann-Reportage einen veritablen Hit landet, können die meisten Intellektuellen auch nicht schmunzeln. Ebenfalls 1985 initiiert Karl-Heinz Cammann vom Verband Deutscher Sportjournalisten (VDS) einen „Herbert-Zimmermann-Hörfunkpreis“, der die besten Reportagen und Berichte aus diesem journalistischen Genre würdigt. Doch die historische Figur Zimmermann spielt die 80er Jahre hindurch eigentlich keine Rolle mehr. Weil der Hörfunk als Leitmedium vom Fernsehen längst verdrängt worden ist.

Erst 1994 tritt in dieser überaus ablehnenden Auseinandersetzung mit Bern 1954, die auch eine Folge der Sportfeindlichkeit vieler Intellektueller ist, ein grundsätzlicher Wandel ein. Anlass dafür ist der 40. Jahrestag des Endspiels, das nun plötzlich mit anderen Augen betrachtet wird. Der Bonner Politologe Arthur Heinrich beschreibt in diesem Jahr das Geschehen von 1954 und seine Folgen mit seiner eindrucksvollen Hommage „Tooor! Toor! Tor! 40 Jahre 3:2“. Dieses Buch ist eine kritische und dennoch liebevolle Hommage. Heinrich würdigt die Leistungen der Fußballer. Aber er ordnet eben auch den chauvinistischen Ausbruch des DFB-Präsidenten Bauwens ein. Die famose Ausstellung in Singen hingegen ist vor allem regional motiviert, denn sie schildert 1994 die chaotische Rückfahrt der Helden von Bern nach München mit Singen als dem ersten größeren Zwischenstopp. Erst hier wird den Geschichtsdeutern des ersten WM-Sieges bewusst, welch zentrale Rolle das Medium bei diesem kollektiven Gefühlsausbruch gespielt hat. In der Rezension Christian Gamperts in der *F.A.Z.* heißt es: „Im Endspiel hatte ein hysterisierter Radioreporter namens Herbert Zimmermann die Mannschaft zum Sieg geschrieen – identifikatorischer Journalismus mit zwielichtiger Tradition. Aber Zimmermanns Reportage begründete den Mythos vom ‚Wunder von Bern', und die Ausstellung zeigt auch warum: Tausenden hatten vor den Radiogeräten gehockt (‚Volksempfänger' sagte man noch einige Jahre zuvor), und sie, die nicht sehen konnten, wurden von Zimmermanns Enthusiasmus mitgerissen: Erst die Reportage machte das Ereignis."

Wie sehr Zimmermann mit seiner Reportage damals die Stimmung bei den Jugendlichen trifft, das zeigt die 1994 erschienene Erzählung „Der Sonntag, an dem ich Weltmeister wurde" von Friedrich Christian Delius, in dem er seine Geschichte von 1954 erzählt: Es ist die eines elfjährigen Pastorensohns, der den unerträglich engen Ritualen seines Elternhauses entrinnen kann und mit der Endspiel-Reportage eine Art „Damaskus-Erlebnis" verbindet. Es ist gleichzeitig eine Liebeserklärung an Herbert Zimmermann und an das Radio der 1950er Jahre: „Ich vertraute mich der fremden Stimme an, die geschmeidig und erregt die Begeisterung von Silbe zu Silbe trug und sich schnell steigerte zu Wortmelodien wie *Riesensensation* und *Fußballwunder.* Ich war sofort gefangen von dem Ton: da sagte ein Erwachsener in wenigen Worten endlich alles, was ich fühlte und nicht fassen konnte, ich sog die Stimme ein, ließ mich von ihr führen, heben und abwärts schaukeln. Das Spiel hatte bereits begonnen, im Hintergrund Zuschauerrufe, ich stellte die Sendernadel genauer ein, Frankfurt zwischen seltsamen Orten wie Hilversum, Monte Ceneri, Sottens und Beromünster, und als die Namen *Fritz Wal-*

ter und *Rahn* fielen und ein erster gewaltiger Schuss, den der Reporter mit einem wuchtigen Stimmstoß nachahmte, zuckte mir der rechte Fuß: das Wunder war da, es gab eine direkte Verbindung zum Spielfeld in Bern. Dort regnete es heftig, ich stellte mich auf den Regen ein, wie schnell rutscht man auf nassem Rasen, und lief hinter dem Ball her, den ich nicht sah, auf dem Drehstuhl, dem Armstuhl vor dem mächtigen Schreibtisch des Vaters, zum Radio gedreht, als könnte ich im Radio etwas sehen, als könnte mein Blick auf den braungelben, vor den Lautsprecher gespannten Stoff oder auf das magische grüne Auge den Verlauf des Spiels beeinflussen und den Ball vor die richtigen Füße lenken."

Erst Mitte der 1990er Jahre also erinnern sich immer mehr an das „Wunder von Bern" und an ihre Stimme, und beides wird fortan zu einem „deutschen Mythos" weiterentwickelt. Dagegen wird der erste deutsche WM-Sieg heute fast schon zu Tode zitiert. Unfassbar viele Zeitungsartikel widmen sich dem Mythos 1954. Und die Anfragen, die die Rechteinhaber NDR und Ströbele zum Jubiläum in diesem Jahr für die Zimmermann-Reportage erreichen, sind, sagt der Grünen-Abgeordnete, „schon fast gar nicht mehr abzuarbeiten". Sony etwa will die Stimme für eine Werbung. Und ein Kuckucksuhren-Hersteller will ein Modell, erzählt Ströbele feixend, mit Zimmermanns „Tor!"-Schrei jede Stunde läuten lassen. Die vielen Bier-Hersteller, die anfragen, werden kategorisch abgelehnt.

Diese Euphorie ist nicht zuletzt durch den Spielfilm „Das Wunder von Bern" angeheizt worden, den Regisseur Sönke Wortmann im Herbst 2003 sehr erfolgreich in die Kinos gebracht hat. In diesem Streifen werden viele unangenehme Dinge ausgeklammert. Etwa die Doping-Affäre in der Herberger-Elf, die nach der WM weltweit für Schlagzeilen sorgt; die Vergangenheit des Bundestrainers Sepp Herberger, der schon in der NS-Zeit als „Reichstrainer" fungierte und Parteimitglied war; die harte Spielweise der deutschen Mannschaft, der unter anderem Puskas zum Opfer fällt; die gesungene erste Strophe der Nationalhymne durch die deutschen Zuschauer nach dem Finale. Und seltsamerweise wird auch die Reportage Zimmermanns in diesem Film lediglich Wort für Wort nachgesprochen (allerdings in viel jovialerem Duktus). Aber die Reportage ist in dem Film präsent. So wie in vielen deutschen Sportstadien: Wenn in der „Arena AufSchalke“ ein Tor fällt, dann muss – wie in vielen anderen Stadien auch – der Torjubel Zimmermanns oft herhalten (als ob ein Verein jemals Weltmeister würde). Auch in der Ostseehalle, beim Handballklub THW Kiel, wird zuweilen der markerschütternde Torschrei zum 3:2 eingespielt. Auch andere Facetten des Mythos 1954 spielen heute ein enorme Rolle. Wenn eine deutsche Fußballnationalelf sich gegen eine technisch bessere Mannschaft wie Frankreich durchgesetzt hat, dann wird sofort der „Kampfgeist“ von 1954 beschworen. Das Motto „11 Freunde müsst ihr sein“, ist längst sprichwörtlich geworden (und eine ambitionierte Fußball-Zeitschrift heißt „11 Freunde“). Und seit dem Buch von Arthur Heinrich 1994 wird Bern stets als „verspätete Geburtsstunde der Bundesrepublik Deutschland“ interpretiert, das räumt 1999 sogar der Historiker Christian Graf von Krockow ein, der dem Sport bis dato kaum Aufmerksamkeit widmet. Die Torschreie Herbert Zimmermanns sind in dieser Betrachtungsweise zwangsläufig „eine Art Säuglingsschrei der Republik“, wie Christian Eichler in seinem Lexikon der Fußballmythen sie nennt, „unterlegt nach Wochenschauart mit den Schwarz-Weiß-Bildern aus Wankdorf, gehört er zu den unauslöschlichen Kindheitserinnerungen der BeErDe.“

Warum dieser Gründungsmythos lange keiner ist und ausgerechnet dann entsteht, als die BRD und die DDR nach der Wiedervereinigung zusammenwachsen, das ist augenfällig: Der Fußball dient hier als kleinster gemeinsamer Nenner für eine harmonische Erinnerung aller Deutschen. Das ist, wie sich beim Jubiläum gezeigt hat, weder der Fall beim 17. Juni 1953 der Fall, noch beim Mauerfall 1989, dafür sind die Sichtweisen darauf in Ost und West schlicht – zumindest bisher – zu unterschiedlich.

Warum aber der Mythos 1954 immer mächtiger wird, dafür gibt es auch andere Erklärungsansätze. Grundsätzlich gilt für sein Wachsen noch immer das, was der französische Kulturtheoretiker Roland Barthes 1964 in seinen „Mythen des Alltags“ festgestellt hat, dass nämlich „der Mythos ein Mitteilungssystem, eine Botschaft ist. Man ersieht daraus, dass der Mythos kein Objekt, kein Begriff oder eine Idee sein kann; er ist eine Weise des Bedeutens, eine Form.“ Diese Botschaften erfüllen demnach eine kommunikative Funktion, sie verwandeln ein subjektives Erlebnis in irgendwann stereotype Erzählmuster, die dem Wiedererkennen und Vergewissern des eigenen Handelns dienen und die Welt erklärbar machen. Mythen übertragen die Ereignisse in Alltagserzählungen, und dazu braucht es – das wusste schon die „ars memoriae“, die antike Gedächtniskunst – einen passenden Ort, der ein solches Erlebnis symbolhaft in sich aufzunehmen vermag. Ein solcher Ort ist zweifellos das Stadion Wankdorf zu Bern. Weil dieses Stadion vor einigen Jahren abgerissen worden ist und nur drei Spieler der „elf Helden“ leben (Hans Schäfer, Horst Eckel und Ottmar Walter), bleibt irgendwann nur noch die Radioreportage. Zimmermann.

Wankdorf, Bern, 1954, 3:2, Fritz Walter, Herberger, Zimmermann – diese Begriffe sind heute in Deutschland zu verklärenden Chiffren geraten. Mit ihnen werden Märchen aus der guten, alten Zeit erzählt. Was sich in diesen Märchen spiegelt, bringt Holger Gertz auf den Punkt: „Die Sehnsucht vieler nach der scheinbar heilen Welt des Gestern, als noch nicht überall Einzelkämpfer herumstritten, als man stattdessen die Trümmer des Krieges abtrug, von der Straße und vielleicht auch von der Seele. Als es noch Mannschaften gab, in denen jeder für den anderen rannte, wie es Horst Eckel immer noch erzählt.“ Es ist, so suggeriert der Mythos, eine Zeit, die klare Ergebnisse produziert. Es drohen keine politischen Kompromisse oder neuerliche Einschränkungen. Es werden Entscheidungen getroffen und sofort umgesetzt. Keine Vermittlungsausschüsse verzögern das Spiel. 3:2. Keine Verlängerung. Kurzum: Die Erzählstrukturen des Mythos von Bern spenden Trost, sie entfalten eine therapeutische Wirkung für die derzeit depressionsgeplagte deutsche Seele.

Die Figur Zimmermann unterliegt in diesem Zusammenhang ebenfalls einer bemerkenswerten Verklärung. Logischerweise besonders bei denen, die noch selbst mit ihm zusammengearbeitet haben. Horst Seifart etwa besitzt eine düstere Erinnerung von der Beerdigung seines Vorgängers, bevor er 1966 NDR-Sportchef selbst Sportchef wird: „Zimmermann wurde ohne Aussegnung beerdigt, weil er in wilder Ehe gelebt hatte. An seinem Grabe standen Jens Jensen, sein bester Freund, Rudi Michel, Fritz Klein und ich. Und Rudi Michel weinte wegen der würdelosen Beerdigung und sagte: Scheiß Pfarrer. Auf der anderen Seite des Grabes standen noch zwei Schuljungs, die allerdings nicht wussten, wer dort beerdigt wurde. Und eine Lokomotive fuhr vorbei mit einem Güterzug, die stoppte kurz und pfiff, als ein letzter Gruß. Aber die wussten wahrscheinlich auch nicht, wer dort beerdigt wurde – das war die Beerdigung von Zimmermann.“ Es ist eine Schauergeschichte. Denn weder wird Zimmermann damals die Aussegnung verweigert, noch stehen lediglich seine vier Freunde am Grab. Die Familienmitglieder, die dabei gewesen sind, versichern, es sei eine ganz normale Beerdigung gewesen, mit ungefähr 100 Gästen. Fotos aus dem *Bonner Generalanzeiger* bestätigen das.

Mythisiert wird 1998 auch die Zimmermann-Wortschöpfung „Fußball-Gott“. Die Zeitzeugen Rudi Michel und Gerd Krämer führen den Deutschlandfunk, der damals anlässlich „75 Jahre Radio in Deutschland“ die Geschichte der Sportreportage unter die Lupe nimmt, auf eine falsche Fährte. „Zimmermann hatte eigenhändig seinen verbalen Ausrutscher getilgt“, behauptet Michel. Zimmermann soll diese Stelle nachsynchronisiert haben, Krämer bestätigt das. Am 27. Dezember 1998 meldet der *Sportinformationsdienst*: „Nach Deutschlandfunk-Recherchen hat Star-Reporter Herbert Zimmermann als Reaktion auf die öffentliche Kritik, an der sich auch der damalige Bundespräsident Theodor Heuss beteiligte, den Satz bei der Aufzeichnung der

Live-Reportage herausgeschnitten. In den ARD-Archiven existiert lediglich eine entschärfte Version, an deren Stelle Zimmermann nunmehr ausruft: Toni, Du bist Gold wert!" Dieses Zitat findet sich auf allen Aufnahmen der 1950er Jahre ungefähr in der 70. Spielminute. Es folgt auf eine Doppelchance von Czibor und Hidegkuti. Wie sich herausstellt, ist dieser Satz authentisch, das heißt an der richtigen Stelle. Nachsynchronisiert ist jedenfalls nichts. Nur hat Zimmermann womöglich bei den vielen Schallplatten, die damals aufgenommen werden, wegen der Schwierigkeiten im Sender darauf gedrungen, auf seinen „Fußball-Gott" zu verzichten. Auf den Originalbändern jedoch findet sich diese Passage in der 23. Minute des Endspiels. Das lässt der *Saarländische Rundfunk*, der zuerst diesen Fall überprüfen lässt, am 15. Januar 1999 über den Ticker laufen. Allein Michel als Gewährsmann für die Geschichte der Sportreportage zu vertrauen, ist ohnehin nicht ratsam, wie sein recht euphemistischer Umgang mit Wernicke zeigt, seinem und Zimmermanns Lehrmeister. Zudem ist er doch sehr darauf bedacht, den Mythos von 1954 um jeden Preis aufrecht zu erhalten. Wenn er sagt: „Wir wollten nicht in Euphorie machen. Wir haben alle nach dem Krieg, bis heute, bis in diese Gegenwart, Nationalismen nicht gekannt, die waren ausgeschlossen", dann ist das 1954 womöglich die hehre Absicht der Reporter. Wie gut dies dann in der Praxis umgesetzt worden ist, das mag jeder – die Zimmermann-Reportage im Ohr – selbst für sich entscheiden. Kritische Fragen zum Wunder von Bern beantwortet Michel jedenfalls nicht.

Angesichts der Familienbande verständlich ist die sehr schonende Analyse Christian Ströbeles.

„Bei Ihrem Onkel klang es manchmal so, als müssten verlorene Schlachten auf dem Rasen revidiert werden: ‚Sie hören an der Gerrräuschkulisse, dass ein deutscher Angriff rrrrollt'", versucht ihn die *Zeit* Ende 2003 in einem Interview zu provozieren. Doch Ströbele sieht das anders und weicht ein wenig aus: „Diese Reportage wird in vielem überinterpretiert – auch jetzt von Ihnen. Ich erinnere mich, dass der Onkel einmal erzählt hat, was er sich vor dem Finale für Beschwichtigungsformeln zurechtgelegt hatte: Schon das Erreichen des Endspiels ist eine Sensation. Er wollte einer Enttäuschung vorbeugen. Er hat vorher überlegt, wie er die Hörer beruhigen kann. ‚Mit der Finalteilnahme können wir doch zufrieden sein', hat er gemeint. Und dann? Fielen die Tore, und er war mindestens genauso überrascht wie alle anderen – da ist es mit ihm durchgegangen."

Trotz der Mythisierungswelle gibt es neben bissigen Feuilletonisten wie Dirk Schümer noch weitere kritische Exegeten. So etwa Friedrich Küppersbusch, der früher das kritische TV-Magazin „zak" moderiert hat und heute als Geschäftsführer der „probono"-Fernsehproduktion GmbH" die Sendung „Maischberger" produziert. In der Polemik „Im Hördenkmal" vertritt Küppersbusch im *Tagesspiegel* vom 30. Juni 2002, offenbar genervt von den vielen romantisierenden Geschichten rund um die Bern-Renaissance, eine radikale Gegenposition zu Michel: „Lieber Gott, vor fast 50 Jahren bekamst du einen Kollegen. Und zwar durch Herbert Zimmermann, den legendären Radioreporter und vormaligen Kriegshelden. Dem nahmen es einige übel, dass er unseren Torwart gleich zum ‚Toni, du bist ein Fußballgott!' ausbrüllte. Und dass Zimmermann wortwild ‚den deutschen Angriff wieder rollen' ließ. Wo der Reporter selbst doch wenige Jahre zuvor noch als Panzerfahrer vom Führer das Ritterkreuz verliehen bekommen hatte. Du hast manchmal abgedrehte Ideen, Gott. Zimmermann hast du dann per Autounfall in den 60ern in deine Mannschaft geholt. Da war der ‚Fußballgott' längst sprichwörtlich, wie auch der ‚Teufelskerl'. Und die vermeintlich direkt aus dem Militärjargon recycelte Formulierung ‚... aus dem Hintergrund müsste Rahn schießen!' Da also war Herbert Zimmermanns bis heute unübertroffene Übertragung des 54er WM-Endspiels in Bern längst ein Hördenkmal. Und niemand versuchte mehr, den eskalierenden Frohbotschafter am Mikro des Goebbelns zu überführen."

Frohbotschafter. Verwender von Militärjargons. Der Größte von allen. Verbreiter falscher Heldenlyrik. Akteur eines der wichtigsten Ereignisse der Nachkriegsgeschichte. Auslöser des Taumels. Seit 1954 mein größtes Vorbild. Überbringer der Nachricht. Glänzender Erzähler. „Endsieg"-Schwärmer. Der wahre Held von Bern. Fester Bestandteil des akustischen Erinnerungsvermögens der Deutschen.

Es sind diese unfassbar vielfältigen Deutungsmöglichkeiten, die diesen Radioreporter zu einer mythischen Figur haben werden lassen.

Herbert Zimmermann, die Stimme von Bern, wird weiterleben.

X. Kurzbiographien der Reporter und Redakteure der beiden deutschen Hörfunk-Expeditionen in die Schweiz 1954

Kurt Brumme (geboren 1923) spricht in der Schweiz für den Hörfunk das erste Vorrundenspiel gegen die Türkei und das Halbfinale gegen Österreich. Gilt als größter Konkurrent Zimmermanns. Im II. Weltkrieg NSDAP-Mitglied, wird Brumme 1946 Sportchef der „Aachener Nachrichten". 1947 holt ihn Dr. Ernst zum NWDR nach Köln, wo er 1953 „1. Sportreporter" wird. Zwischen 1963 und 1988 „Leiter der Redaktionsgruppe Sport im WDR-Hörfunk". Berichterstatter bei insgesamt acht Olympischen Spielen und sechs Fußball-Weltmeisterschaften. Ausgezeichnet mit diversen Rundfunkpreisen und dem Großen Bundesverdienstkreuz. Lebt heute als Pensionär in Köln.

Dr. Bernhard Ernst (1899-1957) ist ausschließlich als Fernsehkommentator in der Schweiz tätig. Kommentiert gemeinsam mit dem Schweizer Kollegen Gerwig das Finale von Bern. Diese Übertragung ist allerdings nicht als Aufzeichnung erhalten, da zu dieser Zeit noch keine Magnetaufzeichnung (MAZ) existierte. Ernst gilt als Rundfunkpionier: Nach dem Fronteinsatz im I. Weltkrieg und Promotion in Nationalökonomie (1922), ist er ab 1. März 1925 fest angestellt beim Rundfunk. Er spricht 1925 die erste Sportübertragung und wird später in Köln Leiter der Nachrichtenabteilung. Ab 15. April 1940 Kriegsberichter. 1945 Redakteur und 1946 sogar stellvertretender Intendant im neu gegründeten NWDR-Funkhaus Köln. Seit 1952 zuständig für die Entwicklung des Sports im bundesdeutschen Fernsehen, 1952 bei den Olympischen Spielen von Helsinki Teamchef der deutschen Rundfunkexpedition.

Wolfgang Hempel (geboren 1927) reportiert das Finale von Bern für Radio DDR, der Ton dient gleichzeitig als Kommentar des DDR-Fernsehens. Bekommt, weil er den bundesdeutschen Sieg nicht so überschwänglich und unkritisch wie Zimmermann spricht, erhebliche Schwierigkeiten mit vielen Fußballfans im Osten. Lebt heute als Pensionär in Erfurt.

Josef „Joschi" Kirmaier (1897-1967) arbeitet 1954 als Redakteur in Zürich, ist dort für den Schnitt und die Überspielung der Berichte und Interviews zuständig. Interviewt Sepp Herberger, Fritz Walter und Toni Turek direkt nach dem „Wunder von Bern" in der Kabine. Arbeitet nach dem I. Weltkrieg u.a. für den „Fußball", der auflagenstärksten Fachzeitung der Weimarer Republik. Seit 1924 für den Rundfunk in Bayern tätig. Lange Jahre auch 1. Vorsitzender von Wacker München. Muss seinen Platz nach der „Machtergreifung" 1933 räumen, erst 1945 wieder aktiv beim BR (dort Leiter des Sportfunks bis 1964). Als Reporter wie Zimmermann bei den Olympischen Spielen 1948 in St. Moritz. Weil aber als Reporter eher untauglich, übernimmt Kirmaier danach vorwiegend redaktionelle Aufgaben bei Olympischen Spielen und Fußball-Weltmeisterschaften.

Gerd Krämer, geboren 1919, nach Brumme und Zimmermann die „dritte Kraft" in der Schweiz. Seine Reportage des deutschen Viertelfinalspiels in Genf gegen Jugoslawiens gilt damals als „eine der besten Reportagen in der Geschichte des Sportfunks". Nach Abitur und Reichsarbeitsdienst 1938 insgesamt sieben Jahre bei der Luftwaffe, Oberleutnant und Träger des Eisernen Kreuzes 1. Klasse. Seit 1945 Sportchef beim Süddeutschen Rundfunk in Stuttgart. Seit 1963 beim neugegründeten ZDF verantwortlich für das Landestudio Baden-Württemberg. Zahlreiche preisgekrönte TV-Beiträge für den legendären „Sportspiegel". Lebt seit 1984 als Pensionär in Stuttgart.

Robert Lembke (1913-1989), in der Schweiz Teamchef für die bundesdeutsche Hörfunkexpedition; er hat die letzte Entscheidung über die Besetzung aller WM-Spiele. Leitet nach 1945 das Ressort „Innenpolitik" der „Neuen Zeitung" in München. Zwischen 1949 in diversen hochrangigen Funktionen beim Bayerischen Rundfunk tätig, u.a. als Chefredakteur und stellvertretender Fernsehdirektor. Zwischen 1952 (Olympische Winterspiele in Oslo) und 1962 (Fußball-WM in Chile) als Teamchef der Sportkoordinator für die ARD, bevor 1964 Zimmermann sein Nachfolger wird. 1969 bis 1975 Leiter des „Deutsche Olympia-Zentrums" (DOZ) in München, Autor zahlreicher Bücher. Dem größeren Publikum bekannt als Moderator der Quiz-Show „Was bin ich", die zwischen 1955 und 1989 insgesamt 337 Mal ausgestrahlt wird.

Rudi Michel (geboren 1921) wird als Nachwuchsreporter und als Vertreter des SWF in die Schweiz mitgenommen, gilt dort als „vierter Mann". Spricht für den Hörfunk das Entscheidungsspiel um den Einzug ins Viertelfinale gegen die Türkei. Kommentiert, wie alle anderen auch, ebenfalls für das Fernsehen. Seine Hörfunkkarriere beginnt 1948 mit einem Zufall: Rolf Wernicke fällt für ein Oberligaspiel aus, Michel springt kurzerhand ein. Ist nach Meinung aller derjenige der „klassisch ausgebildeten" Hörfunkreporter, der den Übergang zum neuen Medium Fernsehen am Besten übersteht. Kommentiert fürs Fernsehen insgesamt fünf WM-Endspiele, u.a. 1974 den 2:1-Sieg der BRD gegen die Niederlande. Lebt heute als Pensionär in Baden-Baden.

Heinz-Florian Oertel (geboren 1927) ist in der Schweiz neben Hempel der zweite, gleichberechtigte Reporter für Radio DDR. Reportiert wie Zimmermann das bundesdeutsche Vorrundenspiel gegen Ungarn, jedoch über die vollen 90 Minuten. Muss den Rest der WM aufgrund einer schweren Blinddarmreizung in einem Berner Krankenhaus verbringen. Avanciert anschließend zum bekanntesten Sportjournalisten der DDR. Lebt heute als Pensionär in Berlin.

XI. Bibliographie

Archivalien

Bundesarchiv Berlin (Akten des ehemaligen BDC)

Bundesarchiv Aachen (Zentralnachweisstelle)

Carl- und Liselott-Diem Archiv Köln, Pressearchiv

Der Sportjournalist

Historisches Archiv des Westdeutschen Rundfunks WDR

Sepp-Herberger-Nachlass

Staatsarchiv Hamburg, Bestandsnummer 621-1 Norddeutscher Rundfunk

Monographien

Antoni, Ernst: ‚Landser'-Hefte. Wegbereiter für den Rechtsradikalismus, München 1979.

Barthes, Roland, Mythen des Alltags, Frankfurt/Main 1964.

Berendt, Das Dritte Ohr. Vom Hören der Welt, Reinbek bei Hamburg 1985.

Biermann, Frank, Paul Laven. Rundfunkbericht zwischen Aktualität und Kunst (= Internationale Hochschulschriften, Bd. 19), Münster/New York 1989.

Blasius, Tobias, Olympische Bewegung, Kalter Krieg und Deutschlandpolitik 1949-1972, Frankfurt [u.a.] 2001.

Böttiger, Helmut, Kein Mann, kein Schuss, kein Tor. Das Drama des deutschen Fußballs, München 1993.

Brändle, Fabian/Koller, Christian, Goooal!!! Kultur- und Sozialgeschichte des modernen Fußballs, Zürich 2002.

Delius, Friedrich Christian, Der Sonntag, an dem ich Weltmeister wurde, Reinbek bei Hamburg 1994.

Deutscher Sportbund (Hrsg.), XVI. Olympiade. Erlebnis und Erinnerung, Band III, XVI. Olympische Sommerspiele Melbourne 1956, Frankfurt/M. [1957].

Diller, Ansgar, Rundfunkpolitik im Dritten Reich (= Rundfunk in Deutschland, Bd. 2, hrsg. von Hans Bausch), München 1980.

Donnepp, Albert, Sport und Rundfunk. Ein Beitrag zur Publizistik. Unter besonderer Berücksichtigung der Entwicklung von 1924-1939 an den Mitteldeutschen Sendern, Phil. Diss. Münster 1950.

Drescher, Willibald, Der Sport im deutschen Rundfunk (=Körperliche Erziehung und Sport. Beiträge zu Sportwissenschaft, Heft 12), Würzburg 1941.

Eichler, Christian, Lexikon der Fußball-Mythen, Frankfurt 2000.

Ernst, Bernhard, Rund um das Mikrophon. Gedanken eines Rundfunkmannes, Lengerich [1949].

Fellgiebel, Walther-Peer, Die Träger des Ritterkreuzes des Eisernen Kreuzes 1939-1945. Die Inhaber der höchsten Auszeichnung des Zweiten Weltkrieges aller Wehrmachtteile, Bad Nauheim 1986.

Frei, Alfred, Finale Grande. Die Rückkehr der Fußballweltmeister 1954, Berlin 1994.

Fürhoff, Paul, Die gesellschaftspolitische Dimension des deutschen Fußball-Weltmeisterschaftssieges 1954: Eine Analyse der Kölner Tagespresse, unveröffentlichte Diplomarbeit an der Deutschen Sporthochschule Köln, Köln 2002.

Gloede, Walter, Sport – die unbekannte Größe im politischen Spiel, München 1980.

Gödeke, Peter, Der Stellenwert des Sports im Hörfunkprogramm. Dargestellt an der Entwicklung des Sportfunks bei drei Rundfunkanstalten seit 1945 unter besonderer Berücksichtigung des NWDR (NDR/WDR) (=Arbeiten aus dem Institut für Publizistik der Universität Münster, Band 16), Münster 1976.

Grams, Rolf, Die 14. Panzerdivivion, Bad Nauheim 1957

Hachmeister, Lutz/Siering, Friedemann (Hrsg.), Die Herren Journalisten. Die Elite der deutschen Presse nach 1945, München 2002.

Heimerzheim, Peter, Karl Ritter von Halt – Leben zwischen Sport und Politik (=Schriften der Deutschen Sporthochschule Köln, Band 44), St. Augustin 1999.

Heinrich, Arthur, Tooor! Toor! Tor! 40 Jahre 3:2, Nördlingen 1954.

Hortleder, Gerd, Die Faszination des Fußballspiels. Soziologische Anmerkungen zum Sport als Freizeit und Beruf, Frankfurt/M. 1974.

Jarke, Hans (Red.), Wie wir Weltmeister wurden. Kampf und Sieg der deutschen Nationalelf, eingeleitet von Sepp Herberger, Berlin 1954.

Kollartz, Karl, Herbert Zimmermann. Vom Panzerkommandeur zum berühmten Sportreporter (= Der Landser. Erlebnisberichte zur Geschichte des Zweiten Weltkrieges, Großband-Nr. 651), Rastatt 1985 (neuaufgelegt 1999, Großband-Nr. 1 023).

Krämer, Gerd, Im Dress der elf Besten. Geschichte und Geschichten der Deutschen Fußball-Nationalelf, München 1961.

Krockow, Christian Graf von, Die Deutschen in ihrem Jahrhundert 1890-1990, Reinbek bei Hamburg 1990.

Lämmer, Manfred (Hrsg.), Deutschland in der Olympischen Bewegung. Eine Zwischenbilanz, Frankfurt/M. 1999.

Leinemann, Jürgen, Sepp Herberger. Ein Leben, eine Legende, Reinbek 1997.

Lembke, Robert, Das große Robert Lembke Buch, München/Wien 1976.

Lembke, Robert (Hrsg.), Die Olympischen Spiele 1960: Rom, Squaw Valley (Mitarbeit u.a. Herbert Zimmermann), Gütersloh 1960.

Maibohm, Ludwig, Mit Schreibmaschine und Mikrofon ... Aus dem Reisetagebuch eines Sportreporters, Offenburg 1948.

Mikos, Lothar/Nutt, Harry, Als der Ball noch rund war. Sepp Herberger – ein Leben, eine Legende, Reinbek bei Hamburg 1998.

NWDR (Hrsg.), NWDR-Jahrbuch 1949-1950, Hamburg 1950.

Oertel, Heinz-Florian, Mit dem Sportmikrofon um die Welt, Berlin 1958.

Rahn, Helmut, Mein Hobby: Tore schießen, München 1959.

Rosenbaum, Dieter, Die Sprache der Fußballreportage im Hörfunk, Phil. Diss. Saarbrücken 1969.

Schäfer, Hans, Die Schäfer-BALLade (Bearbeitet von Helmut Eickelmann), Köln [1964].

Schallück, Paul, Zum Beispiel. Essays, Frankfurt/M. 1962.

Schornstheimer, Michael: Die leuchtenden Augen der Frontsoldaten. Nationalsozialismus und Krieg in den Illustriertenromanen der fünfziger Jahre, Berlin 1995.

Schulze, Ludger, Die Mannschaft. Die Geschichte der Deutschen Fußball-Nationalmannschaft, München 1986.

Schulze-Marmeling, Dietrich (Hrsg.), Fußball für Millionen – Die Geschichte der deutschen Fußballnationalmannschaft, Göttingen 1999.

Seitz, Norbert, Kohl & Maradona. Politik und Fußball im Doppelpass, Frankfurt/Main 1990.

Schweer, Joachim, Der Sieg von Bern. V. Fußball-Weltmeisterschaft 1954 in der Schweiz, Kassel 1994.

Skrentny, Werner, Fußballweltmeisterschaft 1958 Schweden, Kassel 2002.

Tracey, Michael, Das unerreichbare Vorbild. Ein Versuch über Hugh Greene und die Neugründung des Rundfunks in Nordwestdeutschland nach 1945, Köln [u.a.] 1983.

Vollmer, Franz, Von der höheren Bürgerschule zum Rotteck-Gymnasium Freiburg 1841-1966. Ein Rückblick auf 125 Jahre Geschichte einer Freiburger höheren Schule, Freiburg [1966].

Wulf, Joseph, Presse und Funk im Dritten Reich. Eine Dokumentation, Frankfurt/M. [u.a.] 1983.

Zimmermann, Herbert, Wir sahen St. Moritz 1948, Gelsenkirchen 1948.

Aufsätze und Zeitungsartikel

Barthes, Roland, „Der Mythos heute", in: Kursbuch Medienkultur. Die maßgeblichen Theorien von Brecht bis Baudrillard, Stuttgart 1999, S. 499-506.

Becker, Robert, „Fernseh-Spielfilm widerlegte Rundfunkreportage", in: *Kicker* vom 5. September 1955.

Bernett, Hajo, „Sportpublizistik im Totalitären Staat 1933-1945", in: *Stadion* XI (1985), S. 263-295.

Helmut Böttiger, „Wortakrobaten und Rhythmuskünstler Die auffälligsten Kommentare in der deutschen Geschichte der Fußballweltmeisterschaft", in: *Tagesspiegel* vom 2. Juni 2002.

Burk, Verena, „Dynamik und Ästhetik der beliebtesten TV-Programmsparte Fußball als Fernsehereignis", in: Herzog, Markwart (Hrsg.), Fußball als Kulturphänomen. Kunst – Kult – Kommerz, Stuttgart 2002, S. 233-250.

Gampert, Christian, „Lange Unterhosen für Fritz Walter. Zieht euch warm an: Deutschland, Fußballweltmeister – eine Ausstellung in Singen", in: *F.A.Z.* vom 27. August 1994.

Gebauer, Gunter, „Die Bundesliga", in: Etienne, Francois/Schulze, Hagen (Hgg.), Deutsche Erinnerungsorte, Bd. 2, München 2001 (2. Aufl.).

Gertz, Holger, „Als die Wahrheit noch auf dem Platz lag", in: *Süddeutsche Zeitung* vom 16. Oktober 2003.

Heimann, Karl-Heinz, „Reporter bei fünf WM-Finals: Rudi Michel wird 80", in: *Die Welt* vom 2. August 2001.

Henrichs, Benjamin, „Reporter in dürftiger Zeit", in: *Die Zeit* vom 23. Juni 1978.

Henrichs, Benjamin, „Bochum ist besser als Bonn", in: *Die Zeit* vom 26. September 1980.

Krockow, Christian Graf von, „Die Deutschen und ihr Olympia", in: *Süddeutsche Zeitung* vom 8. Dezember 1999.

Kutsch, Arnulf, „Deutsche Rundfunkjournalisten nach dem Krieg – redaktionelle Mitarbeiter im Besatzungsfunk 1945-1949", in: Studienkreis Rundfunk und Geschichte. Mitteilungen 12. Jg. (1986), Nr. 3, S. 191-214.

Mattenklott, Gert, „Das gefräßige Auge", in: Kamper, Dietmar/Wulf, Christoph (Hgg.), Die Wiederkehr des Körpers, Frankfurt 1982, S. 224-240.

McLuhan, Marshall, „Heiße Medien und kalte", in: Kursbuch Medienkultur. Die maßgeblichen Theorien von Brecht bis Baudrillard, Stuttgart 1999, S. 45-54.

Mossdorf, Carl Friedrich, „Herbert Zimmermann ist tot", in: *Hamburger Abendblatt* vom 17./18. Dezember 1966.

o.V., „Der Mann kann doch etwas", in: *SPIEGEL* vom 20. Juli 1950, S. 37f.

o.V., „Schon wieder unsere", in: *SPIEGEL* vom 20. November 1950, S. 28f.

o.V., „Ich will an die Kasse", in: *SPIEGEL* vom 11. April 1951, S. 30f.

o.V., „Tor, Tor, Tor..,", in: *Frankfurter Rundschau* vom 7. Juli 1954.

o.V., „Ein Schnellschuss", in: *SPIEGEL* vom 28. Juli 1954, S. 31.

o.V., „Sensible Sprecher - sensible Athleten", in: *Die Zeit* vom 22. Juli 1966.

o.V., „Nach seinem Verkehrsunfall: Herbert Zimmermann ist tot", in: *Sportinformationsdienst* vom 17. Dezember 1966.

o. V., „Abschied von Herbert Zimmermann", in: *Hamburger Abendblatt* vom 23. Dezember 1966.

o.V., „Rudi Michel wird 80. Meister plastischer Schilderung", in: *Frankfurter Rundschau* vom 1. August 2001.

Seifart, Horst, „Sport im Fernsehen", in: Deutscher Sportbund (Hrsg.), Die Gründerjahre des Deutschen Sportbunds, Schorndorf 1990, S. 209-215.

Weber, Mirko, „Stimmen aus der Tiefe des Radios - von falscher Heldenlyrik und richtigen Tragödien: fünf Jahrzehnte Fußball im Originalton", in: *Stuttgarter Zeitung* vom 26. Oktober 2000.

Weber, Mirko, „Das Spiel ist aus - Der Abriss des Wankdorfstadions", in: *Stuttgarter Zeitung* vom 7. Juli 2001.

Wipp, Josef, „Sportliche Irrwege", in: *Münchner Allgemeine* vom 13. März 1949.

Wulf, Christoph, „Das mimetische Ohr", in: Gebauer, Gunter (Hrsg.), Anthropologie, Leipzig 1998, S. 225-233.

Zimmermann, Herbert, „Sportreportagen", in: Nordwestdeutscher Rundfunk (Hrsg.), Jahrbuch 1950-1953, Hamburg/Köln 1954, S. 66-68.

Zimmermann, Herbert, „Rundfunk und Fernsehen bei der Weltmeisterschaft. Millionen in aller Welt hörten und sahen mit", in: Gerhard Bahr (Hrsg.), Fußball-Weltmeisterschaft 1954 (= Offizielles Erinnerungswerk Coupe Jules Rimet), Nürnberg/Offenburg 1954, S. 203-206.

Zimmermann, Herbert, „Fernsehfilm widerlegte Rundfunkreportage nicht!", in: *Kicker* vom 12. September 1955.

Zimmermann, Herbert, „Sport in Funk und Fernsehen", in: Rufer und Hörer 8. Jg. (1953/54), S. 365-369.

Schalldokumente (chronologisch)

14.08.1948: Schlussfeier der Olympischen Spiele 1948 in London (Sprecher u.a.: Herbert Zimmermann), Nr. 0020548 im Schallarchiv des Norddeutschen Rundfunks.

15.04.1951: Reportage des Länderspiels Schweiz gegen Deutschland in Zürich (Sprecher Gerd Krämer und Herbert Zimmermann), Nr. 5075746000000 im Schallarchiv des Westdeutschen Rundfunks.

30.06.1952: Reportage des Endspiels um die Deutsche Fußball-Meisterschaft zwischen Preußen Münster und dem 1. FC Kaiserslautern aus Berlin (Sprecher Rolf Wernicke und Herbert Zimmermann), Nr. DOK 2546 im Schallarchiv des Westdeutschen Rundfunks.

05.10.1952: Reportage vom Länderspiel Frankreich gegen BR Deutschland in Paris (Sprecher: Herbert Zimmermann), DOK-Nr. 2538 im Schallarchiv des Westdeutschen Rundfunks.

25.04.1954: Reportage des Länderspiels Schweiz gegen BR Deutschland in Basel (Sprecher: Herbert Zimmermann), Nr. 5103779 im Schallarchiv des Westdeutschen Rundfunks.

17.06.1954: Sportsendung mit Kommentaren und Spielreportagen von der Fußballweltmeisterschaft, (Länge 13:38), Nr. 5103 779 002 im Schallarchiv des Westdeutschen Rundfunks.

20.06.1954: Reportage des Länderspiels Ungarn gegen BR Deutschland in Basel (Sprecher: Herbert Zimmermann), Nr. 5103876001 im Schallarchiv des Westdeutschen Rundfunks.

26.06.1954: Kurzreportage vom Länderspiel Schweiz gegen Österreich in Lausanne (Sprecher: Herbert Zimmermann), Nr. 5103778 im Schallarchiv des Westdeutschen Rundfunks.

04.07.1954: Reportage vom Länderspiel Ungarn gegen BR Deutschland in Bern (Sprecher: Herbert Zimmermann), Nr. DWR 30094 und Y 086311 im Schallarchiv des Norddeutschen Rundfunks.

01.12.1954: Reportage vom Länderspiel England gegen Deutschland in London (Sprecher: Herbert Zimmermann), DOK 2529 im Schallarchiv des Westdeutschen Rundfunks.

07.11.1954: Interview Herbert Zimmermanns mit Peco Bauwens und Sepp Herberger, vor dem Länderspiel in Budapest, Nr. 5052092001010 im Schallarchiv des Westdeutschen Rundfunks.

11.09.1960: Reportage von der Abschlussfeier der Olympischen Spiele 1960 in Rom (Sprecher: Herbert Zimmermann), Nr. 5098259001003 im Schallarchiv des Westdeutschen Rundfunks.

07.06.1962: Reportage des Länderspiels BR Deutschland gegen Chile in Santiago (Sprecher: Herbert Zimmermann), Nr. WR 13383 im Schallarchiv des Norddeutschen Rundfunks.

14.06.1962: Reportage des Länderspiels Brasilien gegen Chile in Santiago

(Sprecher: Herbert Zimmermann), Nr. WR 13384 im Schallarchiv des Norddeutschen Rundfunks.

13.11.1966: Kurzreportage vom Tennis-Daviscup zwischen Indien und BR Deutschland in Neu Delhi (Sprecher: Herbert Zimmermann), Nr. 5101880001001 im Schallarchiv des Westdeutschen Rundfunks.

22.12.1966: Trauerfeier Herbert Zimmermann in Hamburg (Redner u.a. Rudi Michel und Franz Reinholz), Nr. WR 17167 im Schallarchiv des Norddeutschen Rundfunks.

01.06.1981: Unsere Republik. Ein deutsches Singspiel in vier Akten, von Jens Jensen und Hansgeorg Koch (Uraufführung am 20. September 1980 am Schauspielhaus in Bochum), Mood Records, Stuttgart 1981.

Schwarz, Martin Maria, 5 Jahrzehnte Fußball im Originalton, Hörbuch Hamburg 2000.

Michel, Rudi/Schwarz, Martin Maria, Rudi Michel erzählt Geschichten zur Fußballgeschichte, Hörbuch Hamburg 2001.

Interviews (chronologisch)

15.12.2000 Peter von Rüden mit Jürgen Roland (zur Verfügung gestellt von Mike Liem)

10.01.2003 Kurt Brumme (Köln)

04.08.2003 Dr. Horst Seifart (Hagen)

10.09.2003 Dr. Gudrun Hardt (Wetzlar)

23.09.2003 Jens Jensen (Hamburg)

23.09.2003 Fritz Klein (Hamburg)

04.10.2003 Gerd Krämer (Stuttgart)

07.10.2003 Helmut Müller (Giesen, telefonisch)

28.10.2003 Harry Valérien (Berg, telefonisch)

05.11.2003 Kurt Emmerich (Hamburg, telefonisch)

05.11.2003 Wolfgang Hempel (Erfurt, telefonisch)

10.11.2003 Claus Beissner (Lauenburg, telefonisch)

10.11.2003 Jürgen Roland (Hamburg, telefonisch)

10.11.2003 Helga Reindel (Weinheim, telefonisch)

11.11.2003 Günter Maletzko (Pölitz, telefonisch)

13.11.2003 Max H. Rehbein (Hamburg, telefonisch)

13.11.2003 Herbert Ströbele (Frankfurt, telefonisch)

28.11.2003 Karl-Heinz Heimann (Nürnberg, telefonisch)

02.12.2003 Hans-Christian Ströbele (Berlin)

06.12.2003 Heinz-Florian Oertel (Berlin, telefonisch)

09.01.2004 Peter Schmitz (Witterschlick, telefonisch)

XII. Register

Erik Eggers

Geboren 1968 in Hollingstedt/Schleswig, ist Erik Eggers seit seiner Kindheit Fußballfan. Das erste Bundesligaspiel, das er sieht, ist 1977 eine 0:2-Heimniederlage des HSV gegen Eintracht Braunschweig. Sein Verein aber wird der FC St. Pauli, er ist dort jahrelang Besitzer einer Dauerkarte in der Nordkurve. Besuch der Waldorfschule Rendsburg bis 1988, nach dem Zivildienst als Kaufmann in Itzehoe tätig. Zwischen 1994 und 2001 Studium der Geschichte, Volkswirtschaft und Sportgeschichte an den Universitäten Kiel, Köln und an der Deutschen Sporthochschule Köln. Seit 2001 tätig als Sachbuchautor.
Publikationen u.a.: „Fußball in der Weimarer Republik", Kassel 2001, und „Fußball-Weltmeisterschaft 1954" (gemeinsam mit Jessen, Stahl, Schlüper), Kassel 2003. Vorwiegend schreibt Eggers als freier Journalist für diverse Tageszeitungen und Zeitschriften (u.a. Die Zeit, Financial Times Deutschland, Neue Zürcher Zeitung, Frankfurter Rundschau, taz, Kölner Stadt-Anzeiger, Aachener Zeitung, Stuttgarter Zeitung, 11 Freunde, Kicker, Handball-Woche, Literaturen, Design-Report) über Themen aus Sport, Medien und Kultur.

Demnächst erscheint:

Andreas Bauer
Das Wunder von Bern
Spieler, Tore, Hintergründe:
Alles zur WM 54
Wißner-Verlag, 8,90 €
ISBN 3-89639-426-6

Andreas Bauer begann vor einigen Jahren, für das Internet Material zum Thema „Wunder von Bern“ zusammenzutragen. Mitte 2002 ging

www.wunder-von-bern.de

an den Start.

Mittlerweile wurde die Seite einige Hunderttausendmal abgerufen, und das hat dem Autor wiederum interessante und wertvolle Kontakte verschafft. Viele Besucher unterstützten das Projekt, indem sie neue Aspekte und Fakten zutrugen, genauso wie sie Wünsche äußerten, über bestimmte Themen mehr zu erfahren.

Diese Erfahrungen gingen ein in diesen Band.

Neben Informationen zu allen Spielern, die dem Kader des Weltmeisters angehörten, werden die Spiele der Weltmeisterschaft selbst und die Geschehnisse rundherum geschildert.

So soll ein umfassender Einblick in das ermöglicht werden, was heute als „Wunder von Bern“ bekannt ist - für diejenigen von uns, die es miterlebt haben, ebenso wie für die „Nachgeborenen“, die sich heute schwer tun, zwischen Tatsachen und Legenden zu unterscheiden.